本书为 2022 年度湖南省社会科学成果评审委员会课题
"中国共产党精神谱系涵育大学生精神成长的路径研究"（课题编号：XSP22YBZ163）的成果

# 中国精神的
## 理论阐释

THE THEORETICAL
INTERPRETATION
OF
## CHINESE
## SPIRIT

鲁　力　徐荧松／著

社会科学文献出版社
SOCIAL SCIENCES ACADEMIC PRESS (CHINA)

# 序

○

冯刚

人无精神不立，国无精神不强。精神是一个民族发展壮大的关键。个体的成长进步离不开理想信念的支持作用，一个国家的发展进步同样也少不了强大的精神文化力量作为后盾。一个没有精神力量的民族难以自立自强，一项没有文化支撑的事业难以持续长久。如果一个民族没有形成正确的价值追求、积极的精神面貌与顽强的奋斗精神，那么这个民族必然无法屹立于世界民族之林。中华民族自古以来就重视发挥精神的力量。在中华民族的发展史上，创造了无数可歌可泣的宝贵精神。中华民族之所以能够几千年屹立于世界的东方，中华文明之所以能够不断发展壮大，正是因为我们有中华优秀传统文化的滋养和中国精神的支撑。

党的十八大以来，习近平总书记高度重视中国精神的阐发和挖掘，多次作出重要论述。2013 年 3 月 17 日，在十二届全国人大一次会议上的讲话中，习近平总书记做出系统阐释："实现中国梦必须弘扬中国精神。这就是以爱国主义为核心的民族精神，以改革创新为核心的时代精神。这种精神是凝心聚力的兴国之魂、强国之魂。爱国主义始终是把中华民族坚强团结在一起的精神力量，改革创新始终是鞭策我们在改革开放中与时俱进的精神力量。全国各族人民一定要弘扬伟大的民族精神和时代精神，不断增强团结一心的精神纽带、自强不息的精神动力，永远朝气蓬勃迈向未来。"2021 年 7 月 1 日，在庆祝中国共产党成立 100 周年大会上，习近平总书记指出在长期奋斗中构建起中国共产党人的精神谱系，强调要永远把伟大建党精神继承下去、发扬光大。

新时代的中国精神，以马克思主义为指导，以社会主义核心价值观为内核，以中国共产党人的精神谱系为重要内容，凝聚人民力量，塑造民族之魂，坚挺中国脊梁，铸就国家辉煌。中国精神是应对改革开放和现代化建设中攻坚克难之必须，是应对百年未有之大变局的伟大力量，是实现中华民族伟大复兴之必然选择。伟大的实践需要伟大的信念，崇高的理想支撑着崇高的事业。当前，中国精神凝聚起亿万中华儿女团结一心、奋勇向前建设中国特色社会主义现代化强国的磅礴力量。中国精神、中国价值、中国力量三者有机统一于中国特色社会主义伟大实践，并互促共进。

伴随着中国精神在中国特色社会主义现代化强国建设中作用的日益凸显，关于中国精神的研究越来越受到党和国家的重视，越来越受到学界的关注，课题立项和成果出版也越来越多。目前关于中国精神研究的优秀论文不少，然而优秀的专著并不多，市面上可见的大多是关于中国精神的概述性、介绍性的一般性著作，深入系统的研究性著作并不多见。鲁力、徐荧松两位同志的《中国精神的理论阐释》从中国精神的内涵与特点、中国精神的价值、中国精神的时代表现、中国精神的时代谱系、中国精神的教育、中国精神的发展创新等方面对中国精神进行了系统研究，提出了一系列独立而新颖的见解。这本书对中国精神的研究不是蜻蜓点水式的浅尝辄止，而是有着自己的思考，体现了强烈的问题意识和鲜明的政治导向，对于深入推进中国精神的研究有很大的学术参考价值。当前，关于中国精神的研究方兴未艾，这本著作的问世可谓正当其时。希望学界关于中国精神的研究能够更加丰富多彩，也祝愿两位同志将来能有更多更优秀的研究成果问世。

是为序。

2020 年 10 月

# 目录

CONTENTS

# 中国精神的内涵与特点

习近平指出："文化自信是一个国家、一个民族发展中更基本、更深沉、更持久的力量。必须坚持马克思主义，牢固树立共产主义远大理想和中国特色社会主义共同理想，培育和践行社会主义核心价值观，不断增强意识形态领域主导权和话语权，推动中华优秀传统文化创造性转化、创新性发展，继承革命文化，发展社会主义先进文化，不忘本来、吸收外来、面向未来，更好构筑中国精神、中国价值、中国力量，为人民提供精神指引。"① 中国精神是培育文化自信的精神财富，是实现中华民族伟大复兴的精神力量，是广大人民的精神指引。"实现中华民族伟大复兴，不仅在物质上要强大起来，在精神上也要强大起来。中国精神就是中国人民在长期奋斗中培育、继承、发展起来的伟大民族精神。弘扬这一精神，就是要始终发扬伟大创造精神、伟大奋斗精神、伟大团结精神、伟大梦想精神，为中国发展和世界文明进步提供强大精神动力。在几千年历史长河中，中国人民始终辛勤劳作、发明创造，始终革故鼎新、自强不息，始终团结一心、同舟共济，始终心怀梦想、不懈追求，推动我国不断向前发展，走在世界前列。在新时代的伟大征程上，只要始终发扬中国精神，振奋起全民族的精气神，就一定能够创造出更加辉煌的人间奇迹，就一定能够创造人民更加美好的生活。"②

---

① 《习近平谈治国理政》第 3 卷，外文出版社，2020，第 18 页。
② 《习近平新时代中国特色社会主义思想三十讲》，学习出版社，2018，第 209 页。

# 第一节　中国精神的内涵

中华民族博大精深的思想文化和深沉磅礴的历史积淀孕育出中国精神，涵养了伟大的民族精神和时代精神。中国精神大气磅礴、底蕴深厚、内涵丰富。习近平同志深刻指出："实现中国梦必须弘扬中国精神。这就是以爱国主义为核心的民族精神，以改革创新为核心的时代精神。这种精神是凝心聚力的兴国之魂、强国之魂。爱国主义始终是把中华民族坚强团结在一起的精神力量，改革创新始终是鞭策我们在改革开放中与时俱进的精神力量。全国各族人民一定要弘扬伟大的民族精神和时代精神，不断增强团结一心的精神纽带、自强不息的精神动力，永远朝气蓬勃迈向未来。"①

## 一　以爱国主义为核心的民族精神

"民族精神也就是民族文化的主导思想，就是一种民族表现于传统文化中的卓越的伟大的精神。实质上，所谓民族精神，就是民族文化的优良传统，所谓发扬民族文化，就是发扬固有文化的优良传统。"② 它具有广泛的群众基础，为一个民族的绝大多数成员所接受、认可、遵循。它具有历史的延续性，在历史的绵延中不断丰富和发展。它具有主导性，能够对一个民族的社会生活产生重要的影响。它具有穿越时空的永恒价值，能够对一个民族的生存与发展起到积极的推动作用。中华民族精神就是中华民族在长期的共同生活和社会实践中形成的，为中华民族大多数成员所认同的

---

① 《习近平关于社会主义文化建设论述摘编》，中央文献出版社，2017，第 3 页。
② 方立天：《民族精神的界定与中华民族精神的内涵》，《哲学研究》1991 年第 5 期。

价值取向、思维方式、道德规范、精神气质的总和。

中华民族精神有哪些？这是一个众说纷纭的问题。由于中华民族历史悠久，中华文化博大精深，在漫漫历史长河中表现出的民族精神必然是异常丰富，想要完整、准确地进行概括必然十分困难。张晋藩认为中华民族具有立足现实、讲求实际的精神；自强不息、坚持进取的精神；重人伦之理的精神；诚实守信待人接物的精神；以和为贵、和睦相处的精神；敬德重法的精神。① 方立天将中华民族精神概括为重德精神、务实精神、自强精神、宽容精神和爱国精神，并认为"自强是中华民族精神的核心，自强精神在中华民族精神中处于核心地位，在维系中华民族的统一和推动中华民族的前进两方面都起了最巨大、最主要的作用。也可以说，自强精神代表了中华民族的精神。"② 陈依元认为中华民族精神的核心内涵是"八荣"，即以热爱祖国为荣、以服务人民为荣、以崇尚科学为荣、以辛勤劳动为荣、以团结互助为荣、以诚实守信为荣、以遵纪守法为荣、以艰苦奋斗为荣。"八荣"实质上倡导了爱国主义精神、服务人民的精神、科学精神与学习精神、勤劳勇敢精神、团结精神与集体主义精神、诚信精神、法治精神、艰苦奋斗精神。③ 苏振芳认为，中华民族精神主要表现为四个方面：一是热爱和平，反抗外辱；维护统一，反对分裂；为国分忧，心系祖国的爱国主义传统；二是人际和谐，厚德载物，扶危济困，助人为乐的团结协作精神；三是刚健有为、自强不息，革故鼎新、变法图强，不畏艰难、乐观有为的进取精神；四是强调修身养性，追求高尚情操，倡导朴实民风的优良道德传统。④ 江泽民指出："在五千多年的发展中，中华民族形成了以爱国主义为核心的团结统一、爱好和平、勤劳勇敢、自强不息的伟大

① 张晋藩：《中华民族精神与传统法律》，《比较法研究》2018 年第 1 期。

② 方立天：《民族精神的界定与中华民族精神的内涵》，《哲学研究》1991 年第 5 期。

③ 陈依元：《"八荣"精神：中华民族精神的核心内涵》，《福建论坛》（人文社会科学版）2006 年第 7 期。

④ 苏振芳：《爱国 宽容 自强 崇德——中华民族精神特有的内涵》，《思想理论教育》1996 年第 1 期。

民族精神。"① 习近平在第十三届全国人民代表大会第一次会议上的讲话中将中华民族精神概括为伟大的创造精神、伟大的奋斗精神、伟大的团结精神、伟大的梦想精神。② 不难看出，这些关于中华民族精神的概括都在一定程度上体现了中华民族精神的特点和内容，都对于我们认识中华民族精神具有借鉴意义。而习近平的最新概括和江泽民在党的十六大报告中的概括高屋建瓴，因此本书主要采用这两种观点。事实上这两种概括在精神实质上是一脉相通的，内容上也相互契合相互补充，只是概括的侧重点、着眼点有所不同而已。

## （一）民族精神的基本内容

### 1. 团结统一

中华民族的特点之一是有强大的凝聚力和向心力。那么为什么能够形成这样一个特点呢？这就离不开中华民族团结统一这样一种伟大的精神。钱穆先生曾经指出科学可以让人上天但是不能团成一个民族，只有文化才能够团成一个民族。中华文化就有非常深厚的团结统一的传统。所谓的团结就是说，大家要集合起来形成一股力量，来应付这个外来的挑战，而单个人是没有这个能力应付这样的挑战的，所以必须要团结。还有就是这个统一。要是分散的，要是不统一，就团结不起来。团结不起来就没有力量。所以说要团结统一。在先秦典籍中就有非常多的关于天下大同的思想，这其实就是一种对于统一的推崇。要统一就首先要处理好利益矛盾和个性差异，不论是人与人之间的矛盾与差异，还是群体与群体之间的矛盾与差异，或者是地区与地区之间的矛盾与差异。与西方文化相比较我们就会发现，西方文化缺乏一种团结统一的精神，所以欧洲并不大的面积分裂为几十个国家，而中华文化可以把50多个不同民族紧紧连接为一体，构成

---

① 《江泽民文选》第 3 卷，人民出版社，2006，第 559 页。
② 习近平：《在第十三届全国人民代表大会第一次会议上的讲话》，《人民日报》2018 年 3 月 21 日。

一个中华大家庭。团结统一给了中华民族强大的凝聚力和向心力。无论何时何地，每一个中华儿女都心向祖国，富贵不能淫，威武不能屈。越是遇到外部挑战，这种精神就越是强大。不论是近代抗日战争中的表现，还是在面对洪水、干旱、暴雪、瘟疫等自然灾害中的表现都深深体现了这一点。因为团结，所以中华民族是不可战胜的，不惧风雨；因为统一，所以中华民族是无所不能的，没有不可达到的目标。

## 2. 爱好和平

中华民族对于和平有着深深的热爱。"有着 5000 多年历史的中华文明，始终崇尚和平，和平、和睦、和谐的追求深深植根于中华民族的精神世界之中，深深溶化在中国人民的血脉之中。中国自古就提出了'国虽大，好战必亡'的箴言。'以和为贵'、'和而不同'、'化干戈为玉帛'、'国泰民安'、'睦邻友邦'、'天下太平'、'天下大同'等理念世代相传。中国历史上曾经长期是世界上最强大的国家之一，但没有留下殖民和侵略他国的记录。我们坚持走和平发展道路，是对几千年来中华民族热爱和平的文化传统的继承和发扬。"① 习近平同志这段话深刻说明了中华民族爱好和平的民族精神和文化传统。中国人对于国际关系的理解远远超越西方人，西方的国际关系理论奉行实力理论，为大国以强凌弱制造理论根据，而中国人看到国家的强盛不是永恒的，如果不能正确处理国际关系，滥用武力，会拖垮国家。只有在不得已的情况下才能动用武力。在中国军事经典《孙子兵法》中就提出"慎战"的思想，主张以和平的方式解决矛盾，不战而屈人之兵。在悠长的历史时期，中国都是东亚世界的强国，但是中国人所求不过是大家的和平共处而已，从不欺负弱国，反而是以大国而尊重小国，所谓朝贡体系不过是中国人维系和平共处，与周边政权保持紧密联系的一项制度安排。

---

① 《习近平谈治国理政》，外文出版社，2014，第 265 页。

### 3. 勤劳勇敢

勤劳勇敢是中华民族的传统美德。中国人以勤劳著称于世，不管到了世界哪个角落，凭借着一双勤劳的手就能打破窘境立稳脚跟。俗话说，有海水的地方就有华人的身影，中华儿女不惧风险挑战，敢于走遍世界。中华民族推崇勤劳，关于勤奋的格言警句和传说故事不计其数。古时就有孙敬和苏秦头悬梁、锥刺股的勤奋故事，孔子韦编三绝都是勤奋的榜样。勤劳是兴家立国之本。中国人知道"历览前贤国与家，成由勤俭败由奢""业精于勤荒于嬉""一勤天下无难事"。中国人的勤劳创造了中华文明几千年的辉煌，也创造了改革开放以来的中国速度和中国奇迹。勇敢被东西方哲人共同推崇，它要求人们大胆地站在真理和正义一边，面对黑恶势力和各种困难积极斗争，绝不屈服。"勇敢同智慧、正义、坚忍等美德有着必然的关联，在某些情境下勇敢甚至可以作为其他美德的基石，真正的勇敢必然内含理智的因素，如审慎，所以勇敢也具有智慧与道德的担当。"[①]中华民族是勇敢的民族，不管是自然灾害，还是人间劫难，都能够勇敢面对。任何外来势力也无法征服中华民族，四大文明古国留存至今的唯有中国。

### 4. 自强不息

"天行健，君子以自强不息。"（《周易·乾卦》）自强不息的君子人格是中华民族精神的象征。中华民族崇尚自强不息的君子品格，推崇那些不惧历史的考验，具有铮铮铁骨的硬汉。在中国文化里面，寒梅、兰花、绿竹、菊花、青松都是自强不息的象征。薛网《兰花》诗云："我爱幽兰异众芳，不将颜色媚春阳。西风寒露深林下，任是无人也自香。"陆游《咏梅绝句》诗云："雪虐风号愈凛然，花中气节最高坚。过时自会飘零去，

---

① 左高山、唐俊：《当代英美学界"勇敢"美德问题研究进展及问题》，《道德与文明》2015年第4期。

耻向东君更乞怜。"白居易《咏菊》诗云："一夜新霜著瓦轻，芭蕉新折败荷倾。耐寒唯有东篱菊，金粟初开晓更清。"陈毅元帅《青松》诗云："大雪压青松，青松挺且直。要知松高洁，待到雪化时。"梅、兰、竹、菊，青松、翠柏都体现了中华民族自强不息的精神。这样一种自强不息的精神是中华民族生生不息的力量之源，是中华民族承受一次又一次历史考验的精神支撑。在岁月的长河里，中华民族多次遇到外敌入侵，多次面临国破家亡的险境，就是依靠这样一种压不垮、冻不死，富贵不能淫、贫贱不能移、威武不能屈的精神气概重振山河，创造了中华文明一个又一个辉煌，攀登上人类历史的一座又一座高峰，为世界文明发展进步做出了不朽的贡献。

### （二）民族精神的最新概括

站在新的历史起点上，基于新的奋斗目标和新的时代需要，习近平总书记对中华民族精神进行了新的概括和提炼，这就是伟大的创造精神、伟大的奋斗精神、伟大的团结精神和伟大的梦想精神。这一新的概括为我们在中国特色社会主义新时代更好地认识中华民族精神、更好地继承弘扬中华民族精神提供了基本遵循，指明了方向。

### 1. 伟大的创造精神

习近平在第十三届全国人民代表大会第一次会议上的讲话中指出：

> 中国人民是具有伟大创造精神的人民。在几千年历史长河中，中国人民始终辛勤劳作、发明创造，我国产生了老子、孔子、庄子、孟子、墨子、孙子、韩非子等闻名于世的伟大思想巨匠，发明了造纸术、火药、印刷术、指南针等深刻影响人类文明进程的伟大科技成果，创作了诗经、楚辞、汉赋、唐诗、宋词、元曲、明清小说等伟大文艺作品，传承了格萨尔王、玛纳斯、江格尔等震撼人心的伟大史诗，建设了万里长城、都江堰、大运河、故宫、布达拉宫等气势恢宏

的伟大工程。今天，中国人民的创造精神正在前所未有地迸发出来，推动我国日新月异向前发展，大踏步走在世界前列。我相信，只要13亿多中国人民始终发扬这种伟大创造精神，我们就一定能够创造出一个又一个人间奇迹！①

## 2. 伟大的奋斗精神

习近平在第十三届全国人民代表大会第一次会议上的讲话中指出：

> 中国人民是具有伟大奋斗精神的人民。在几千年历史长河中，中国人民始终革故鼎新、自强不息，开发和建设了祖国辽阔秀丽的大好河山，开拓了波涛万顷的辽阔海疆，开垦了物产丰富的广袤粮田，治理了桀骜不驯的千百条大江大河，战胜了数不清的自然灾害，建设了星罗棋布的城镇乡村，发展了门类齐全的产业，形成了多姿多彩的生活。中国人民自古就明白，世界上没有坐享其成的好事，要幸福就要奋斗。今天，中国人民拥有的一切，凝聚着中国人的聪明才智，浸透着中国人的辛勤汗水，蕴涵着中国人的巨大牺牲。我相信，只要13亿多中国人民始终发扬这种伟大奋斗精神，我们就一定能够达到创造人民更加美好生活的宏伟目标！②

## 3. 伟大的团结精神

习近平在第十三届全国人民代表大会第一次会议上的讲话中指出：

> 中国人民是具有伟大团结精神的人民。在几千年历史长河中，中国人民始终团结一心、同舟共济，建立了统一的多民族国家，发展了56个民族多元一体、交织交融的融洽民族关系，形成了守望相助的中

---

① 《习近平谈治国理政》第3卷，外文出版社，2020，第140页。
② 《习近平谈治国理政》第3卷，外文出版社，2020，第140～141页。

华民族大家庭。特别是近代以来，在外来侵略寇急祸重的严峻形势下，我国各族人民手挽着手、肩并着肩，英勇奋斗，浴血奋战，打败了一切穷凶极恶的侵略者，捍卫了民族独立和自由，共同书写了中华民族保卫祖国、抵御外侮的壮丽史诗。今天，中国取得的令世人瞩目的发展成就，更是全国各族人民同心同德、同心同向努力的结果。中国人民从亲身经历中深刻认识到，团结就是力量，团结才能前进，一个四分五裂的国家不可能发展进步。我相信，只要13亿多中国人民始终发扬这种伟大团结精神，我们就一定能够形成勇往直前、无坚不摧的强大力量！①

## 4. 伟大的梦想精神

习近平在第十三届全国人民代表大会第一次会议上的讲话中指出：

中国人民是具有伟大梦想精神的人民。在几千年历史长河中，中国人民始终心怀梦想、不懈追求，我们不仅形成了小康生活的理念，而且秉持天下为公的情怀，盘古开天、女娲补天、伏羲画卦、神农尝草、夸父追日、精卫填海、愚公移山等我国古代神话深刻反映了中国人民勇于追求和实现梦想的执着精神。中国人民相信，山再高，往上攀，总能登顶；路再长，走下去，定能到达。近代以来，实现中华民族伟大复兴成为中华民族最伟大的梦想，中国人民百折不挠、坚忍不拔，以同敌人血战到底的气概、在自力更生的基础上光复旧物的决心、自立于世界民族之林的能力，为实现这个伟大梦想进行了170多年的持续奋斗。今天，中国人民比历史上任何时期都更接近、更有信心和能力实现中华民族伟大复兴。我相信，只要13亿多中国人民始终发扬这种伟大梦想精神，我们就一定能够实现中华民族伟大复兴！②

---

① 《习近平谈治国理政》第3卷，外文出版社，2020，第141页。
② 《习近平谈治国理政》第3卷，外文出版社，2020，第141~142页。

### （三）爱国主义精神及其地位

中华民族有着源远流长的爱国主义精神传统，爱国精神渗透到中华民族的血液里面，爱国主义是中华民族重要的精神基因。"爱国主义体现了人们对自己祖国的深厚感情，反映了个人对祖国的依存关系，是人们对自己故土家园以及民族和文化的归属感、认同感、尊严感与荣誉感的统一。它是调节个人与祖国之间关系的道德要求、政治原则和法律规范，也是民族精神的核心。"① 人们常常把祖国比作母亲，应该说，这个比方是恰当的。我们的生命来自母亲，母亲给了我们来到这个世界以后最多的关爱。同样，是祖国给了我们每一个人生存与发展的一切资源。每个人都应该热爱自己的祖国，就像热爱自己的母亲一样。

人们有责任和义务热爱祖国，履行祖国赋予我们的一切职责。"民族是组成现代国家的基础，无论是在单一民族国家，还是在多民族的国家中，只要存在国家，民族就是普遍的表现形式。"② 现代国家是由民族构成的，一般来说，一个国家由一个主体民族和若干少数民族构成。而中国则由中华民族构成。"中华民族不仅是中华人民共和国的主体，支撑着这个现代国家的制度体系，而且为国家的统一和稳定奠定了社会政治基础。中华民族既是巨大的历史遗产，也是现代中国基础性的政治资源。中华民族越是统一、巩固，国家统一、稳定和发展的基础就越是雄厚。"③ 根据斯大林对于民族下的经典定义："民族是人们在历史上形成的一个有共同语言、共同地域、共同经济生活以及表现在共同文化上的共同心理素质的稳定的共同体。"④ 热爱祖国和热爱构成国家的民族是一致的，在中国热爱祖国就是热爱中华民族，热爱中华民族就是热爱祖国。热爱祖国就要热爱祖国的语言、文化以及祖国的人民等，因为这些是构成祖国的要件。

① 本书编写组：《思想道德修养与法律基础》，高等教育出版社，2015，第44页。
② 王惠岩主编《政治学原理》，高等教育出版社，2006，第162页。
③ 周平：《中华民族：中华现代国家的基石》，《政治学研究》2015年第4期。
④ 《斯大林选集》上卷，人民出版社，1979，第64页。

要热爱祖国的语言，掌握好母语，保证母语代代相传。试想中国人都不说汉语了，都改为说英语，那么中国还是中国吗？答案是否定的。共同的语言是一个民族团结起来的基础。"母语是社会个体所拥有的最具有民族、文化等身份认同意义的语言。"① 母语教育可以增强社会成员的民族认同感、民族自信心。毁灭一个民族一个国家，首先从毁灭其语言开始。日本侵华时期推行奴化教育，第一条就是在学校推行日语而不准用汉语。中国人对日本侵略者的反抗则是在家里教孩子们说汉语、写汉字。四大文明古国，只有中国延续至今，我们今天可以很容易地读懂两千多年前孔子、孟子、荀子留下的杰作，这应当归功于中华民族的语言文字。这是其他任何民族、国家不可比拟的语言文字优势，英国人看几百年前莎士比亚留下的著作困难重重。掌握好母语这是爱国主义的基本要求，也是个人生存发展的重要条件。"艾略特博士在担任哈佛大学校长三分之一世纪以后宣称：'我认为，在一位淑女或绅士的教育中，只有一项必修的心理技能，那就是正确而优雅地使用他（她）的本国语言。'"②

要热爱祖国的大好河山，保卫祖国的每一寸土地。21世纪的生存空间之战空前激烈。土地是基本的生存资源，没有土地就不可能生存。历史上围绕着领土争夺发生的国际战争不计其数。要保卫好祖国的领土就要求我们积极履行服兵役的义务，更重要的是提高科技创新能力。21世纪的战争归根结底是综合国力的竞争尤其是高科技实力的竞争。对中华儿女来说，维护祖国统一，尤为重要。

要维护国家经济安全，努力提高生产力，发展高度的物质文明。共同的经济生活是国家统一的重要基础，只有各地区之间在经济上形成分工合作，你中有我，我中有你，你离不开我，我离不开你，才能巩固国家的统一。各地区之间经济发展水平也不能差距太大，只有协调发展才能让各地区都紧密融入国家发展大局之中。"彼此共同发展、共享区域文明成果，

---

① 李海英、方小兵、葛燕红：《论母语与母语规划》，《云南师范大学学报》（哲学社会科学版）2013年第6期。
② 〔美〕卡耐基：《语言的突破》，中国文联出版公司，1995，第174页。

是各方融入区域经济一体化的原动力。假如欠发达地区不能通过区域合作与区域一体化获得发展机会，那么它就丧失融入区域经济的动力。"① 只有协调发展，先富带动后富，全国一盘棋，国家方能实现长治久安。只有发展好物质文明，让每一个成员都过上衣食无忧的生活，国家才能富强。

要热爱祖国灿烂的文化，自觉传承和发扬中华优秀传统文化。文化是民族的精神血脉，对于形成民族心理、民族个性、民族精神具有不可替代的作用。优秀的文化传统可以推动民族凝聚力形成，把民族成员紧密联系起来。"中华文明绵延数千年，有其独特的价值体系。中华优秀传统文化已经成为中华民族的基因，植根在中国人内心，潜移默化影响着中国人的思想方式和行为方式。"② "我们生而为中国人，最根本的是我们有中国人的独特精神世界，有百姓日用而不觉的价值观。"③ 每一个热爱祖国的中国人都应该自觉学习和传承中华优秀传统文化，这是我们的精神根脉。根深才能叶茂，脱离了文化传统，我们什么也不是。只有在祖国灿烂的历史文化中，我们才能知道我们从何而来，向何而去。"对祖国悠久历史、深厚文化的理解和接受，是人们爱国主义情感培育和发展的重要条件。"④ 培养爱国情感，离不开对祖国历史文化的理解与接受，这是爱国情感培养的重要条件，只有对祖国的过去有深刻的理解，才能更爱国。

要热爱自己的骨肉同胞，大力发展人口生产，实现中华民族的永续发展。国家和民族是由个体组成的，爱国家和民族就要热爱自己国家的人民。对自己国家的人民的爱，体现的是对整个民族利益共同体的自觉认同。中华民族有自己的共同利益，这个共同利益为全体人民所享有。国家强则个人强。个人的发展离不开祖国的发展。国家的发展也离不开每一个个体的发展。"维持适量人口是一个国家的国力基础。放眼世界，经

① 汪伟全：《区域合作中地方利益冲突的治理模式：比较与启示》，《政治学研究》2012 年第 2 期。
② 《习近平关于社会主义文化建设论述摘编》，中央文献出版社，2017，第 115 页。
③ 《习近平关于社会主义文化建设论述摘编》，中央文献出版社，2017，第 116 页。
④ 《大力弘扬伟大爱国主义精神 为实现中国梦提供精神支柱》，《人民日报》2015 年 12 月 1 日，第 1 版。

济发展较快的国家，大多人口数量较多，特别是年轻劳动人口比重较大，如亚洲的中国、印度、印尼，非洲的尼日利亚，等等。相反，经济衰退且难以振兴的国家，多数表现为人口总量锐减，老龄化严重且无法逆转，这在日本表现得最为典型。"① 为了提高人口速率，保持国家的活力，日本人想了各种办法，但仍然难以扭转人口锐减的发展趋势。要实现一个国家的永续发展就要保持一定的人口规模，做好人口发展工作，这需要每一个爱国者的努力。

爱国主义在中华民族精神中处于核心地位。习近平指出："爱国主义是中华民族精神的核心。爱国主义精神深深植根于中华民族心中，是中华民族的精神基因，维系着华夏大地上各个民族的团结统一，激励着一代又一代中华儿女为祖国发展繁荣而不懈奋斗。5000 多年来，中华民族之所以能够经受住无数难以想象的风险和考验，始终保持旺盛生命力，生生不息，薪火相传，同中华民族有深厚持久的爱国主义传统是密不可分的。"② "爱国主义在中华民族精神中的核心地位，既是中华民族精神发展的历史必然，也是爱国主义自身特点的价值彰显，更是当代中国发展的现实诉求。"③ 从中华民族发展的历史来看，爱国主义始终发挥着不可替代的重要作用，在各个历史时期，爱国主义都是民族精神和民族力量的黏合剂，把中华民族的广土众民紧密联系起来。几千年风霜雨雪，多少次死里逃生，中华民族就是靠着爱国主义精神的支撑走到今天，从积贫积弱到富强，直到屹立在世界的东方。从爱国主义自身的特质来看，它的表现形式丰富多彩，内涵博大深厚，社会调控范围广泛，对民族精神的各个方面的影响巨大。从当代中国的现实诉求来说，实现中华民族伟大复兴离不开爱国主义的精神动力支持，坚持中国特色社会主义道路离不开爱国主义精神定向作用的发挥，抵御各种风险挑战尤其是西方敌对势力的分化瓦解图谋离不开

---

① 尹志刚：《人口状况与国力发展》，《中国国情国力》2015 年第 5 期。

② 《大力弘扬伟大爱国主义精神 为实现中国梦提供精神支柱》，《人民日报》2015 年 12 月 31 日，第 1 版。

③ 温静：《论爱国主义在中华民族精神中的核心地位》，《马克思主义研究》2016 年第 2 期。

爱国主义的精神凝聚力。

### （四）爱国主义的时代要求

爱国主义在不同的历史时期有不同的内涵和要求。在当代中国，爱国主义的时代要求就是必须坚持"爱国主义与社会主义相统一"。习近平深刻指出："弘扬爱国主义精神，必须坚持爱国主义和社会主义相统一。我国爱国主义始终围绕着实现民族富强、人民幸福而发展，最终汇流于中国特色社会主义。祖国的命运和党的命运、社会主义的命运是密不可分的。只有坚持爱国和爱党、爱社会主义相统一，爱国主义才是鲜活的、真实的，这是当代中国爱国主义精神最重要的体现。"[1] 爱国主义总是历史的具体的，脱离了爱国主义的时代背景，爱国主义就会误入歧途。在当代离开了社会主义就谈不上中国的富强和发展，也就不可能获得爱国主义所希求的民族富强、人民幸福。爱国主义与社会主义相统一是时代的要求。中国特色社会主义进入了新时代，坚持爱国主义就要正确看待经济全球化的大势，不畏浮云遮望眼，清醒认识经济全球化时代国家主权和尊严不容践踏，国际竞争更加激烈，更为隐蔽。中国特色社会主义进入了新时代，坚持爱国主义就要坚持爱社会主义，只有社会主义才能发展中国，只有社会主义改革开放才是中国发展的康庄大道。中国特色社会主义进入了新时代，坚持爱国主义就要坚决拥护祖国统一，祖国统一是中华民族的根本利益，是中华儿女的共同心愿。

新时代爱国主义要正确看待经济全球化。经济全球化是人类发展的大趋势，它的出现把世界各国紧密联系在一起。人们的跨国流动更加频繁。人们出国越来越方便，很多国家的免签政策使得人们出国方便了很多。经济全球化使得科技发展、商品销售、资本投资、信息流动都呈现出高度的国际化特征。生活在他国的人数不断增加，一个国家的公民会对其他国家产生感情越来越成为现实。于是，有的人因为长期在国外生活对本国产生

---

① 《习近平关于社会主义文化建设论述摘编》，中央文献出版社，2017，第 129 页。

了离异心态，进而对爱国主义产生怀疑。在经济全球化背景下，各国联系紧密了，但是国家主权和尊严并没有消失，民族国家界限并没有消失，局部地区领土争端还会更加激烈。西方发达国家动辄掀起贸易战，强化意识形态输出，企图打压他国，将西方发展模式强加给他国。这说明，爱国主义并没有因为经济全球化而失效，反而更加重要。经济全球化背景下维护国家主权和尊严是一场没有硝烟的战争。西方发达国家始终都是以本国利益至上，即便是美国和英国在文化上同根同源，也有各自的国家利益需求，而往往采取最利于本国的外交政策。在经济全球化时代，我们同样要坚决维护好祖国的主权和尊严，决不允许损害祖国利益的行为发生。

新时代爱国主义要坚持爱社会主义。近代以来，中国人民在黑暗中探索，在苦难中挣扎，在失败中前进，经过几次历史的试验，人们最终选择了社会主义。社会主义是历史的选择、时代的选择、人民的选择。只有社会主义才能救中国，只有改革开放才能发展中国。历史已经证明，资本主义道路在中国行不通。我们希望祖国繁荣富强，人民幸福安康，那么在国家的发展道路这一重大问题上决不可动摇迟疑，一定要坚持中国特色社会主义道路。中国特色社会主义道路是中国共产党带领人民几经曲折探索出来的，来之不易，我们一定要倍加珍惜。实践已经证明，中国特色社会主义道路是完全正确的，符合国情、民情、党情、世情，符合科学社会主义的原则，体现了中国共产党人的伟大创造力。在当代中国，爱国主义与爱社会主义是一致的，爱国就要坚持爱社会主义，用社会主义来把祖国建设得更加美好。爱国就要坚持中国共产党的领导，历史证明中国共产党是代表人民的党，是中华民族的先锋队，同时也是中国人民的先锋队，最能为人民谋幸福。中国共产党是爱国爱民的典范，在各个历史时期都是国家民族的脊梁、中流砥柱。

新时代爱国主义要坚决拥护祖国统一。祖国统一符合全体炎黄子孙的根本利益。祖国统一是全体中华儿女的共同期望。维护祖国统一是爱国主义的题中应有之义。拥护祖国统一是对全世界中华儿女包括港澳台同胞和海外侨胞的共同要求。邓小平曾经指出："港澳、台湾、海外的爱国同胞，不能要求他们都拥护社会主义，但是至少也不能反对社会主义的新中国，否则怎么叫爱祖国呢?"①

## 二　以改革创新为核心的时代精神

时代精神是一个时代精神风貌的集中体现。时代精神是"一个社会在创造性实践中形成的反映社会进步的发展方向、为社会成员普遍认同和接受的思想观念、价值取向、道德规范和行为方式，是一个社会的精神气质、精神风貌和社会风尚的综合体现"。② 时代精神是民族精神的时代性表达。改革开放以来，改革创新精神成为新时期最为显著的精神特色，彰显了当代中国的活力与生机，也就成为时代精神的核心。

### （一）时代精神及其主要体现

时代精神是一个民族在一定历史时期展现出来的思想观念、价值取向、精神风貌和社会风貌。时代精神是民族精神在新的历史时期的发展和弘扬。关于中华民族的时代精神，学术界有不同的看法。有学者认为，当代中国时代精神的核心是改革创新，同时又有解放思想、以人为本、包容贵和、责任奉献等多重内涵。③ 有学者认为，当今中国时代精神核心是改革创新，其特征是与时俱进，其本质是以人为本，其表现是竞争意识与效率追求、开放意识与世界理念、自主意识与民主觉悟、法制意识与和谐精神。④ 也有学者认为，以五大发展理念为核心内容，并加以充实和扩展，就可以形成对当今中国"时代精神"的新概括，即"以改革创新为核心的，统筹协调、绿色低碳、开放包容、共建共享的时代精神"。⑤ 不难看

---

① 《邓小平文选》第 2 卷，人民出版社，1994，第 392 页。
② 孙来斌：《民族精神·时代精神·共同理想》，武汉大学出版社，2014，第 100 页。
③ 王岩：《论时代精神的多重内涵》，《毛泽东邓小平理论研究》2009 年第 3 期。
④ 包心鉴：《时代精神与人类文明》，《江汉论坛》2007 年第 8 期。
⑤ 刘建军：《新发展理念：时代精神的核心内容》，《学校党建与思想教育》2017 年第 11 期。

出，对于当代中国的时代精神学者们从不同的角度有不同的概括，但是都认同改革创新是时代精神的核心和精华。当今中国时代精神的具体表现有九八抗洪精神、抗震救灾精神、奥运精神、载人航天精神、劳模精神等。

改革创新精神源于中华民族"苟日新，日日新"的优良传统，在改革开放的伟大实践中得到彰显，表现为新时代中国人民精神面貌的典型特征。改革是挣脱陈旧体制机制束缚激发社会活力的必由之路，创新是提升民族竞争力和国家竞争力的必然要求。改革开放新时期，中国取得的每一点进步都离不开改革创新。改革创新的精神如春风吹遍神州大地。邓小平同志的话"改革开放胆子要大一些，敢于试验，不能像小脚女人一样"①激励了多少改革者和创新者。改革创新是时代的呼声，是人民的呼唤，是历史的潮流。改革创新精神体现了马克思主义与时俱进的理论品格，体现了中华民族勇于进取的民族品格，体现了改革开放和现代化建设的时代要求。

改革创新的时代精神要求我们加快创新，尤其是科技创新。习近平深刻指出："纵观人类发展历史，创新始终是一个国家、一个民族发展的重要力量，也始终是推动人类社会进步的重要力量。不创新不行，创新慢了也不行。如果我们不识变、不应变、不求变，就可能陷入战略被动，错失发展机遇，甚至错过整整一个时代。"② 只有加快创新，才能抓住难得的历史机遇发展自己，把握好千载难逢的有利时机迎头赶上。科技创新方面尤其如此，一项科技创新可能就会颠覆一个产业，创造一个产业。错过一时可能就再也赶不上了。只有抓住时代发展的先机，大胆创新才能站立在时代之巅。

改革创新的时代精神要求我们加快实施创新驱动发展战略。习近平深刻指出："实施创新驱动发展战略，是应对发展环境变化、把握发展自主

<hr />

① 《邓小平文选》第 3 卷，人民出版社，1993，第 372 页。
② 《习近平谈治国理政》第 2 卷，外文出版社，2017，第 267 页。

权、提高核心竞争力的必然选择，是加快转变经济发展方式、破解经济发展深层次矛盾和问题的必然选择，是更好引领我国经济发展新常态、保持我国经济持续健康发展的必然选择。"① 靠资源优势、人力优势的粗放型经济增长已经到了极限，我们付出了巨大的生态环境代价、人力资本代价。如今再也不能依靠耗费资源和人力来推动发展，那样只会是竭泽而渔。世界经济发展史表明，只有依靠创新驱动才能走出中等收入陷阱，才能弥补人力资本红利消失带来的损失。加快实施创新驱动发展战略是今天的必然选择。

### （二）改革创新的重要意义

首先，改革创新是解放和发展生产力的必然要求。生产力是人类社会发展的决定性因素。生产力进步是社会进步的基本条件。每一个时代生产力发展的速度是不同的，每一个国家生产力进步的速率也是不同的。生产力发展快的时代往往是人类的大变革时代，生产力进步快的国家往往是发达国家。当今时代，随着信息科技革命的到来，人类生产力水平明显提高。社会主义社会是生产力高度发达的社会。各方面的制度要适应生产力快速发展的要求就必须不断改革创新，通过社会主义的自我革新促进生产力的发展。实践永无止境，解放思想永无止境。面对世界形势的风云变幻，要增强国家实力，就必须大力弘扬改革创新精神，为生产力的发展提供不竭的精神动力。

其次，改革创新是推动"四个全面"建设的重要条件。当前，我国正在深入推进"四个全面"建设。全面建设社会主义现代化国家、全面深化改革、全面依法治国、全面从严治党都离不开改革创新。只有改革创新才能把"四个全面"建设深入落实下去。要全面建设社会主义现代化国家，就必须拔掉穷根，加快转变经济发展方式，让人民群众获得共享改革和发展成果，让广大群众获得发家致富的机会。要全面深化改革，就要敢字当

---

① 《习近平谈治国理政》第 2 卷，外文出版社，2017，第 267 页。

头，敢啃硬骨头，敢动既得利益集团的奶酪。要全面依法治国，就要树立法治权威，在法治实践中创造性地实现党的领导、人民当家作主和依法治国的有机统一。要全面从严治党，就要实现党的政治生活科学化，改善和加强党的思想建设、组织建设、作风建设、反腐倡廉建设和制度建设。发扬改革创新精神，对于实现"四个全面"，实现中华民族伟大复兴，具有巨大的推动作用。

最后，改革创新是建设创新型国家的迫切需要。建设创新型国家是中国共产党人的英明决策，是全社会的共识。我国作为一个世界性的大国，独立自主是我们的优势和特点，不可能依赖国外进行技术创新。加之，西方发达国家对我们长期进行技术封锁，要占领世界科技制高点也不得不进行自主创新，实施创新驱动发展战略。只有建设创新型国家，走中国特色社会主义自主创新之路，掌握核心科技，才能维护好国家利益和国家安全。建设创新型国家，必须大力弘扬改革创新精神，以改革促发展，以创新激发活力，营造一个有强烈创新意识的良好社会氛围，让一切创造性劳动涌流，为我国经济社会发展提供强劲动力。

### （三）改革创新的时代要求

首先，弘扬改革创新的时代精神要树立改革创新的自觉意识。"创新意识是由创新意图、愿望和动机等对创新活动有重大影响的各种精神因素构成的一种稳定的精神状态。创新意识强弱表征着一个民族、国家的主体意识的自觉程度。反映着一个民族通过意识形态表达自己的愿望，认识自己的处境，明确自己的奋斗目标，把握自己的命运的认识水平和程度。"① 弘扬改革创新的时代精神就必须培养创新意识，自觉把思想从不合时宜的观念和体制的束缚中解放出来，从教条主义、经验主义的错误之中挣脱出来，大胆探索、勇于创造。创新意识是一种求实意识，不唯上、

---

① 郭凤志：《创新意识：激发创造力的重要精神资源和力量》，《科学社会主义》2002 年第 5 期。

不唯书、只唯实，解放思想，实事求是，一切从实际出发，而不是从结论出发，不论这个结论是由谁给出的。创新意识是一种怀疑精神，用理性去审视一切既有结论，从中发现不足之处，加以补充完善。创新意识是一种勇敢探索的精神，越是人类无知的领域越是需要加以探索，人类科学史上的重大突破往往是在无人涉足的领域另辟蹊径。创新意识是一种求异的精神，创造始于模仿，但是模仿的价值永远无法和创新相提并论，创新就需要跳出窠臼，不墨守成规，敢于标新立异、迥异于人。文化史上每一大家的面貌都是迥异于人的。

其次，弘扬改革创新的时代精神要培养改革创新的责任感。改革创新需要有"当今天下，舍我其谁"的大丈夫品格和崇高的社会责任感。"社会责任感通过对个人的需要、动机、兴趣、信念、理想、价值观、人生观等产生倾向性影响，有利于将个人成长发展与建设美好社会相联系，个人目标与社会理想相结合，个人与集体、国家、社会的关系彼此协调，有利于进一步推动个体自觉培养和锻炼心理品质，促进创新能力的形成和提升，从而培养实现理想所需的能力。从这个意义上来说，社会责任感是创新型人才的一项核心素质，是成就事业的可靠途径，是实现人的全面发展的必由之路。"① 改革创新不是一件容易的事，不是敲锣打鼓就能实现的，相反越是重大的改革创新遇到的阻力越大。因为新生事物往往打破了人们的思维定式，表现出离经叛道的意味，遭到人们的反对也就在所难免。爱因斯坦当初提出相对论，有人写了一本书反对，书名叫作《一万个人反对爱因斯坦》。马克思当初提出了人类解放的重要理论，遭到资产阶级的封杀，被迫四处流亡。布鲁诺因提出日心说而被烧死在火刑柱上。古往今来，每一项利于人类发展进步的改革创新无不充满了艰难曲折，改革创新的推动者要么奉献了自己的汗水与智慧，要么献出了宝贵的生命。没有胸怀天下苍生的强烈责任感和使命感，不会选择改革创新这一条崎岖坎坷之路。

---

① 刘川生：《社会责任感是创新型人才成长的核心素质》，《中国高等教育》2012 年第 10 期。

　　最后，弘扬改革创新的时代精神要提高改革创新的能力本领。改革创新并不是简单的否定、批判，而是一种建设手段，建设更美好的世界、创造更科学的理论。那么这就要求，改革创新者首先要掌握前人的成果，只有站在前人的肩膀上才能看得更远。爱因斯坦用相对论否定了牛顿力学，但是如果爱因斯坦不懂得牛顿力学，就不可能发现牛顿力学的局限性，就只能是重复前人已经发明过的东西。曹雪芹创作了中国文学史上最经典的长篇小说《红楼梦》，我们从《红楼梦》中发现曹雪芹对于前代文学作家作品无不熟稔于心，对诗词歌赋无不精通。增强改革创新的本领还需要培养创新性思维方式。思维方式的变革是创新的重要支撑。创新性思维重在批判、求异、发散、辩证，而守旧思维则重在模仿、求同、封闭、机械。增强改革创新的本领归根结底还需要实践，实践出真知，实践也是改革创新的最大动力。"人是作为自然的、社会的和精神的存在物而生成和发展的，这就决定了他具有肉体的、经济的、物质的自然需要，具有交往的社会需要，以及具有信息的、情感的、文化的精神需要。正是在这多重需要的推动下，人类的创新实践才不断地展开和发展。"① 创新总是为了满足人的某种需要，或是解决社会生活中存在的某种问题而进行的。

## 三　民族精神与时代精神的关系

　　民族精神和时代精神是中国精神的双核心，缺一不可，二者的有机结合构成了中国精神的基本内容。民族精神与时代精神既相互联系，又有所区别。民族精神与时代精神在内涵、主体、形成方式等方面有所区别，但是民族精神是时代精神形成的基础和前提条件，时代精神是民族精神在新的历史条件下的一种表现形式，一些时代精神经过岁月的沉淀将会转化为民族精神的有机组成部分。民族精神与时代精神共同构成了中国精神，都是中国精神的重要组成部分。

---

① 董振华：《论创新实践的生成机制》，《哲学研究》2011 年第 12 期。

### （一）民族精神与时代精神有所区别

首先，民族精神与时代精神的内涵有所不同。民族精神是指一个国家和民族在漫长的社会历史发展过程中逐步形成的生活方式、思想意识、价值观念的集中体现。时代精神是时代中最新精神风貌的体现，是一个社会在最新的创造性实践中激发出来的，反映社会进步的发展方向、引领时代进步潮流、为社会成员普遍认同和接受的思想观念。具体来说，中华民族的民族精神主要是指"以爱国主义为核心的团结统一、爱好和平、勤劳勇敢、自强不息"的精神。而关于当代中国社会的时代精神，不同的学者有不同的概括，只有改革创新精神是时代精神的核心这一点被普遍认可。如有学者认为，在改革开放的社会实践中形成的解放思想、与时俱进、求真务实、科学发展、开拓进取、奋勇争先等是时代精神的具体体现和要求。[1]也有学者认为，主体精神、平等精神、自由精神、开放精神、民主精神、权利精神和科学精神是当今中国的时代精神。[2]　不难看出，民族精神与时代精神的具体内容存在显著不同。

其次，民族精神与时代精神的主体有所不同。民族精神的主体包括现实和历史上生活着的民族，是现实主体和历史主体的统一。"民族是人们在历史上形成的一个有共同语言、共同地域、共同经济生活以及表现在共同文化上的共同心理素质的稳定的共同体。"[3]　现实来说，当今中国 56 个民族都承载着中华民族的民族精神。从历史来看，在中华民族形成过程中，所有参与中华民族形成的民族都是民族精神的承担者，虽然这些民族有的已经被融合，但是不可否认他们对于中华民族精神的贡献。时代精神的主体是某时代生活着的人，尤其是那些代表历史前进方向的人。在当今时代，"只有工人阶级，作为最后一个被剥削阶级，由于社会化大生产带

---

[1]　倪愫襄：《论民族精神和时代精神的内涵》，《学校党建与思想教育》2014 年第 5 期。

[2]　杨德平、李娜：《时代精神的界定与当今中国的时代精神》，《中国人民大学学报》1999年第 5 期。

[3]　《斯大林选集》上卷，人民出版社，1979，第 64 页。

来的高度组织性和国际性、全球性特征，它能够通过接受马克思主义科学
理论而认识自身的历史使命，从自在的阶级变为自为的阶级，通过夺取政
权上升为新的生产方式和上层建筑的代表，从而也成为时代精神的主要代
表者"。①

最后，民族精神与时代精神的形成方式有所不同。民族精神主要是历
史地形成的，而时代精神则是在现实的实践中形成的。"民族精神具有历
史稳定性，而时代精神具有时代变动性。民族精神历史久远，其主流和基
本内容始终是清晰而稳定的，它不因历史的风云变幻而消逝或变更，而且
越是在民族危难之时，越显示其巨大的精神惯性力量。与民族精神不同，
时代精神是在一定的历史条件下形成的，随着时代变迁，这种精神也就有
可能消失或变异。"② 民族精神经历了几千年风雨的考验，因而具有较强的
灵活性、永恒性，所凝聚起来的价值理念、行为方式、思维取向，可以适
应不同时代的发展需要，不容易被取代。而时代精神是在某一时代实践中
形成的，随着时代的变化就可能发生变化。

### （二）民族精神与时代精神的密切联系

首先，民族精神为时代精神提供生长根基和发展动力，是时代精神形
成的重要基础和依托。③ 时代精神的根源在于社会实践，社会实践是一切
社会意识形成的基础。但是社会意识具有历史继承性。历史上继承下来的
思想意识会极大地影响人们的精神状况。每个国家每个民族继承的文化遗
产不同，所以后来的文化发展道路也不同。民族精神作为一种既定的民族
心理品质，是时代精神形成的既定前提。创造时代精神的正是那些已经接
受民族精神的人。

其次，时代精神是民族精神的时代性体现，牵引着民族精神的发展方

---

① 庄锡福：《时代精神探本：唯物史观的视角》，《马克思主义研究》2010年第9期。
② 孙文营：《民族精神与时代精神关系辨析》，《济南大学学报》（社会科学版）2009年第
　　5期。
③ 本书编写组：《思想道德修养与法律基础》，高等教育出版社，2015，第41页。

向，并赋予民族精神时代内涵。① 民族精神不是某种一成不变的永恒存在物，在不同的时代会有不同的表现形式。民族精神也是具体的历史的。在革命战争年代，爱国主义表现为抵御外辱、一致对外，而在和平年代爱国主义表现为以经济建设为中心，建设富强民主文明和谐美丽的社会主义现代化强国。"民族精神在现实和未来的历史发展中所需要充实和完善的内容，都是来自时代精神，都是时代精神的持续融进和充实完善。"② 民族精神的很多内容曾经作为时代精神而存在，后来经过历史的检验与筛选被充实进民族精神。时代精神可以弥补和充实民族精神的内容。由于时代精神是在民族精神基础上的再创造，在某种意义上可以说，时代精神是对民族的超越与发展。"当代中国的时代精神是在改革开放的新时期，随着社会主义现代化建设的最新实践而形成的，代表当今社会的潮流和发展方向。时代精神汲取了中华民族精神的合理内核，也随着时代的发展，实现了对民族精神的超越和突破。"③

### （三）民族精神与时代精神统一于中国精神

首先，民族精神与时代精神统一于博大精深的中华文化。民族精神与时代精神紧密相连，都植根于中华文化的深厚土壤。民族精神代表着中华文化中的稳固部分、历史的部分，而时代精神则代表着中华文化在新的历史时期的传承与发展。二者都是中华文化的重要组成部分。中国特色社会主义进入新时代，"我们要以更大的力度、更实的措施加快建设社会主义文化强国，培育和践行社会主义核心价值观，推动中华优秀传统文化创造性转化、创新性发展，让中华文明的影响力、凝聚力、感召力更加充分地展示出来。"④ 这

---

① 本书编写组：《思想道德修养与法律基础》，高等教育出版社，2015，第 41 页。
② 孙文营：《民族精神与时代精神关系辨析》，《济南大学学报》（社会科学版）2009 年第 5 期。
③ 高艳杰：《试论当代中国民族精神与时代精神的关系》，《思想理论教育导刊》2016 年第 11 期。
④ 习近平：《在第十三届全国人民代表大会第一次会议上的讲话》，人民出版社，2018，第 9 页。

就要求我们大力弘扬以爱国主义为核心的民族精神和以改革创新为核心的时代精神。

其次，民族精神与时代精神统一于社会主义的辉煌实践。我们弘扬伟大的民族精神和时代精神是为了建设好社会主义。在中国特色社会主义的辉煌实践中，我们看到了民族精神和时代精神的完美统一。我们依靠以改革创新为核心的时代精神把社会主义成功推向 21 世纪，创造了中国奇迹，开辟了中国道路，贡献了中国智慧，拿出了中国方案，坚定了中国自信。我们坚守以爱国主义为核心的民族精神重新创造了中华文化的辉煌，以社会主义核心价值观形塑亿万人民的精神灵魂，以社会主义核心价值体系充实中华民族的精神家园。

最后，民族精神与时代精神统一于民族复兴的伟大事业。中华民族伟大复兴的中国梦是近代以来中国人民的伟大梦想。中国梦把国家富强、民族复兴和人民幸福三者有机联系起来，形成了三位一体的格局。中国梦是国家的梦、民族的梦，也是人民的梦。实现中华民族伟大复兴的中国梦需要凝聚中国力量，需要精神的引领。以爱国主义为核心的民族精神与以改革创新为核心的时代精神可以极大地鼓舞人民的斗志向着中华民族伟大复兴的宏伟目标大步向前。

# 第二节　中国精神的特点

中国精神源于中华民族优秀文化传统，贯穿于中华民族发展的各个历史时期，扎根中国人民的生产生活实际和精神世界，具有强大的生命力和鲜明的时代特色。所谓特点就是对某一事物区分于其他事物的、带有本质性、规律性特征的揭示。认识事物就要把握其特点。把握中国精神的特点，就有利于我们弘扬中国精神，为民族复兴添砖加瓦。中国精神既是一种精神的力量，也是一种物质的力量；既是一种精神的存在，也是一种物质的存在；既是一种科学观念，也是一种价值理想；既属于中华民族，同样也属于世界人民；既是古老传统的体现，也是时代精神的表达。中国精神是一个复杂的综合体，在它的内部充满张力，可以根据客观的需要灵活地进行调节，而这也正是其魅力所在。中国精神之所以能具有穿越时空的力量，就在于其复杂性，它能够适应不同历史时期的时代特点，能够根据面临的不同时代挑战而帮助人们选择最佳应对策略。这里我们主要从民族性与世界性、时代性与永恒性、稳定性与发展性、理论性与实践性、人民性与科学性、先进性与广泛性这 6 个维度认识中国精神的特点。

## 一　民族性与世界性相统一

### （一）中国精神的民族性

首先，"中国精神的民族性指中国精神植根于悠久的民族文化传统中。"① 中国精神植根于中华优秀传统文化，是对于优秀传统文化的提炼和升华，离开了中华优秀传统文化就不可能有中国精神。中国精神所蕴含的思想观念、价值理想、行为方式完全是中国式的，都可以在中国优秀传统文化中找到其根源。不论是中国精神中的民族精神，还是中国精神中的时代精神，我们很容易找到其传统文化渊源。爱国主义是中华民族的传统美德，历代的爱国志士和爱国言论不胜枚举。热爱和平是中华民族的民族哲学。中国源远流长的和谐文化启示人们：人与自然要和谐相处，因为"天人合一"；人与人之间要和谐相处，因为"民吾同胞"；人与自己也要和谐相处，"天生我才必有用"。勤劳勇敢、自强不息是中华民族的处世智慧。在古代落后的生产力条件下，要获取生存资料，只有依靠投入人力成本，必须要勤劳勇敢，顽强地向土地索取。

其次，中国精神的民族性是指中国精神具有民族身份的标识意义。这主要是从中华民族对外形象与自我认同这一角度来说的。"中国精神作为

① 邹广文：《中国精神：民族性与时代性》，《中国特色社会主义研究》2014 年第 2 期。

中华儿女精神标识反映了我们民族在长期共同的社会实践中形成的民族意识和民族心理。作为民族身份标识，中国精神回答了世界舞台上的中华民族文化、中国人的形象、中国人的气质到底是什么等问题。"① 张岱年等学者曾经比较了中西方文化的特点，认为中西方文化特质的区分主要在于"天人合一与征服自然、家族本位与个人本位、协和万邦与征服世界"等方面。② 这实际上也正体现了中西不同的民族特点。中国人给他国人的印象自古以来就是热爱和平、团结统一、勤劳勇敢、自强不息。而中国人自己也同样认同这些价值理念和行为方式，自觉按照这些标准去行动，要求自己做一个堂堂正正的中国人。在全球化时代，国家交往日益频繁，树立积极的国家形象要求我们自觉弘扬中国精神。

## （二）中国精神的世界性

首先，中国精神的世界性表现在中国精神所体现的思想观念、价值理想、行为准则能够为全世界人民所认可，并对世界精神文明的发展做出不可磨灭的重大贡献，具有普适意义。例如，爱国主义不仅是中华民族精神的核心，也是世界各国所推崇的美德。列宁说："爱国主义就是千百年来巩固起来的对自己祖国的一种最深厚的情感。"美国前总统肯尼迪说："不要问国家为你做什么，要问你能为国家做什么。"居里夫人说："我们波兰人，当国家遭到奴役的时候，是无权离开自己祖国的。"拿破仑说："爱国是文明人的首要美德。"普希金说："我们要把心灵里的美丽的激情献给祖国。"不难看出，作为中华民族精神的核心，爱国主义得到了世界各国人民的普遍认同。自古以来，中国人的精神理念就受到世界的重视，日本派遣唐使来中国学习中国文化，阿拉伯人通过战争把中国文化（尤其是造纸术、印刷术、火药）带走，欧洲近代曾经出现中国热，启蒙思想家们纷纷从中国文化中汲取营养。直到今天，世界范围内掀起汉语热，各国人民纷

---

① 梅珍生：《论中国精神及其特质》，《中原文化研究》2015年第1期。
② 张岱年、程宜山：《中国文化精神》，北京大学出版社，2015，第40~68页。

纷学汉语写汉字。

其次，中国精神的世界性表现在中国精神并不仅仅是中国人的产物，在其发展过程中也充分汲取了来自异域文明的精神养分，中国人以海纳百川的精神消化吸收了来自不同国家不同民族的文化精华。众所周知，儒、释、道是中国传统文化的三大支柱。佛家思想来自印度，本不属于中国，与中国传统儒家思想存在抵牾，但经过几百年乃至上千年的历史融合，佛家思想成为中国文化的重要组成部分，在中国人的生活中随处可见其影响。人们常说万事随缘。随缘这一观念就来自佛家思想。马克思主义产生于欧洲，是近代欧洲思想史上的一大革命，体现了近代欧洲人的思想观念。马克思主义来到中国以后也曾经与中国传统发生矛盾冲突，双方展开过一场激烈的思想交锋。但是最终中国人接受了马克思主义，中华民族服膺马克思主义所揭示的救国真理，以之为指导思想，走上了民族复兴的康庄大道。马克思主义使中华民族获得新生，而中华民族也发扬光大了马克思主义。

### （三）中国精神是民族性与世界性的统一

首先，中国精神的民族性是世界性的基础，中国精神的世界性寓于民族性之中。越是民族的就越是世界的，越是具有特殊性的事物也就越具有普遍意义。世界上没有哪一种精神或文化是脱离了特定的民族国家而存在的，相反一定的精神或是文化总是以一定的民族国家为载体。世界上很多曾经辉煌灿烂的文化消亡了，原因就在于承载着这些文化的民族消亡了，这些民族或是被外敌消灭了，或是被其他文化所同化了。中华民族既是一个特殊的民族，有它独特的精神状态、独特的生存方式、独特的价值理念，同时中华民族又是人类大家庭的一员，它的理念正是人类理念的一种，它的气质正是人类气质的一种，它的精神正是人类精神的一种。脱离了一个个具体的民族，也就不存在人类世界。中国精神的民族性正是其世界性得以展开的前提条件。

其次，中国精神的民族性在一定条件下可以转化为世界性。某些属于一个国家的独特产品通过文化交流，传播到其他国家，为其他国家的人们所喜欢，于是就由民族性的事物变为世界性的。就好像老干妈牌辣椒酱，本来是具有民族特色的食品，为中国人民所喜爱，但是通过奥运会期间中外的交流，被外国人所熟知并喜爱，于是变为风行很多国家的美食。好莱坞大片原本是美国的文化产品，但是通过文化交流，受到世界各国人民的普遍欢迎，于是就变为具有世界影响力的文化产品。民族性转化为世界性的事例告诉我们，必须坚定文化自信，坚定中国精神，因为这是我们存在的独特价值。所谓为世界文明做贡献，根本上要求我们坚持好自己的文明，我们要相信中国精神的崇高价值，相信中国精神是当今世界所不可缺少的。诺贝尔奖得主们早在 20 世纪 80 年代就曾经呼吁要摆脱人类面临的困境，必须回到 2000 多年前孔子的思想那里去。如果全人类都接受中国精神中的爱好和平这一点，世界上就不会有那么多的战乱、饥饿、贫穷。西方人一直在寻求一种世界大同的办法，以消灭战争，其实中国精神、中国文化，就是实现天下大同的理想的一种选择方式。

## 二　时代性与永恒性相统一

### （一）中国精神的时代性

首先，中国精神的时代性表现在它体现了时代发展的客观要求。列宁曾经深刻指出："我们无法知道，一个时代的各个历史运动的发展会有多快，有多少成就。但是我们能够知道，而且确实知道，哪一个阶级是这个或那个时代的中心，决定着时代的主要内容、时代发展的主要方向、时代的历史背景的主要特点等等。只有在这个基础上，即首先考虑到各个'时代'的不同的基本特征（而不是个别国家的个别历史事件），我们才能够正确地制定自己的策略；只有了解了某一时代的基本特征，才能在这一基础上去考虑这个国家或那个国家的更具体的特点。"① 当代中国是一个改革

① 《列宁专题文集 论资本主义》，人民出版社，2009，第 91 ~ 92 页。

创新的时代，一个由计划经济走向市场经济的时代，一个由封闭保守走向开放包容的时代，一个由愚昧落后走向先进发达的时代。改革开放以来，中国社会的一切都在变化之中，改革与创新是时代的主题。只有改革创新才能建设富强、民主、文明、和谐、美丽的中国，只有改革创新才能坚持和发展社会主义的优越性，只有改革创新才能为中国社会注入生机活力，只有改革创新才能实现中华民族伟大复兴。中国精神包含以改革创新为核心的时代精神，正是呼应了时代的诉求。

其次，中国精神的时代性表现在它反映了时代主题的变化。近代以来，世界局势动荡不安，两次世界大战生灵涂炭。冷战结束以后，世界朝着政治多极化、经济全球化、文化多元化、社会生活信息化深入发展。虽然局部地区仍有战争和动荡，但是求和平与谋发展成为时代的潮流。和平与发展是当今时代的主题。求和平、谋发展、促合作是各国人民的共同心愿，是不可阻挡的时代潮流。中国精神包含着这样的时代主题。中国精神把爱好和平作为基本的精神理念，高扬和平主义的大旗，反对战争，主张通过协商解决国际争端，主张和平共处五项原则，世界各国不论大小一律平等，互相尊重主权和领土完整、互不侵犯、互不干涉内政、平等互利、和平共处。中国精神把团结统一作为基本的精神追求。在国内是各民族的团结统一，共同融合为中华民族大家庭，其乐融融。在国际上则是各个国家合作发展，建立人类命运共同体，中国的"一带一路"倡议得到沿线各国的热烈响应，合作发展掀起新的高潮。

## （二）中国精神的永恒性

中国精神的永恒性体现在其价值理念具有超越时空的品质，历久弥新。在人类历史上曾经产生了很多精神文化，但是随着时间的推移，很多都消失了，有的是因为不能适应新的历史发展要求，有的是被更高尚的精神文化所取代。中国精神产生自先秦时代，与中华民族的历史一样悠久。中国精神中的每一种理念都有着深厚的传统文化渊源和悠久的发展历史。无论是爱国主义精神还是团结统一、爱好和平、勤劳勇敢、自强不息的精神都可以从先秦时代找到其历史脉络和理论渊源。大量历史证据表明从那时候起，中华民族就已经具备这样的宝贵品质。今天的中国人一样拥有这些宝贵的品质，只是内涵更为丰富，表现形式更为多样。同时民族精神在新的历史时期的表现又构成了时代精神。

### （三）中国精神是时代性与永恒性的统一

首先，中国精神的永恒性通过时代性表现出来。只有一代又一代的具有时代性的中国精神的传承才能表现出其永恒性来，没有时代性就没有永恒性。世界上没有一成不变的事物。马克思主义告诉我们，世界上的一切都在生灭变化之中，静止不动的事物是没有的。中国精神的永恒性就表现在一个个时代性之中。没有时代性，那么中国精神就变为凝固的雕塑，就是一种死的精神而不是活的精神。正是一个又一个时代的发展传承，中国精神才活在世界上，愈发精彩。

其次，中国精神中一些时代性的内容经过岁月的洗礼、时间的检验，化为代代延续的传统。例如爱国主义并不是从来就有的，它是随着国家的产生而产生，但是随着时代的发展，爱国主义精神不仅没有被历史淘汰，反而愈显重要，成为中国精神的核心元素之一。中国精神中永恒性的精神要素最早都表现为时代精神，作为某种特定时代的产物，表现出鲜明的时代性，但是这些时代性的内容经过时间的沉淀，被积累下来。

## 三　稳定性与发展性相统一

### （一）中国精神的稳定性

首先，中国精神的稳定性表现为对历史文化传统的继承与发扬。人们创造着一切精神文化产品，但一切创造都是在前人留下的基础上进行的。文化表现为积累性，后一代人可以直接享用前一代人创造的成果。前一代人创造的文化成果是稳定的，因为历史已经逝去，时间已经定格。中国精神是在继承前代人精神财富的基础上创新的，所以中国精神具有历史的延续性，其内容离不开前人的创造。文化成果是客观的存在，不会以人的主观意志为转移。中国精神作为客观的文化存在，其思想来源、理论渊源都是客观的，不会因为个人的主观意志而随意改变，因而具有很强的稳定性。

其次，中国精神是中华民族的价值理念、精神风貌、道德传统的集中体现，是由中华民族这一客体派生的精神产物，中华民族保持着较强的稳定性，因而其派生物中国精神也是稳定的。马克思主义认为，社会存在决定社会意识。"人们的想象、思维、精神交往在这里还是人们物质行动的直接产物。表现在某一民族的政治、法律、道德、宗教形而上学等的语言中的精神生产也是这样……不是意识决定生活，而是生活决定意识。"① 作为一种社会意识，中国精神是由"中国"这一社会存在决定的。中国的产生、发展、成熟决定了中国精神的产生、发展、成熟。无论是作为国家主权存在的中国还是作为文化存在、地理存在的中国都是一个稳定的存在，必将长存于世，那么也就决定了作为其派生物的中国精神具有同样的稳定性。

### （二）中国精神的发展性

首先，中华民族在不断发展进步，因而与之相伴生的精神产物也在不断进步。社会存在决定社会意识，社会存在的复杂化决定了社会意识的复杂化。作为中华民族的精神表征，中国精神伴随中华民族的发展而发展。中华民族从多元发展到一体。中国精神的内涵也越来越丰富。从历史来看，中华民族多元一体格局的发展分为四个阶段。第一阶段是从远古到战国时期，是中华民族多元一体格局的孕育期。第二阶段是从秦汉到1840年，是中华民族多元一体格局的形成和稳定时期。第三阶段是从鸦片战争到中华人民共和国成立以前，是中华民族多元一体格局的危机与转折并存

---

① 《马克思恩格斯选集》第 1 卷，人民出版社，1995，第 72 ~ 73 页。

期。第四阶段是从中华人民共和国成立至今，是中华民族多元一体格局的重建和走向完善期。① 与之相应，中华民族精神的发展也分为四个阶段。第一阶段是从远古到战国时期，是中华民族精神的孕育期。第二阶段是从秦汉到 1840 年，是中华民族精神的形成和稳定时期。第三阶段是从鸦片战争到中华人民共和国成立以前，是中华民族精神的危机与转折并存期。第四阶段是从中华人民共和国成立至今，是中华民族精神的重建和走向完善期。

其次，中国精神的发展性突出表现在中国精神的发展是一个曲折上升的历史过程。中国精神的发展与中华民族的社会生产方式的发展保持着一致性。虽然在某些历史时期，可能出现道德滑坡、民族精神衰微等停滞或倒退现象，但是中国精神的发展趋势是曲折向前的，向前发展这一趋势是不可逆转的。具体来说，中国精神对中华民族发展所起的作用越来越大，中华民族伟大复兴越来越需要弘扬中国精神；中国精神所包含的精神内涵更加深广，所调控的社会生活范围也越发深广；中国精神的发展进步成为中华民族发展进步的重要标志。

### （三）中国精神是稳定性与发展性的统一

首先，中国精神的稳定性是相对的，发展性是绝对的。中国精神的发展性寓于稳定性之中，如果没有稳定性就没有发展性，正是因为有稳定性所以才有发展性。如果某个事物处于飞速的生灭变化之中，我们不能把握其稳定性要素，也就无法找到其发展的要素。爱国主义作为中国精神的核心要素，其基本内涵是稳定的，即"人们对自己故土家园以及民族和文化的归属感、认同感、尊严感与荣誉感的统一"，但是人是不断变化的，故土家园也在变化，民族与文化也在变化，所以爱国主义在不同历史时期的具体内涵是有差异的。在古代，国君代表着国家的最高

---

① 高翠莲：《试论中华民族多元一体格局发展的阶段划分》，《中南民族大学学报》（人文社会科学版）2004 年第 4 期。

权力，代表主权的完整，构成国家稳定的重要支柱，忠于国君就是忠于国家，爱国就要忠君，而今天国君已经不存在，爱国主义的时代内涵已经不包含这一内容。

其次，中国精神的稳定性与发展性是相互转化的。一种情况是，在某一段历史时期看来是稳定的中国精神，从更长的历史尺度来看可能是发展的。爱国主义在古代要求忠君，这是稳定的，但是随着王朝更迭，君主在不断换人，那么忠的对象就在不断变化，爱国主义的具体内涵就在发展。另一种情况是，从某些角度看是发展的，从精神实质来看则可能是稳定的。中国精神不论怎么发展，其精神实质是稳定的，仍然是对民族对国家的认同与归属。

## 四　理论性与实践性相统一

### （一）中国精神的理论性

著名哲学家孙正聿指出："任何一种真正的理论，都具有三重基本内涵：其一，它以概念的逻辑体系的形式为人们提供历史地发展着的世界图景，从而规范人们对世界的自我理解和相互理解；其二，它以思维逻辑和概念框架的形式为人们提供历史地发展着的思维方式，从而规范人们如何去把握、描述和解释世界；其三，它以理论所具有的普遍性、规律性和理想性为人们提供历史地发展着的价值观念，从而规范人们的思想与行为。"① 从这三重基本内涵去考察中国精神，我们发现中国精神具有很强的理论性。

首先，中国精神的理论性表现为一种系统的理论构建。中国精神是由以爱国主义为核心的民族精神和以改革创新为特色的时代精神构成的。对于这两种精神都有高度的理论概括，中国精神的创新表现为一种理论创

---

① 孙正聿：《理论及其与实践的辩证关系》，《光明日报》2009 年 11 月 24 日，第 11 版。

新。从先秦诸子百家灿烂的思想理论，到习近平新时代中国特色社会主义思想都有关于中国精神的理论总结、理论概括、理论创新。中国精神存在于一系列的理论系统里。中国精神既是一个完备的系统性的理论体系，又为其他理论体系所吸收借鉴。中国精神作为一种理论体系有其话语体系。中国精神由爱国主义、团结统一、勤劳勇敢、热爱和平、改革创新等一系列话语构成。中国精神的理论主题是实现中华民族伟大复兴。

其次，中国精神体现了中华民族独特的思维方式。中国精神是中华民族精神的体现，中华民族思维方式具有崇尚和谐、尊重中庸之道等特点。中华民族的传统思维方式以家国同构和伦理本位为思维框架，以天人合一、人与天地相参为主体思维模式，采用类比型、史鉴型为逻辑推理方式，采取辩证的、实用理性的思考方式。① 中国精神鲜明地体现了中国传统思维方式的这些特点，同时又吸收和借鉴了西方现代思维方式。

最后，中国精神以其价值理念规范人们的思想和行为。"理论为人们提供具有时代内涵的价值规范，从而塑造和引导人们的价值观念和价值追求。"② 从理论的这个意义上来看，中国精神具有鲜明的价值导向作用，它对人们提出了爱国、创新、勤劳、勇敢、和平等价值要求，它塑造着民族成员的价值观念和行为取向。中国精神体现的是中华民族的价值追求，代表中华民族判断是非曲直的标准。中国精神既是一种实存的思想观念也是一种理想追求。

### （二）中国精神的实践性

所谓实践也就是人类改造客观世界的活动。实践具有直接现实性。马克思指出："从前的一切唯物主义（包括费尔巴哈的唯物主义）的主要缺点是：对对象、现实、感性，只是从客体的或者直观的形式去理解，而不

---

① 陈志良：《论中国传统思维方式的基本特点》，《社会科学战线》1992 年第 1 期。

② 孙正聿：《理论及其与实践的辩证关系》，《光明日报》2009 年 11 月 24 日，第 11 版。

是把它们当做感性的人的活动，当做实践去理解，不是从主体方面去理解。"① 实践性就是直接现实性。中国精神具有直接现实性，而不是停留在意识中的玄想。

首先，中国精神源于中华民族伟大实践，并在中华民族的伟大实践中发展成熟。中国精神不仅仅表现为一种观念形态，它还体现在亿万中国人的日常生活之中，体现在中华民族伟大的奋斗过程中，没有历史的与现实的种种实践活动就没有中国精神的产生和发展。所以对于中国精神不可简单地视之为单纯的玄想和思辨的非现实的观念活动。中国精神是亿万中国人的实践活动，人们身体力行，在生活中、工作中以具体的行动方式表现中国精神。

其次，中国精神可以有力地指导中华民族的实践活动。中国精神是实现中华民族伟大复兴的强大精神力量。中国精神的主体是十几亿中国人，所以它具备了任何思想观念都无法具备的巨大能量，因为它汇聚了十几亿中国人的磅礴之力，并且这十几亿人之力不是简单地相加，而是无限种可能地产生爆炸式的力量增长。马克思说："理论一经掌握群众，也会变成物质力量。理论只要说服人，就能掌握群众；而理论只要彻底，就能说服人。所谓彻底，就是抓住事物的根本。而人的根本就是人本身。"② 中国精神是一种具有彻底性的理论，它吸收和发展了马克思主义的科学理论，科学揭示了中华民族伟大复兴的现实道路——中国特色社会主义道路——只要人民群众自觉践行和弘扬，它就会变成物质的力量。

### （三）中国精神是理论性与实践性的统一

首先，中国精神的理论性与实践性可以相互转化，中国精神的实践经过思想家的提炼就能上升为新的理论，而中国精神通过掌握群众也可以转化为实践活动。中国精神的原生形态是朴素的、粗糙的、零散的，发源于

---

① 《马克思恩格斯文集》第 1 卷，人民出版社，2009，第 499 页。
② 《马克思恩格斯文集》第 1 卷，人民出版社，2009，第 11 页。

中华民族的实践活动，存在于人民的头脑里，经过思想家的提炼就成为系统、精致、理论化的逻辑体系。通过理论掌握群众把体系化的中国精神变为千万人的思想，由内化而外化成为人民的实践活动。

其次，弘扬中国精神需要理论联系实际，既不能停留在理论阶段，也不能一味低头实践而忽视理论的指导。中国精神既是一种理论的力量，能够武装人、鼓舞人、引导人、塑造人，让人精神上获得成长，同时中国精神又是一种实践的力量，能够改变中华民族的现状，建设一个富强、民主、文明、和谐、美丽的社会主义现代化强国。弘扬中国精神既不能停留在理论的层面也不能停留在实践的层面，而应将理论与实践相贯通，以理论引导实践，为实践规划更为理性的蓝图，以实践反哺理论，使理论更具科学性、可靠性、完整性。

## 五　人民性与科学性相统一

### （一）中国精神的人民性

首先，中国精神的主体是人民，它是人民意志的体现，是人民群众的伟大创造。人民群众是历史的创造者，人民群众创造了物质文明与精神文明。中国境内的各族人民共同创造了辉煌的中华文明，创造了伟大的中国精神。中国精神体现的是中国人民的精神状态、意志品质和价值追求。中国精神属于人民，它的主体是全体人民，而不是少数精英。即便在某些历史人物身上更多地体现了中国精神，这些历史人物也不过是人民群众的代表者而已。"毛泽东领导中国共产党带领人民经过不懈奋斗共同创造的中国精神，既源于民族精神，又在马克思主义同中国实际和时代特征相结合的过程中经过改造提升，不仅民族性升华到历史的新高度，而且融入了先进性和时代性的新内涵，从而成为一种不同以往的全新精神形态。"① 这种

---

① 刘景泉、张健：《毛泽东与中国精神》，《南开学报》（哲学社会科学版）2013 年第 6 期。

精神最突出的特征就是人民性，它属于全体人民，属于每一个中国人，既不同于只属于封建士大夫的封建贵族精神，也不同于"自由、平等、博爱"的口号喊得震天响的资产阶级精神。

其次，中国精神的主题是造福人民，它的实质是为人民服务。"人民群众是衡量中国精神的价值标准，中国精神要代表人民群众的根本利益，符合人民群众的内在意愿，促进个体的全面发展和整体的团结进步。"① 爱国主义是为了保持国家的繁荣昌盛，从而给人民一个良好的生存环境。没有国家的经济发展、政治昌明、文化繁荣，就没有公民个体的自由全面发展。团结统一是为了各民族和睦相处，在危难关头共赴国难、共渡难关，抗击外来侵略者。爱好和平既体现了各民族携手共进的民族团结美好篇章，又体现了世界各国休戚与共构建人类命运共同体的宏伟蓝图。勤劳勇敢是兴家兴国的精神力量。自强不息是创造美好生活的必需。改革创新是为了摆脱束缚发展的体制机制，让人民群众的创造性得到充分发挥。

### （二）中国精神的科学性

科学是反映自然、社会、思维等的客观规律的分科知识体系。从马克思主义认识论角度讲，科学性主要具有三重含义。一是客观性，主观符合客观，能够实事求是地认识事物的特点和规律。二是实践性，也可以说是可检验性、可应用性，科学不同于玄学就在于它是可以检验的，可以被用于实践之中，并通过实践活动来验证真伪。三是发展进化性，科学具有强大的自我修正和自我进化能力，科学不断地由低级向高级、由简单向复杂发展。从这三个维度考察，我们发现中国精神具有科学性。

首先，中国精神具有客观性，它是中国人民精神状态、心理品质、价值取向的客观反映。中国精神真实展现了中国人民热爱祖国、团结统一、爱好和平、勤劳勇敢、自强不息、勇于改革创新的精神状态。这种反映是

---

① 温静：《中国梦视域下当代中国精神的形塑与建构》，《教学与研究》2018 年第 1 期。

实事求是、合乎实际的。中国人民高尚的精神风貌是谁也无法否认的，中国人民对和平的热爱是谁也无法改变的，中国人民自强不息的奋斗精神是谁都钦佩的。

其次，中国精神具有实践性，它可以被广大人民群众运用于社会实践之中，产生客观的效果。一个民族的精神是否合理，是否科学，要看它能不能有效地推动这个民族发展进步。从历史来看，中国精神是中华民族发展壮大的强大精神动力。中国精神在中华民族辉煌的文明史上发挥了重要的支撑作用，被历史和实践证明是科学有效且合理的精神体系。

最后，中国精神是不断发展与完善的，不断以更丰富的内涵为中国人民提供精神滋养。中国精神的各个范畴，在历史的长河里不断增添新的时代内涵，不断积累新的实践经验，发展为一个个内涵丰富的概念。就像科学知识在不断积累不断扩大，不断帮助人类征服自然，创造美好的生活。中国精神也在不断积淀更多的精神养分，不断给中国人民以精神滋养，帮助中国人民创造美好的明天。

### （三）中国精神是人民性与科学性的统一

首先，中国精神的科学性为人民性奠定基础。中国精神要服务于人民，成为人民的精神支撑，就必须是科学的，具有科学真理性。列宁说："认识只有在它反映不以人为转移的客观真理时，才能成为生物学上有用的认识，成为对人的实践、生命的保存、种的保存有用的认识。"① 在实践活动中，只有具有科学性的理论才能实现自己的人民性目的，才能满足人民群众的客观需要。所以，中国精神只有具有科学性才能发挥人民性的作用，实现人民群众的精神需求、物质需求，满足人民群众对美好生活的期待。

其次，中国精神的人民性让科学性得到更好发展。中国精神客观反映了中华民族改造现实、追求美好生活的价值理念，说明它具有很强的科学

---

① 《列宁选集》第 2 卷，人民出版社，1995，第 100 页。

性。科学性的不断提升是中国精神发展的重要要求，只有提升科学性才能更好地发挥人民性。人民性也让中国精神的科学性得到更好发展。人民群众是创造历史的力量，人民群众的需要反映了历史发展的客观要求。

# 六　先进性与广泛性相统一

## （一）中国精神的先进性

文化的先进性与落后性是对文化价值的两种不同判断。"判断文化先进与落后的根本尺度应当是是否有利于社会进步和人的发展。对此可以从两个层面来理解，一是从文化作为社会意识的角度看，先进的文化应当是促进社会进步的文化，在当代中国，就是要与社会主义核心价值观相一致，在当代世界，就是要与人类共同价值相一致。二是从文化作为'精神食粮'的角度看，就是要有利于人的精神文化需要的满足，有利于人身心的愉悦和健康，有利于人的素质的提升。"[1] 作为一种重要的文化现象，中国精神也可以从这两个维度判断其价值。

首先，中国精神有助于推动社会进步。中国精神与社会主义核心价值观高度一致，其中很多内容都是共享的。中国精神推动着中华民族伟大复兴，为中华民族伟大复兴贡献精神力量、提供精神支撑，是当代中国发展进步的精神旗帜。实现中国梦必须弘扬中国精神、凝聚中国力量。中国精神推动中国特色社会主义不断深入发展，为中国特色社会主义提供精神滋养。

其次，中国精神有助于人的精神发展。人的需要分为物质需要和精神需要。物质需要是人的基本生存需要，如空气、食物和水。精神需要则是人的发展性需要，如求知、审美、伦理等。精神需要对人的全面发展意义更大，因为这关系人的德、智、体、美的全面发展。人与动物的不同就在

---

① 陈新夏：《文化先进性与文化自信和文化建设》，《天津社会科学》2018 年第 1 期。

于人有动物不可企及的精神需求。人永远追求着真善美的崇高精神境界，而动物则满足于鼓腹而游的安逸舒适。人与人之间的不同在很大程度上也是精神世界的不同。高尚的人的精神世界异常丰富多彩，而卑鄙的人的精神世界则庸俗不堪。中国精神有利于提升人的道德境界，用一系列崇高的精神品格让人树立高尚的社会公德、家庭美德、职业道德、个人品德。中国精神利于开发人的智力，用坚毅的品格、开阔的视野、平等的心态让人完善自我，追求卓越。中国精神有利于提升人的身体素质，自古以来中国人就有习武报国的传统，所以留下了"闻鸡起舞"的典故，中国精神激励人们强健体魄，为他日报效祖国奠定基础。中国精神有助于提升人的审美品位。中华传统美学以爱国爱民为美，所以出现了"国风传统"、楚骚传统、华夏正声、家国情怀等审美传统。"中华民族的国家意识在某种意义上支配、主导着审美意识。自夏朝以来，中华审美一直昂扬着伟大的爱国主义精神。"① 中国精神可以在人生信仰、价值取向、生活情趣、心胸眼界等方面为人的精神成长打开一扇大门。

## （二）中国精神的广泛性

弘扬中国精神是亿万人民群众的事业，需要广大人民群众的参与，要求全社会的共同努力。中国精神建设不仅具有先进性，更具有广泛性。中国精神的广泛性是指中国精神的实践达到的广度，即普遍性，也就是中国精神与现阶段经济、社会发展相适应并为广大群众、社会各个阶层广泛认可，实际成为最广大中国人民普遍接受和认同的价值准则、道德追求、行为规范。没有这种广泛性，中国精神的先进性也将失去基础。

首先，中国精神广泛作用于中国的历史进程之中。中国精神的很多内容早在先秦时代就已经产生了，此后一直不断地发展壮大，形态不断完备，内容不断丰富，作用不断增强。习近平同志指出："中华民族有着五千多年的悠久历史和灿烂文化，而且中华文明从远古一直延续发展到今

---

① 陈望衡：《中国美学的国家意识》，《文学评论》2016 年第 3 期。

天。为什么中华民族能够在几千年的历史长河中顽强生存和不断发展呢？很重要的一个原因，是我们民族有一脉相承的精神追求、精神特质、精神脉络。今天我们使用的汉字同甲骨文没有根本区别，老子、孔子、孟子、庄子等先哲归纳的一些观念也一直延续到现在。这种几千年连贯发展至今的文明，在世界各民族中是不多见的。"① 习近平同志所说的我们民族的精神追求、精神特质、精神脉络就体现在中国精神之中。中国精神是贯穿中华民族历史的深厚的精神底蕴。

其次，中国精神为中国最广大人民认可和接受。作为中华民族的精神基因，中国精神经由几千年历史的熏染，已经为广大人民群众接受和认可，融入人民的精神血液。中华民族自古以来就有品行教育传统，十分注重对社会成员道德品行的培养。中华民族尤其注重对人的爱国主义、集体主义等方面道德品行的培养，中国精神深入人心，已经化为亿万人民的自觉实践。

最后，中国精神广泛运用于中国特色社会主义实践。中国精神被运用于中国特色社会主义建设的方方面面。在政治生活中，我们倡导爱国主义的精神，把全国各族人民紧密团结在中国共产党周围，发展高度的社会主义政治文明；在经济生活中，我们倡导勤劳致富的精神，让一部分人通过诚实合法的劳动先富起来，然后再带动所有的人都富裕起来，在共同富裕的路上不让一个老乡掉队；在文化生活中，我们倡导创新精神，发挥人民群众的首创精神，人民的创造性才能得到发挥；在社会生活中，我们倡导友善平和的精神，构建一个和谐有序的社会状态。中国精神融入了社会主义建设的各个层面，发挥了极好的引领作用。

### （三）中国精神是先进性与广泛性的统一

首先，中国精神的先进性与广泛性互相依存。具体地讲，广泛性是先进性的基础和前提，先进性是广泛性发展的方向和趋势。无论是从中国精

---

① 《习近平关于社会主义文化建设论述摘编》，中央文献出版社，2017，第119页。

神推动社会发展进步的方面，还是推动个人自由全面发展的方面，先进性必须以广泛性要求作为起点和依托。如果没有广大群众的认可、接受和践行，中国精神的先进性力量就发挥不出来。另外，先进性层面代表着中国精神发展的方向和趋势。如果没有先进性，广泛性就会缺乏生机和活力。正是因为中国精神具有很强的先进性，才能对广大群众起到感召、激励、引导的作用，促使广大群众自觉推动社会进步和个人的全面发展。

其次，中国精神的先进性与广泛性相互补充、相互作用。中国精神的先进性更为偏重中国精神的引导性、科学性、真理性，而中国精神的先进性更为偏重中国精神的接受性、群众性、传播性。二者统一于中国精神的实践转化，都是中国精神转化为实践所必需的。

# 第二章

02

Chapter

## 中国精神的价值

CHINA

中国精神的理论阐释

习近平同志深刻指出："实现中国梦必须弘扬中国精神。这就是以爱国主义为核心的民族精神，以改革创新为核心的时代精神。这种精神是凝心聚力的兴国之魂、强国之魂。爱国主义始终是把中华民族坚强团结在一起的精神力量，改革创新始终是鞭策我们在改革开放中与时俱进的精神力量。全国各族人民一定要弘扬伟大的民族精神和时代精神，不断增强团结一心的精神纽带、自强不息的精神动力，永远朝气蓬勃迈向未来。"① 中国特色社会主义已经进入新时代，新时代是一个实现中华民族伟大复兴的美好时代。要实现中华民族伟大复兴就必须弘扬中国精神，中国精神是一种强大的精神力量。按照马克思主义的观点，精神的力量在一定条件下也可以转化为物质的力量。只要我们弘扬中国精神，以它来教育广大群众、武装全党，那么中国精神就会化为中国力量，成为实实在在的国家实力。

① 《习近平关于全面建成小康社会论述摘编》，中央文献出版社，2016，第103页。

# 第一节 中国精神的思想价值

建设中国特色社会主义不能离开中国精神。中国精神是中国特色社会主义的精神根基。俗话说，根基不牢，地动山摇。推进新时代中国特色社会主义的伟大建设不能离开中国精神的弘扬。中国精神为中国特色社会主义道路、理论、制度和文化提供了深厚的精神滋养，是其重要的精神底色。

## 一 中国精神是中国特色社会主义道路的思想基础

中国特色社会主义道路就是当今中国实现社会主义现代化的道路。它包含四个方面不可或缺的基本内涵：一是中国共产党的领导；二是"一个中心、两个基本点"的社会主义初级阶段的基本路线；三是中国特色社会主义经济、政治、文化、社会、生态五位一体的总体布局；四是把我国建设成为富强、民主、文明、和谐、美丽的社会主义现代化国家的目标。"由于这条道路既坚持了科学社会主义的基本原则，又根据我国的具体实际和时代特征赋予其以鲜明的中国特色，因而是在中国实现社会主义现代化的必由之路，是创造人民美好生活的必由之路。"① 中国特色社会主义道路是被历史和实践证明了的适合于中国国情的发展道路，是中国人民的幸福安康之路，是中华民族伟大复兴的必由之路，是世界和平与发展的模范之路。中国精神是中国特色社会主义道路的精神基础，没有中国精神就没有中国特色社会主义道路的开辟，没有中国精神就没有中国特色社会主义

---

① 徐崇温：《中国特色社会主义道路是人类文明史上的伟大创举》，《马克思主义研究》2012年第4期。

道路的巩固和发展。

## （一）中国精神为中国共产党的领导提供了精神力量

中国共产党是中国工人阶级的先锋队，同时是中国人民和中华民族的先锋队，它始终代表着中国先进生产力的发展要求，代表着中国先进文化的前进方向，代表着中国最广大人民的根本利益。因此，中国共产党始终是中国革命和中国特色社会主义事业的领导核心。我们党的领导地位，是我们党在领导中国人民进行革命、建设和改革的长期实践中形成的，是历史的总结、人民的选择。邓小平同志指出："中国由共产党领导，中国的社会主义现代化建设事业由共产党领导，这个原则是不能动摇的；动摇了中国就要倒退到分裂和混乱，就不可能实现现代化。"[1] 中国共产党的领导，也是我们的事业胜利前进的根本保证。江泽民同志指出："要把十几亿人的思想和力量统一和凝聚起来，共同建设有中国特色社会主义，没有中国共产党的统一领导是不可设想的。"[2] 习近平强调："坚持党对一切工作的领导。党政军民学，东西南北中，党是领导一切的。必须增强政治意识、大局意识、核心意识、看齐意识，自觉维护党中央权威和集中统一领导，自觉在思想上政治上行动上同党中央保持高度一致，完善坚持党的领导的体制机制，坚持稳中求进工作总基调，统筹推进'五位一体'总体布局，协调推进'四个全面'战略布局，提高党把方向、谋大局、定政策、促改革的能力和定力，确保党始终总揽全局、协调各方。"[3] 中国共产党从它的诞生起就肩负着带领人民创造更加美好生活的重任。挺起中国共产党人脊梁的是爱国主义的理想信念，支撑中国共产党人度过艰苦岁月的是勤劳勇敢、自强不息的民族精神，避免中国共产党人被腐败吞噬的是廉洁自律、艰苦奋斗的革命精神，带领中国共产党人走向 21 世纪的是改革创新的时代精神。中国共产党人是中国精神的极

① 《邓小平文选》第 2 卷，人民出版社，1994，第 267～268 页。
② 《改革开放三十年重要文献选编》下，中央文献出版社，2008，第 1009 页。
③ 《习近平谈治国理政》第 3 卷，外文出版社，2020，第 16 页。

佳载体，在各个历史时期优秀的共产党人身上我们都看到中国精神的深刻烙印。

## （二）中国精神为坚持党的基本路线提供了精神支持

党的十一届三中全会以来，以邓小平同志为核心的党的第二代中央领导集体，反思社会主义建设中的重要教训，总结马克思主义中国化的宝贵经验，正确分析国内主要矛盾，做出了把工作重心转移到经济建设上来的重要部署，从而形成了中国共产党在改革开放新时期"一个重心、两个基本点"的基本路线，开辟了中国特色社会主义伟大道路。习近平同志强调"党的基本路线是国家的生命线、人民的幸福线"①。党的基本路线正确、合理、实事求是，那么党的事业就会发展壮大，人民群众也就会受益无穷。反之，如果党的基本路线出了问题，不正确，不合理，不实事求是，那么党的事业就要受到极大影响，人民群众也会跟着遭殃。毛泽东同志把马克思主义普遍真理与中国实际相结合，创新地解决了中国革命中的一系列问题，开辟了农村包围城市的正确道路，革命取得胜利。毛泽东开辟的中国革命道路，正体现了改革创新的时代精神。同样，进入社会主义建设和改革时期，中国共产党人实事求是、大胆创新分别在不同的时期制定了不同的基本路线，都取得了胜利。正是改革创新的中国精神为党的基本路线的正确制定奠定了思想基础。

## （三）中国精神为"五位一体"总体布局的形成提供了精神借鉴

"站在新的历史方位，党的十九大对我国社会主义现代化建设作出新的战略部署，并明确以'五位一体'的总体布局推进中国特色社会主义事业，从经济、政治、文化、社会、生态文明五个方面，制定了新时代统筹推进'五位一体'总体布局的战略目标，是新时代推进中国特色社会主义事业的路线图，是更好推动人的全面发展、社会全面进步

① 《习近平谈治国理政》第 2 卷，外文出版社，2017，第 37 页。

的任务书。"① 显而易见，走中国道路离不开"五位一体"的总体布局，只有从经济、政治、文化、社会、生态五个方面全面推进，中国特色社会主义事业才能发展得又快又好，五个方面是一个有机整体，缺了哪一个方面都不行。"五位一体"总体布局的形成并不是一蹴而就，而是在实践中不断完善的，有一个逐步发展的过程，同时"五位一体"总体布局还有一个不断深化、不断推进的过程。无论是形成、发展还是巩固推进，"五位一体"总体布局都离不开对中国精神的借鉴。从中国特色社会主义经济建设来说，离不开对于中国传统富国富民历史经验和以民为本精神的借鉴；从中国特色社会主义政治建设来说，离不开对于中国传统民主精神和公平正义理念的借鉴；从中国特色社会主义文化建设来说，离不开对于中国优秀传统文化和传统精神的借鉴与弘扬；从中国特色社会主义社会建设来说，离不开对于中国传统和谐精神的借鉴与弘扬；从中国特色社会主义生态建设来说，离不开对于中国传统天人合一精神的借鉴与弘扬。

### （四）中国精神为全面建设社会主义现代化国家提供了精神动力

"建设现代化国家和实现中华民族伟大复兴，是近代以来中国历史发展的一条主线。改革开放之后，我们党对社会主义现代化建设作出'三步走'的战略安排，解决人民温饱问题、人民生活总体上达到小康水平，这两个目标已分别在上世纪八十年代末和上世纪末提前实现。在这个基础上，党的十八大提出，到建党一百年时全面建成小康社会，到新中国成立一百年时，基本实现现代化，把我国建成社会主义现代化国家。"② 要实现建成社会主义现代化国家的宏伟目标离不开精神动力的支撑。近代以来，正是以爱国主义为核心的民族精神激励了一代又一代仁人志士前仆后继为了中华之崛起而奋斗。中国共产党人是中国人民的代表，继承弘扬了中国精神，

---

① 本报评论员：《统筹推进"五位一体"总体布局》，《人民日报》2017年11月3日，第1版。

② 本报评论员：《开启全面建设社会主义现代化国家新征程》，《人民日报》2017年11月1日，第1版。

在各个历史时期都高扬爱国主义的旗帜，为中华民族图复兴、为中国人民谋幸福。要建设社会主义现代化国家仅仅依靠中国共产党人的力量还不够，还必须凝聚起十几亿中华儿女的力量，只有十几亿中华儿女齐动手、共努力才能完成这个宏伟的目标。中国精神可以凝聚十几亿中华儿女的磅礴之力，为社会主义现代化建设注入强大动力。中国精神激励着亿万的中华儿女把思想和行动集中到社会主义现代化建设上来，把个人的前途命运和祖国的发展紧紧连在一起，把个人的智慧和精力全部投入到祖国的现代化建设中来，在为国家发展、民族复兴、人民幸福安康而奋斗的过程中实现人生价值。

## 二　中国精神是中国特色社会主义理论的思想基础

中国特色社会主义理论起源于中国特色社会主义伟大实践，它包括邓小平理论、"三个代表"重要思想、科学发展观、习近平新时代中国特色社会主义思想等重要的思想理论，是指导我们建设中国特色社会主义伟大事业的时代指南和指引我们发展航向的重要指导思想。中国特色社会主义理论体系是一个有机整体，是马克思主义中国化的重要理论成果，是对于毛泽东思想的继承和发展，是当代中国的马克思主义，是中国共产党集体智慧的结晶，引导着我国社会主义现代化事业不断前进。中国特色社会主义理论体系系统回答了什么是社会主义、怎样建设社会主义，建设什么样的党、怎样建设党，实现什么样的发展、怎样发展，新时代坚持和发展什么样的中国特色社会主义、怎样坚持和发展中国特色社会主义这一系列重大时代课题。"中国特色社会主义理论体系作为马克思主义中国化'第二次飞跃'的理论成果，不仅是马克思主义基本原理与中国改革和社会主义现代化建设实践相结合的产物，也具有中华优秀传统文化的底蕴。"① 可以说，中国精神是中国特色社会主义理论体系重要的思想基础。

---

① 肖贵清、王然：《逻辑与历史统一视域下中国特色社会主义理论体系的整体性》，《中共党史研究》2017 年第 6 期。

### （一）中国精神是邓小平理论的重要思想基础

"十一届三中全会以来，以邓小平同志为主要代表的中国共产党人，总结建国以来正反两方面的经验，解放思想，实事求是，实现全党工作中心向经济建设的转移，实行改革开放，开辟了社会主义事业发展的新时期，逐步形成了建设有中国特色社会主义的路线、方针、政策，阐明了在中国建设社会主义、巩固和发展社会主义的基本问题，创立了邓小平理论。邓小平理论是马克思列宁主义的基本原理同当代中国实践和时代特征相结合的产物，是毛泽东思想在新的历史条件下的继承和发展，是马克思主义在中国发展的新阶段，是当代中国的马克思主义，是中国共产党集体智慧的结晶，引导着我国社会主义现代化事业不断前进。"[①]邓小平同志对开辟中国特色社会主义道路，创立中国特色社会主义理论居功至伟。他身上鲜明地体现了中国精神的影响，从而可以看出中国精神对于邓小平理论的影响。邓小平说："我是中国人民的儿子，我深情地爱着我的祖国和人民。"[②]正是出于对祖国和人民的热爱，对国家前途命运和人民幸福安康的忧心，对社会主义发展进程中一系列挫折与困难的不解，邓小平在风雨如晦的日子里苦苦思索，追问什么是社会主义、怎样建设社会主义这一关键问题，从而开辟了中国特色社会主义之路。

### （二）中国精神是"三个代表"重要思想的基础

"十三届四中全会以来，以江泽民同志为主要代表的中国共产党人，在建设中国特色社会主义的实践中，加深了对什么是社会主义、怎样建设社会主义和建设什么样的党、怎样建设党的认识，积累了治党治国新的宝贵经验，形成了'三个代表'重要思想。'三个代表'重要思想是对马克思列宁主义、毛泽东思想、邓小平理论的继承和发展，反映了当

---

① 《十五大以来重要文献选编》上，人民出版社，2000，第53页。
② 《邓小平年谱（一九七五——一九九七）》下卷，中央文献出版社，2004，第714页。

代世界和中国的发展变化对党和国家工作的新要求，是加强和改进党的
建设、推进我国社会主义自我完善和发展的强大理论武器，是中国共产
党集体智慧的结晶，是党必须长期坚持的指导思想。始终做到'三个代
表'，是我们党的立党之本、执政之基、力量之源。"①"三个代表"重要
思想体现了以民为本的民族精神和改革创新的时代精神。"三个代表"
归根到底就是要代表人民，在新的历史条件下发扬为人民服务的精神，
这体现了爱国主义的民族精神。因为爱国主义不是空谈，不是唱高调，
而是一种实实在在的情感表达和内心体验，而对祖国同胞的热爱，对人
民群众的热爱是爱国主义的重要体现。"三个代表"表达的是对祖国同
胞的热爱，对人民群众的热爱，希望共产党人无论是现在还是未来，
无论是经济上还是文化上，无论是物质上还是精神上，都能代表人民，
满足人民的美好心愿。"三个代表"要做到始终代表先进生产力的发展
要求，不改革创新不行，当今世界处于又一次的新科技革命之中，唯
有发扬改革创新的时代精神才能在世界科技领域占有一席之地。

### （三）中国精神是科学发展观的重要思想基础

"十六大以来，以胡锦涛同志为主要代表的中国共产党人，坚持以邓
小平理论和'三个代表'重要思想为指导，根据新的发展要求，深刻认
识和回答了新形势下实现什么样的发展、怎样发展等重大问题，形成了
以人为本、全面协调可持续发展的科学发展观。科学发展观，是同马克
思列宁主义、毛泽东思想、邓小平理论、'三个代表'重要思想既一脉
相承又与时俱进的科学理论，是马克思主义关于发展的世界观和方法论
的集中体现，是马克思主义中国化最新成果，是中国共产党集体智慧的
结晶，是党必须长期坚持的指导思想。"② 科学发展观的第一要义是发
展，核心是以人为本，基本要求是全面协调可持续，根本方法是统筹兼

① 《十五大以来重要文献选编》上，人民出版社，2000，第53页。
② 《十八大以来重要文献选编》上，中央文献出版社，2014，第45页。

顾。中华民族自古以来就有很强的发展意识，中国人尤为注重发展的质量和发展的永续性。从人与自然的关系上来说，中国古人强调人与自然的和谐发展，讲究天人合一，而不是简单的征服自然，所以早在先秦时期中国人就重视环境保护，保护生态发展的可持续性，为子子孙孙留下可以赖以生存的自然条件。中国文化精神里面的和谐发展、可持续发展思想为科学发展观的提出提供了重要的理论资源和理论借鉴。科学发展观围绕发展做文章，继承了中华民族善于发展创新的精神传统，中华民族几千年来绵延不绝、不断创造新辉煌，正是因为有着宝贵的中国精神。科学发展观要求以人为本，这也体现了中国精神，中华民族自古以来就提出了"天地之间人为贵"（孙思邈《养生歌》）的宝贵思想，把人看成是最宝贵的第一要素。以人为本就体现了中国精神里面的人本精神。

### （四）中国精神是习近平新时代中国特色社会主义思想的重要渊源

"十八大以来，以习近平同志为主要代表的中国共产党人，顺应时代发展，从理论和实践结合上系统回答了新时代坚持和发展什么样的中国特色社会主义、怎样坚持和发展中国特色社会主义这个重大时代课题，创立了习近平新时代中国特色社会主义思想。习近平新时代中国特色社会主义思想是对马克思列宁主义、毛泽东思想、邓小平理论、'三个代表'重要思想、科学发展观的继承和发展，是马克思主义中国化最新成果，是党和人民实践经验和集体智慧的结晶，是中国特色社会主义理论体系的重要组成部分，是全党全国人民为实现中华民族伟大复兴而奋斗的行动指南，必须长期坚持并不断发展。在习近平新时代中国特色社会主义思想指导下，中国共产党领导全国各族人民，统揽伟大斗争、伟大工程、伟大事业、伟大梦想，推动中国特色社会主义进入了新时代。"① 党的十八大以来，以习近平同志为核心的中国共产党人高度重视中国精神的弘扬，先后提出实现

---

① 《中国共产党章程》，人民出版社，2017，第 5~6 页。

中华民族伟大复兴中国梦、弘扬社会主义核心价值观、弘扬中华优秀传统文化等一系列主张来弘扬中国精神。习近平同志对中国精神下了一个精准的定义，这就是以爱国主义为核心的民族精神与以改革创新为核心的时代精神。习近平同志还系统论述了中国道路、中国精神、中国力量三者之间的辩证统一关系，明确指出走中国道路必须弘扬中国精神，实现中国梦必须弘扬中国精神。习近平新时代中国特色社会主义思想里面包含一系列关于中国精神的重要思想。中国精神是习近平新时代中国特色社会主义思想的重要渊源。

## 三　中国精神是中国特色社会主义制度的思想基础

"中国特色社会主义制度，就是人民代表大会这一根本政治制度，中国共产党领导的多党合作和政治协商制度，民族区域自治制度和基层群众自治制度这三项基本政治制度；以公有制为主体，多种所有制经济共同发展的基本经济制度，中国特色社会主义法律体系，以及建立在基本政治经济制度上的其他政治制度，经济制度，文化制度，社会制度。"① 中国特色社会主义制度体现了鲜明的人民性、时代性、科学性、民族性，是中国特色社会主义实践的重要内容，是人民幸福安康的坚实保障，是中国特色社会主义制度文明的集中体现。人们常说社会主义具有制度优越性，其优越性就体现在社会主义制度能够更好地促进生产力的发展，能够带来经济的持久繁荣、政治秩序的稳定有序、文化的大繁荣大发展。"中国经济社会取得巨大进步的事实正是中国特色社会主义制度功能展现的结果，亦即现实的发展和进步是以制度体系的进步为直接条件的，是在制度的保障和推动条件下获得的。"② 中国精神是中国特色社会主义制度的思想基础，为之提供必要的思想保障，使之不断获得活力。

---

① 《十八大报告辅导读本》，人民出版社，2012，第13页。
② 程竹汝：《中国特色社会主义制度文明的结构特色与功能优势》，《思想理论教育》2017年第5期。

### （一）中国精神是中国特色社会主义政治制度的思想基础

中国特色社会主义政治制度主要包括人民代表大会这一根本政治制度，中国共产党领导的多党合作和政治协商制度，民族区域自治制度和基层群众自治制度这三项基本政治制度。中国特色社会主义政治制度的根本目的是保障人民当家做主，基本要求是保证党的领导与社会主义制度的巩固。中国精神之中天下为公的精神，民为邦本、本固邦宁的思想是人民当家做主的重要思想根据。缺乏天下为公的思想就不可能有现代化的政党政治，也就不可能巩固党的领导和人民当家做主的统一。中国精神之中的团结统一精神、爱好和平精神是多党合作和政治协商制度以及民族区域自治制度的重要思想根据。多党合作和协商就是团结在中国共产党周围共同为中华民族伟大复兴而奋斗。民族区域自治制度的根本目的也是充分发挥各个民族地区的地方积极性，从而更好地团结在中华民族的大家庭之中。基层群众自治制度的本意也是促进中国广大人民群众的有机团结和党的统一领导。

### （二）中国精神是中国特色社会主义经济制度的思想基础

中国特色社会主义经济制度主要指公有制为主体，多种所有制经济共同发展，按劳分配为主体、多种分配制度并存，社会主义市场经济体制等社会主义基本经济制度。社会主义优越性的重要体现就在于比资本主义制度更能保证全体人民共同享有社会发展成果，社会公平正义得到更好的彰显。中国特色社会主义经济制度是保障社会主义生产力发展，保障人民共享经济发展成果的重要基础。中国精神之中勤劳勇敢、自强不息的精神是中国特色社会主义经济制度的重要思想基础。中国人民是富有聪明才智的，多种所有制经济共同发展就给勤劳的人们发家致富创造了良好的条件。

### （三）中国精神是中国特色社会主义法律体系的思想基础

中国特色社会主义法律体系是全面依法治国的重要保障，完备的社会主义法律体系是我们有法可依、有法必依、执法必严、违法必究的重要前提条件。中国特色社会主义法律体系体现了中国特色社会主义的本质要求，体现了改革开放和社会主义现代化建设的时代要求，体现了结构内在统一而又多层次的国情要求，体现了继承中国法制文化优秀传统和借鉴人类法制文明成果的文化要求，体现了动态、开放、与时俱进的发展要求。① 中国精神是中国特色社会主义法律体系的思想基础这体现在以下几个方面。首先，中国特色社会主义法律体系的建立必须立足于中华民族的爱国主义要求。中国特色社会主义法律体系建立的目的是形成一个良好的法治秩序，从而为中华民族的富强和国家的繁荣昌盛奠定法制基础。中国特色社会主义法律的立法目的都是为了国家为了人民，所以我们制定了《中华人民共和国宪法》，在其规范下开展一切活动，我们制定了各种法律保护公民权利、打击违法犯罪，我们制定《反分裂国家法》维护祖国统一。其次，中国特色社会主义法律体系的运行和适用必须合乎时代的要求、与时俱进。时代在不断变化，现实生活中大量的案例是立法的时候没有出现的，或者当时还不明确的，中国特色社会主义法律运行也必须与时俱进，只有如此方能体现立法为民的本意。最后，中国特色社会主义法律体系的遵守必须发扬中华民族重政治、讲规矩的传统，使社会主义法律成为人民的信仰，让公平正义的阳光普照到每一个中国人。

## （四）中国精神是建立在政治经济制度上的其他各种制度的思想基础

建立在中国特色社会主义政治经济制度之上的其他各种制度主要有中国特色社会主义文化制度、中国特色社会主义教育制度、中国特色社会主义军事制度等。首先，中国精神是中国特色社会主义文化制度的基础。中国特色社会主义文化制度的目的是发展社会主义文化事业，为全民族提供良好的文化产品，营造中华民族的精神家园。中国特色社会主义文化事业发展必须以马克思主义为指导，大力弘扬中国精神，把中国精神贯彻到文

---

① 本书编写组：《思想道德修养与法律基础》，高等教育出版社，2015，第148～149页。

化发展的方方面面，提高全体人民的爱国主义热情，增强国家文化软实力，增强中华民族凝聚力。如果没有中国精神，那么中国特色社会主义文化就失去了灵魂和血肉。其次，中国精神是中国特色社会主义教育制度的基础。中国特色社会主义教育制度以培育具有责任担当的时代新人为使命，培育社会主义事业的建设者和接班人。教育的目的是塑造人。中国特色社会主义教育的目的是塑造新时代的中国人。只有把中国精神贯穿于中国特色社会主义教育的全过程，才能塑造具有爱国主义高尚情操和改革创新时代本领的社会主义人才。最后，中国精神是中国特色社会主义军事制度的基础。保家卫国是军队存在的根本使命。中国特色社会主义军事制度就是为了打造一支世界一流的强大军队，保卫世界和平，保证中国特色社会主义事业的和平发展环境。中国人民解放军要高扬中国精神，做祖国的忠诚卫士。爱国主义是强军之魂。唯有弘扬中国精神才能提高部队的战斗意志和战斗能力。

## 四　中国精神是中国特色社会主义文化的思想基础

中国特色社会主义的文化，就是以马克思主义为指导，以培育有理想、有道德、有文化、有纪律的公民为目标，发展面向现代化、面向世界、面向未来的，民族的、科学的、大众的社会主义文化。发展中国特色社会主义文化必须以马克思主义为指导，这是中国特色社会主义文化的思想灵魂。发展中国特色社会主义文化必须弘扬中华优秀传统文化和革命文化，这是中国特色社会主义文化的重要来源。发展中国特色社会主义文化必须培育和践行社会主义核心价值观，这是中国特色社会主义文化的价值内核。发展中国特色社会主义文化必须弘扬社会主义荣辱观，这是中国特色社会主义文化的重要道德基础。"当代中国精神蕴含于社会主义先进文化的价值体系之中，构成了社会主义先进文化的基本内核。在推进中国特色社会主义文化建设过程中，能否积极培育和弘扬中国精神，能否充分发挥中国精神的作用，不仅事关文化建设事业的兴衰成败，而且关系到国家和民族的整体发展。"① 中国精神是中国特色社会主义先进文化的精神信仰、思想精髓和价值灵魂。

## （一）中国精神为坚定马克思主义指导提供思想基础

马克思主义从诞生起就改变着这个世界，书写着自己的辉煌。马克思主义是科学的真理，它科学揭示了人类社会的发展规律，指明了人类获得自由与解放的康庄大道。马克思主义代表人民，是无产阶级的世界观和方法论，是无产阶级的福音。马克思主义敲响了资本主义的丧钟，预示了资本主义必然灭亡的命运。中国精神与马克思主义在精神实质上的相融相通为我们坚定马克思主义指导思想提供了有利条件。中国精神扎根于中华优秀传统文化，代表着对中华优秀传统文化的继承和发扬。马克思主义同样汲取了中华优秀传统文化的营养，在其发展过程中没有离开中华优秀传统文化。"中国传统文化是伏尔泰、魁奈、霍尔巴赫、黑格尔等思想家的思想来源之一，而卢梭、伏尔泰、霍尔巴赫、康德、黑格尔等思想家的重要思想，是马克思理论创新的重要思想文化资源。所以中国传统文化是马克思理论创新的间接思想文化资源。"② 马克思主义代表无产阶级、代表人民利益，中国精神同样是为老百姓说话的，无论是团结统一的精神、勤劳勇敢的精神、爱好和平的精神还是自强不息的精神都是人民群众需要的宝贵精神财富，有利于人民群众幸福，反对统治阶级的胡作非为、骄奢淫逸。在当代中国，只有马克思主义才能给予我们正确的方向，帮助我们实现民族复兴、人民幸福的中国梦，弘扬中国精神就要求我们同样也要牢牢坚持马克思主义指导思想。

## （二）中国精神为弘扬传统文化和革命文化提供思想基础

中国优秀传统文化是中华民族生存的精神根脉，而中国精神则是中华

---

① 孙成武、赵然：《文化自觉视域下中国精神的培育探析》，《北京交通大学学报》（社会科学版）2016 年第 3 期。

② 田鹏颖：《论马克思主义与中国传统文化相交融》，《理论学刊》2015 年第 11 期。

民族伟大复兴的强大动力，二者统一于中华民族的伟大生存实践。"以'中国精神'的概念统摄中华传统文化，就会给传统文化注入现实的能动性，真正使文化传统活在当下，生成为当代中华民族有所追求、有所担当、有所实现的精神力量。"① 中国精神能够鼓舞民族自尊心、自信心、自豪感，引导人们树立文化自信，挖掘中华民族宝贵的文化遗产，对传统文化进行创造性转化与创新性发展。中国共产党人在革命时期继承弘扬中华优秀传统文化，以马克思主义为指导，发展了革命文化，给我们留下了宝贵精神财富。革命文化是一种为国为民不怕牺牲的文化，有一种敢教日月换新天的气概，有一种大爱担当的精神。弘扬革命文化与弘扬中国精神具有内在一致性，二者在内容上有很多重合，比如勤劳勇敢的精神、爱国主义的精神、自强不息的精神，都是二者共有的。革命文化中的"井冈山精神、长征精神、延安精神、西柏坡精神都已经凝结成为民族精神的重要组成部分。"② 也可以说中国精神与革命文化你中有我、我中有你，密不可分。中国精神的弘扬也为革命精神的继承创新提供了宝贵契机，让人们在这样一个崇高精神倦怠的时代再一次感受革命文化理想的宏伟高大。

## （三）中国精神为培育践行社会主义核心价值观提供思想基础

培育和践行社会主义核心价值观是党中央推进社会主义先进文化建设的重要举措。核心价值观不仅关系文化建设的成效，也关系社会和谐稳定，关系国家长治久安。习近平在谈到社会主义核心价值观的重大意义时强调："培育和弘扬核心价值观，有效整合社会意识，是社会系统得以正常运转、社会秩序得以有效维护的重要途径，也是国家治理体系和治理能力的重要方面。"③ 中国精神为中华民族伟大复兴注入精神力量，振奋民族

---

① 胡海波：《中国精神的实践本性与文化传统》，《哲学研究》2015 年第 12 期。
② 雷家军、阎治才：《关于和谐文化与革命文化关系的几点思考》，《马克思主义与现实》2008 年第 3 期。
③ 《习近平谈治国理政》，外文出版社，2014，第 163 页。

精神，高扬民族价值，为社会主义核心价值观的培育奠定坚实的基础。培育和践行社会主义核心价值观，使其融入大众日常生活，内化为人们自觉的精神追求、外化为人们的行为规范，离不开中国精神的动力支持系统。缺少高尚精神的引导和统领，价值观建设不会生根。精神具有改写历史的力量，它以雷霆万钧之力，可以让一个民族陨落，也可以让一个民族崛起。一个民族在崛起的过程中无不表现出一种昂扬的精神风貌，对未来充满自信，勇于克服自身的局限性。而一个民族在没落的过程中无不表现出精神的萎靡，对未来恐惧不安，放纵人性的弱点。中华民族伟大复兴需要高扬中国精神，需要以崭新的精神风貌确立新的核心价值观。用中国精神引导社会主义核心价值观的培育践行，以社会主义核心价值观充实和丰富中国精神，夯实民族复兴的文化基础，中华民族伟大复兴就并不遥远。

### （四）中国精神为树立社会主义荣辱观提供思想基础

　　社会主义荣辱观是社会主义核心价值体系的重要组成部分，它的主要内容就是"八荣八耻"，也就是以热爱祖国为荣，以危害祖国为耻。以服务人民为荣，以背离人民为耻。以崇尚科学为荣，以愚昧无知为耻。以辛勤劳动为荣，以好逸恶劳为耻。以团结互助为荣，以损人利己为耻。以诚实守信为荣，以见利忘义为耻。以遵纪守法为荣，以违法乱纪为耻。以艰苦奋斗为荣，以骄奢淫逸为耻。不难看出，社会主义荣辱观是对中华民族精神和传统美德的提炼和升华。树立社会主义荣辱观有利于营造良好的社会氛围，提高全社会的道德水平，利于国家的发展和繁荣，推动人的全面发展和社会进步。树立社会主义荣辱观是社会主义价值体系建设的必然要求，是培育和践行社会主义核心价值观的必然要求，是社会主义文化建设的重要任务。荣与辱是一对道德范畴，是一个民族道德文化的集中体现。每个民族都有自己独特的精神世界、独特的道德规范和道德文化。社会主义荣辱观扎根中华民族道德实践，体现了鲜明的民族特色、时代特色、实践特色。树立社会主义荣辱观，离不开对中华民族精神状态的把握，离不开中国精神的弘扬。中国精神与社会主义荣辱观密不可分，弘扬中国精神的实质也是在树立社会主义荣辱观，反之，树立社会主义荣辱观在实质上也弘扬了中国精神。

## 第二节　中国精神的政治价值

"放眼古今中外，但凡在世界历史上有较大影响的国家和民族，在崛起和发展的道路上，都会迸发出影响深远的精神力量，成为这个国家和民族进步发展的宝贵精神财富。中国精神正是这样一种精神，它源于中华民族几千年的文明传统，发展于近代以来中华民族追求民族独立的历程，彰显于改革开放的伟大实践，构筑了中华民族的精神家园，成为中华民族生生不息的不竭动力。"[①] 中国精神是中华民族伟大复兴的强大力量，实现中国梦必须弘扬中国精神、增强中国力量。具体来说，中国精神是提升中华民族凝聚力的基础，是增强综合国力的基础，是和平年代拒腐防变的强大精神力量。

### 一　中国精神是提升中华民族凝聚力的强大精神力量

习近平指出："人无精神则不立，国无精神则不强。唯有精神上站得住、站得稳，一个民族才能在历史洪流中屹立不倒、挺立潮头。同困难作斗争，是物质的角力，也是精神的对垒。"[②] 中华民族几千年来能够砥砺风雨的侵蚀，越来越强大，就是靠着精神的力量。中国精神把中国人民拧成一股绳，万众一心，众志成城，克服了一个又一个看似不可能克服的巨大困难，战胜了一个又一个巨大挑战。

---

① 张瑜：《中国精神的内涵、本质及其培育研究》，《文化软实力研究》2017 年第 1 期。

② 习近平：《在全国抗击新冠肺炎疫情表彰大会上的讲话》，《求是》2020 年第 20 期。

### （一）有利于提升中华民族的民族认同

"民族认同即民族成员对本民族的归属感以及表现出的情感依附性和民族心理的趋同性。"[①] 民族认同是民族成员对本民族价值的肯定，肯定本民族的历史、文化、现实，自觉坚定民族自信。"认同使民族成员个体和群体之间的关系得到确认、一定的文化符号得到使用、相同的文化理念得到秉承、共有的思维模式得到礼拜、共同的行为规范得到遵守。"[②] 民族认同是民族凝聚力形成的基础，民族认同使民族成员自觉接受民族的价值理念、思想方式、行为方式的规范，自觉做一个民族的成员，维护民族利益。民族认同使民族成员获得文化身份认同，在多元文化背景下这一点尤为重要，身份认同可以使民族成员得到一种心灵上的获得感、满足感、归属感。民族成员失去民族认同的结果是悲剧性的，一方面民族成员不再拥有自己的文化身份，变成文化上无根的漂泊者，另一方面整个民族丧失民族凝聚力，将会走向衰落。作为一个民族群体或者民族个体，构建民族认同都是不可逃避的天命。因为"对个体成员而言，民族意味着宿命天定和不可退出的特质。一个具有某种特定外表和文化特点的人，奢望摆脱自身的集团而加入另一个群体，在现实性上是一件极为困难的事。"[③] 构建民族认同责任重大，关系一个民族的前途命运，关系国家的和谐稳定，关系人民的幸福安康。

中华民族的强烈民族认同是维持中华民族多元一体、和谐共处、共同富裕的保证。当前中华民族认同面临经济全球化、文化多元化、生活网络化的多重影响。在局部地区，中华民族认同受到严重威胁，一些反动势力费尽心机，意图瓦解中华民族认同，破坏国家的团结统一。加强中华民族认同教育迫在眉睫。中国精神对增强中华民族认同具有重要意义。中国精

---

① 李静、王彬斐：《民族认同的维度与路径研究》，《西南民族大学学报》（人文社科版）2018 年第 3 期。
② 詹小美、王仕民：《文化认同视域下的政治认同》，《中国社会科学》2013 年第 9 期。
③ 詹小美、王仕民：《文化认同视域下的政治认同》，《中国社会科学》2013 年第 9 期。

神能够帮助人们正确看待中华民族的历史和现实，增强做一个堂堂正正的中国人的信心和决心。中国精神能使人们自觉认同中华民族的现实道路，自觉认同中华民族伟大复兴的历史使命。

## （二）有利于提升中华民族的民族自信

民族自信是维系民族生存与发展的重要精神力量。民族自信的根本是文化自信。民族自信的生成与发展有赖于民族文化自信的生成与发展。中华民族伟大复兴离不开中华文化的发展繁荣。民族自信是推动社会主义现代化建设，全面推进"四个全面"建设的有力精神支撑和思想保证。近代以来，由于西方列强的强势入侵，中国人的民族自信遭受打击，甚至有人得出"中国百事不如人"的荒谬结论，主张全盘西化。这是历史原因造成的一部分人思想上的动荡。时至今日，中国走在中国特色社会主义的康庄大道上，国家一天天强大起来，人民一天天富裕起来，我们理当扭转过去的一些错误认识，重新认识中国，重新认识中华民族。习近平指出："人民有信心，国家才有未来，国家才有力量。中国特色社会主义进入了新时代，勤劳勇敢的中国人民更加自信自尊自强。中国这个古老而又现代的东方大国朝气蓬勃、气象万千，中国特色社会主义道路、理论、制度、文化焕发出强大生机活力，奇迹正在中华大地上不断涌现。我们对未来充满信心。"① 中华民族是自信的民族，中国人深深相信中华民族是优秀的民族，中国人相信中华民族伟大复兴一定可以实现，中国人勇于承担更多的世界责任。

民族自信并不是与生俱来的，需要我们善加养护，精心培育，使之茁壮成长。提升中华民族的民族自信，首先要求我们坚持以经济建设为中心，大力发展生产力，夯实民族自信的物质基础，这离不开改革创新精神的引领。科技是生产力的核心要素，改革创新是发展科技的重要精神要

---

① 习近平：《在第十三届全国人民代表大会第一次会议上的讲话》，人民出版社，2018，第7页。

素，历史上伟大的科技创新都是对前人成果的革命性变革，大胆突破所谓权威的定论。提升中华民族的民族自信，要求我们全面深化改革，建构一个更为公平正义的发展环境，夯实民族自信的制度保障，这同样离不开改革创新精神的引领。我们要用改革创新的精神构建崭新的中国特色社会主义政治、经济、文化等各方面的制度，保证每一个中国人享受大国国民的待遇，同享改革发展的果实。提升中华民族的民族自信，要求我们积极构建人类命运共同体，坚实民族自信的国际条件，这离不开以和为贵的中华传统精神。以热爱和平的精神与世界各国一道携手共进，就能构建平等友好的新型国际关系，发挥中国的国家影响力。

### （三）有利于提升中华民族的民族团结

民族团结事关中华民族长远发展，事关国家长治久安，事关人民幸福安康。什么时候民族团结，人民就幸福，国家就繁荣富强；什么时候民族团结遭到破坏，人民就要遭殃，国家就会落后挨打。党的十九大报告指出："深化民族团结进步教育，铸牢中华民族共同体意识，加强各民族交往交流交融，促进各民族像石榴籽一样紧紧抱在一起，共同团结奋斗、共同繁荣发展。"[1] 中华民族内部有 56 个民族，各个民族之间存在有机联系，在政治、经济、文化、社会等各个层面发生着密切的交往和联系，民族之间存在广泛而深刻的交往交流交融。在中华民族的历史进程中，特别是近代以来共同抵御外辱的过程中，中华民族同仇敌忾，一致对外，中华民族共同体意识得以形成。自新中国成立以来，中华各族儿女在社会主义革命、建设和改革开放的各个历史时期，高扬团结奋进的爱国主义旗帜，紧密围绕在中国共产党的周围建设社会主义现代化强国，中华民族共同体意识得到有效的增强和巩固。新中国成立以来，民族团结工作开展卓有成效，积累了有效的经验。

中国精神能够有效提升民族团结。首先，中国精神能够把各民族更加

---

[1] 《习近平谈治国理政》第 3 卷，外文出版社，2020，第 31 页。

紧密地团结在中国共产党周围。民族团结需要有一个坚强的领导核心，需要有主心骨，这样遇到利益纠纷才能和平解决，而不是激化。中国共产党是民族团结的领导核心，中国共产党人制定了各项民族政策促进各民族之间的交往、交流、交心。中国共产党保证了各民族的和谐共处。弘扬以爱国主义为核心的民族精神和以改革创新为核心的时代精神就要求我们坚持中国共产党的领导。因为中国共产党是中国人民和中华民族的先锋队，是中华民族的脊梁，最好地继承和弘扬了中华民族精神。同时，也正是在中国共产党人的带领下，我们才进行了改革开放的伟大事业，开辟了中国特色社会主义道路，创造了改革创新的时代精神。其次，中国精神能够促进中华民族共同体意识的进一步加强。中华民族共同体意识是各民族大团结的重要思想基础，只有树立 56 个民族是一家的民族团结观念，各民族之间的隔阂才能消除，民族之间的融合与协调发展才有保障。弘扬以爱国主义为核心的民族精神和以改革创新为核心的时代精神就要求我们牢牢树立中华民族共同体意识，构建共有精神家园，让各民族同胞亲如一家人，心往一处想，劲往一处使。

### （四）有利于促进中华民族的民族融凝

民族学家何星亮指出："中华民族的形成和发展是一部充满互动和融合、从多元到一体的历史。没有历史上多次民族大互动、大迁徙、大融合，中华民族就不可能形成，中国也就不可能长期保持统一和稳定。"①中华民族多元一体格局的形成离不开民族融凝。民族融凝是比民族团结更为紧密的一种状态，各民族融为血肉一体，在这种情况下各民族同呼吸、共命运、肩并肩，民族之间的界限虽然依然存在，但是已经被更大的中华民族认同代替，各民族都牢牢树立了中华民族共同体意识。一部中华文明史就是一部中华民族的融凝史，各民族从分散、孤立逐渐融为一体。从历史来看，中华民族的民族融凝具有互动性、互补性、包容性、整

---

① 何星亮：《中华民族在互动融合中形成和发展》，《人民日报》2016 年 7 月 22 日，第 7 版。

体性的特点。① 民族融凝是一个渐进的历史过程，需要多方位的交流交往交融，互相了解，互相尊重，取长补短。各民族的融凝离不开共同的价值观的牵引，共同的价值观是民族团结的基石，以爱国主义为核心的民族精神和以改革创新为核心的时代精神把各民族团结在爱国进步的旗帜之下，共享核心价值观。各民族的融凝离不开共同的政治经济生活，政治经济的交流把各民族紧密联系在一起，以爱国主义为核心的民族精神和以改革创新为核心的时代精神创造了各民族交往的条件。

## 二　中国精神是提升综合国力的强大精神力量

改革开放以来，我们以经济建设为中心，全面建设中国特色社会主义，中国完成了从站起来富起来到强起来的历史性跨越，积贫积弱的旧中国一去不复返了，崭新的东方大国形象熠熠生辉，中国价值、中国精神、中国力量令世人瞩目。中国精神激励着中华儿女为改变民族和国家的命运，不懈奋斗，一往无前。精神的力量化为实实在在的物质力量。

### （一）有利于增强国家文化软实力

国家的综合实力不仅包括军事实力、经济实力、科技实力，还包括文化软实力。今天世界各国普遍认识到文化与价值观是国家发展的重要因素，普遍重视意识形态工作，着力提升文化软实力。西方发达国家更是把文化领域看成 21 世纪国际斗争的主要战场。软实力理论源于美国著名文化学者约瑟夫·奈。约瑟夫·奈认为，在现代社会，文化软实力是国家实力的重要组成部分。约瑟夫·奈主要是从外交的角度来看待文化软实力，偏重于强调文化的国际吸引力。我国学者则对其进行了引申，主张"文化软实力，既是讲文化的国际吸引力，更是讲文化的内部凝聚力，是文化的内部

---

① 何星亮：《中华民族在互动融合中形成和发展》，《人民日报》2016 年 7 月 22 日，第 7 版。

凝聚力和外部吸引力的统一。"① 提高文化软实力是国际竞争的需要，只有具有强大的软实力才能在国际竞争中占据一席之地。

中国精神利于国家硬实力的发展从而间接推动国家软实力的发展。"软实力的发展必须以硬实力为基础，离开了硬实力的依托来谈软实力的发展是没有意义的。"② 硬实力是文化软实力的基础。俗话说"巧妇难为无米之炊"，"米"就是硬实力，只有先有"米"才能做出可口的饭菜。只有具备强大的硬实力，才能让软实力发展得更好。从历史和现实来看，软实力比较强大的国家一般都具有强大的硬实力为后盾。中国精神鼓舞人民进行经济建设以提升中国的物质能力。中国精神提醒中华民族忘战必危，努力提高军事素质，推动新时期军事管理体制变革，提高中国的军事实力。

中国精神本身也能够构成中国文化软实力。文化软实力表现为对内的凝聚力和对外的吸引力。以爱国主义为核心的民族精神和以改革创新为核心的时代精神为中国特色社会主义事业凝聚起 14 亿人的磅礴之力，向世界展示了一个负责任的大国形象，世界各国人民为之震撼，尤其是第三世界国家人民从中国的高速发展看到了落后国家和地区发展的潜力，备受鼓舞，纷纷向中国取经。中国人民本着和平友好、团结互助的基本精神积极帮助"一带一路"沿线国家和第三世界国家发展经济，构建人类命运共同体，共享发展机遇。正如有学者所说："中国精神是中国文化软实力的集中表现，从内在创造力和品质纯化力方面彰显出它的自我发展自我更新和自我完善的活力，并从外在影响力、引导力方面彰显出它的不断超越不断提升不断强化的魅力，促进着中国文化的发展繁荣。"③

### （二）有利于增强国家科技创新力

科技实力是国家综合实力的重要组成部分，对国家综合实力的提升起

---

① 骆郁廷：《文化软实力：基于中国实践的话语创新》，《中国社会科学》2013 年第 1 期。
② 胡键：《软实力新论：构成、功能和发展规律》，《社会科学》2009 年第 2 期。
③ 王泽应：《论中国精神对民族复兴的伟大意义》，《齐鲁学刊》2014 年第 3 期。

着十分关键的作用。科技实力的主要体现就是科技创新能力。习近平深刻指出："历史经验表明，科技革命总是能够深刻改变世界发展格局。16、17 世纪的科学革命标志着人类知识增长的重大转折。18 世纪出现了蒸汽机等重大发明，成就了第一次工业革命，开启了人类社会现代化历程。19 世纪，科学技术突飞猛进，催生了由机械化转向电气化的第二次工业革命。20 世纪前期，量子论、相对论的诞生形成了第二次科学革命，继而发生了信息科学、生命科学变革，基于新科学知识的重大技术突破层出不穷，引发了以航空、电子技术、核能、航天、计算机、互联网等为里程碑的技术革命，极大提高了人类认识自然、利用自然的能力和社会生产力水平。一些国家抓住科技革命的难得机遇，实现了经济实力、科技实力、国防实力迅速增强，综合国力快速提升。"[①] 科技革命的意义十分重大，怎么估计都不过分。而开展科技革命的关键在于创新，尤其是颠覆性的创新。每一次颠覆性的技术革命都标志着一个旧时代的结束和一个新时代的开始。科技创新能力关乎国运。一个朝气蓬勃的民族，必定是充满科技创新力的民族。一个羸弱的民族，必定在科技上毫无创新力，只能跟着科技强国的步伐亦步亦趋，甘为人后。提升国家科技创新力，是实现中华民族伟大复兴的必然要求，是实现人民幸福安康的必然要求，是应对各种风险挑战的必然要求。

弘扬中国精神可以提升我国的创新自信，利于科学家们"坚定敢为天下先的志向，在独创独有上下功夫，勇于挑战最前沿的科学问题。"[②] 在科学创新的道路上，精神因素在某种意义上比智力因素更为重要，没有高度的创新自信，不可能取得颠覆性的成果。中华民族是具有伟大创造精神的民族，我们要相信中国人具有创新的精神基因，可以为世界科技进步做出更大的贡献。

---

① 习近平：《为建设世界科技强国而奋斗：在全国科技创新大会、两院院士大会、中国科协第九次全国代表大会上的讲话》，人民出版社，2016，第 3 ~ 4 页。

② 习近平：《为建设世界科技强国而奋斗：在全国科技创新大会、两院院士大会、中国科协第九次全国代表大会上的讲话》，人民出版社，2016，第 8 页。

弘扬中国精神可以提升我国科技创新的管理和运行水平。科技创新虽然看似无章可循，但是科技创新符合一切创新的规律，需要依靠宽松自由的创新氛围的支撑。科技创新不能依靠行政指令，不能依靠行政规划，原创性的重大科技创新往往是自由探索的结果。当前我国科技管理体系存在许多弊病，不能适应我国科技高速发展的现实，必须加以改革，尤其是要给科研人员"松绑"，让他们有更多时间投入科研。

弘扬中国精神可以提高创新人才的培养水平，造就大批科技英才。科学技术是对人类创造力的挑战。发展科学技术离不开创新性人才。我国要成为世界科技强国需要一大批杰出的科技英才。要形成"尊重知识、尊重人才"的良好社会氛围，让科技工作者的创造性劳动获得应有的社会回报，让科技工作者的创造性工作得到应有的荣光，鼓励有志青年积极投身国家的科技事业。科技工作者要自觉弘扬中国精神，尤其是要继承和发扬"两弹一星"精神、载人航天精神，为祖国的科技事业不遗余力，竭忠尽智。

### （三）有利于增强国家政治领导力

政治领导力是综合国力的重要组成要素。试想一个国家如果没有一个强有力的政治领导集团，没有一个起领导作用的执政党，没有一个稳定的中央政府，那么这个国家的政治生活肯定极其不稳定，经济发展也会不可持续，国力肯定大受影响。政治稳定是国家发展的重要条件，而政治稳定最为重要的因素是要有一个坚强的领导核心。我国是社会主义国家，中国共产党是我国的执政党和主要领导力量，政治领导优势是我们社会主义制度的独特优势。中国共产党的领导能力有目共睹，先后带领人民完成了新民主主义革命、社会主义革命，现在又带领人民沿着中国特色社会主义道路一往无前为实现中华民族伟大复兴而奋斗。要提高国家的政治领导力就必须坚持中国共产党的领导和中国特色社会主义制度。

弘扬中国精神可以巩固中国共产党的领导。中国的事，关键在党。党团结统一，那么国家就安定团结。党内出了问题，出现腐败分子，那么国家就会动荡不安。新时代条件下，坚持和改善党的领导就必须树立政治意识、大局意识、核心意识、看齐意识，自觉维护党中央权威，做到令行禁止。东西南北中，工农商学兵，党领导一切。中国共产党的领导是我国国家政治领导力的根本。中国共产党高扬爱国主义的旗帜团结和带领全国人民共同奋斗，弘扬中国精神，实现中华民族伟大复兴。

弘扬中国精神可以巩固社会主义政治制度。"在一个国家的综合国力体系中，政治制度与政治架构发挥着十分重要的作用。一个国家的政治制度由这个国家的经济社会基础所决定，同时又反作用于这个国家的经济社会基础，乃至于起到某种决定性作用。可以说，在一个国家的各种制度中，政治制度处于关键环节。正因为如此，政治建构对于提升国家的综合国力十分重要。"① 中国特色社会主义政治制度是我国的独特优势，是我国综合实力提升的制度保障。以改革创新精神不断完善我国的政治制度，有利于为经济基础服务。

### （四）有利于增强国家经济发展力

经济发展对于提升国家综合国力至关重要。所谓经济活动也就是指从事社会物质生产、流通、交换等活动。根据马克思主义经济学的解释，经济活动的总过程就是物质资料生产的总过程，而"物质资料生产的总过程，是由生产、分配、交换、消费四个环节组成的有机整体。生产是起点，消费是终点。分配和交换是连接生产与消费的中间环节。生产、分配、交换、消费互相制约、互相依赖，构成生产总过程的矛盾运动。"② 经济发展是提高综合国力的物质基础。没有经济基础为后盾，国家就不可能存在。马克思说："任何一个民族，如果停止劳动，不用说一年，就是几个星期，也要灭亡，这是每一个小孩都知道的。"③ 经济发展离不开精神力量的推动。马克斯·韦伯认为，近代资本主义社会经济的发展离

---

① 辛向阳：《综合国力的政治建构》，《中国党政干部论坛》2014 年第 11 期。
② 刘诗白：《政治经济学》，西南财经大学出版社，2004，第 8 页。
③ 《马克思恩格斯选集》第 4 卷，人民出版社，1995，第 580 页。

不开新教伦理精神的推动，新教伦理中的敬业精神、勤劳品质、诚信意识、劳动观念、节制欲望、勤俭节约等精神品质和文化追求是资本主义发展的精神动因。马克斯·韦伯启发我们，要发展经济就要提供经济发展的精神动力。而中国精神有利于从经济发展的各个环节促进中国经济的发展。

弘扬中国精神有利于发展生产。生产的重要性不言而喻，生产是决定经济发展的关键环节，生产决定着分配、交换和消费。生产的发展水平是一个社会文明发展水平的衡量标准，只有在高度的物质文明基础上才能建设高度的精神文明。弘扬中国精神可以振奋人民的奋斗精神，提高生产效率。当前我国的生产力发展水平虽然经过改革开放以来几十年的高速发展，取得了长足进步，但是与人民群众的需要之间仍有距离，尤其是生产力发展地区不平衡的问题很突出。弘扬中国精神，让生产力较为发达的地区发扬团结统一、改革创新的精神，积极帮助生产力不发达地区发展生产，有利于提高全国整体的生产力发展水平，有利于改善生产力发展地区不平衡的状态，也有利于发达地区转移或淘汰落后产能以提高生产力。

弘扬中国精神有利于公平分配。产品生产出来就要分配给人们享用。如何进行合理的分配是一个大的问题，分配不公就会引起人们心中的不满，这种不满情绪如果通过不合理的分配制度被积累起来，就会如一股洪流冲决社会的堤岸，成为社会动荡的根源。封建时代，地主阶级抢走了农民的劳动成果，引起一次又一次农民起义，无数皇冠落地。资本主义时代，资本家的残酷剥削引起工人阶级的强烈反抗，工人起先是破坏机器，后来联合起来和资本主义制度作斗争，推翻资本主义制度。分配正义是社会主义的基本要求。到了共产主义社会，物质极大丰富，人们可以按需分配。今天的中国，生产力还达不到按需分配的程度，只能实行按劳分配。那么就必须公平分配，这样才能调动劳动者的积极性。中国精神是一种平等的精神，有利于促进社会的公平分配。

弘扬中国精神有利于商品交换。商品流通是经济发展的必然环节，只有通功易事人们才能获得自己需要的产品，也只有通过商品交换才能把个体劳动变为社会劳动。一个物品从个人的劳动产品到商品是"惊人的一跃"，对生产者来说其结果可能判若云泥，若是这一跳跃成功，那么就使个人劳动获得了社会的认可，就转化为社会劳动，若是这一跳跃失败那么前功尽弃，损失惨重。对于整个社会来说，只有畅行无阻地进行商品交换，整个社会才能有机统一，社会才能充满生机活力。市场流通速度越快，经济就越有活力，社会的再生产就能扩大。商品交换遵循等价原则，要求交换主体能够恪守诚信，童叟无欺。中国精神有利于市场主体增强诚信意识，促进市场流通、商品交换。

弘扬中国精神有利于合理消费。生产决定消费，但是消费也会反作用于生产。消费是生产的最终目的，只有当产品进入消费，生产行为才算最后完成。"消费为生产提供目的和动力。如果没有消费，生产也就失去了意义，人们就不会去从事各种生产活动，那种单纯为生产而生产，为完成生产指标而生产，实际上是行不通的。"① 合理的消费是拉动生产的有效动力，只有人们合理消费才能促进生产力不断提升，消费萎缩会破坏生产的正常运行，奢侈性消费也会破坏生产的物质基础。勤俭节约是中华民族的优良传统。发扬勤俭节约的中国精神有利于营造一种合理消费的社会风气，促进经济社会有序发展。

## 三　中国精神是反腐败斗争的精神武器

反腐败是一个重大的理论与现实问题，关系国家长治久安，关系人心向背，关系党的执政地位。我国历届政府都高度重视反腐败工作，反腐倡廉是持之以恒、一以贯之的。在改革开放的条件下，市场经济高度发展，市场经济的交换原则也渗透到党内，腐败问题有时会发生。腐败问题具有隐蔽性、复杂性的特点。党的十九大报告指出："人民群众最痛恨腐败现

① 刘诗白：《政治经济学》，西南财经大学出版社，2004，第9页。

象，腐败是我们党面临的最大威胁。只有以反腐败永远在路上的坚韧和执着，深化标本兼治，保证干部清正、政府清廉、政治清明，才能跳出历史周期率，确保党和国家长治久安。当前，反腐败斗争形势依然严峻复杂，巩固压倒性态势、夺取压倒性胜利的决心必须坚如磐石。"① 中国精神有利于防治腐败，倡导廉洁自律。

### （一）丰富的反腐倡廉精神资源

习近平指出："研究我国反腐倡廉历史，了解我国古代廉政文化，考察我国历史上反腐倡廉的成败得失，可以给人以深刻启迪，有利于我们运用历史智慧推进反腐倡廉建设。"② 中国精神富含反腐倡廉的精神资源，发掘这些精神资源有利于构建廉政文化。中华优秀传统文化中的廉政思想、廉政文化不胜枚举，早在先秦时代思想家们就认识到"不贪为廉"。在漫长的历史时期，中国人对廉政文化的建设卓有成效。"由自律奉廉、教育导廉、选官用廉、考核促廉、监察督廉、清官引廉、俸禄养廉、斥贪崇廉、惩贪护廉等要素组成的廉政教育文化、古代清官文化、廉政制度文化、廉政监察文化与反腐惩贪文化等构成了中国传统廉政文化的主体内容。"③ 中国传统文化中丰富的廉政思想、廉政文化只要我们善于进行创造性转化和创新性发展，就一定能为社会主义廉政建设提供宝贵的历史经验。

### （二）塑造反腐倡廉的社会氛围

腐败是人类社会的顽疾，有其深刻的社会历史根源。反腐败要从源头上下功夫。这就要求反腐败不仅是查处腐败分子，更需要创造一个不敢

---

① 习近平：《决胜全面建成小康社会 夺取新时代中国特色社会主义伟大胜利——在中国共产党第十九次全国代表大会上的报告》，人民出版社，2017，第66～67页。
② 《习近平谈治国理政》，外文出版社，2014，第390页。
③ 唐贤秋：《廉之恒道：中国传统廉政文化现代转换研究》，中国社会科学出版社，2014，第3页。

腐、不想腐、不能腐的社会环境和崇尚廉洁自律的社会舆论环境。党的十八大以来，党中央高度重视反腐败工作，以刮骨疗毒、壮士断腕的巨大政治勇气，查处了一大批腐败分子。中国精神可以起到激浊扬清的作用，营造风清气正的政治环境和社会舆论环境。弘扬中国精神，创新廉政监督制度，弘扬社会正气，抵制歪风邪气，对于防治腐败可以起到标本兼治的作用。

### （三）大力反对形式主义、官僚主义

形式主义、官僚主义是隐蔽的腐败行为，有其深刻的社会根源，屡禁不绝。党的十八大以来，以习近平同志为核心的党中央高度重视解决形式主义官僚主义问题，出台了一系列重要文件，实行了一系列重要政策措施，对形式主义、官僚主义起到极大的遏制作用，党风政风一步步好转。然而，要彻底根除形式主义、官僚主义并非轻而易举，还需要持续用力，久久为功。弘扬中国精神有利于反对形式主义、官僚主义。首先，形式主义、官僚主义是与中华民族爱国主义传统不相符的。爱国主义要求公务人员兢兢业业为祖国服务，真心实意为人民服务，不允许对祖国对人民不忠诚。形形色色的形式主义官僚主义都有一个共同的思想根源就是私而忘公，只从个人私利出发，不顾国家和人民的利益，把个人"小我"凌驾于国家"大我"之上，主次颠倒，扭曲了个人与国家的关系。一个真正的爱国者一定是不会搞形式主义和官僚主义那一套来糊弄国家的。其次，形式主义官僚主义与改革创新的时代精神背道而驰。新时代是改革创新的时代，改革创新的目的是发展生产力，满足人民群众的利益需求，一切不符合社会发展前进方向、不符合人民利益、不符合先进生产力发展要求的作风和做法都应该被摒弃。形式主义官僚主义背后是懒惰和保守，因循守旧，不敢担当作为，不敢创造性地落实中央精神。

## 四 中国精神是维护我国意识形态安全的精神屏障

意识形态是社会的上层建筑，是一定的社会阶级或利益集团用以维护

本阶级或本集团利益的思想理论体系、价值体系、行动导向体系。意识形态在维护政权稳定、推动社会政治动员、巩固政权基础等方面发挥着不可替代的作用。意识形态安全是国家安全体系的重要组成部分。意识形态安全是关系到国家政治和文化安全的大问题。马克思曾经说过："如果从观念上来考察，那么一定的意识形式的解体足以使整个时代覆灭。"[①] 同样，一定意识形态的崛起往往预示一个新时代的到来。无论是推翻一个政权还是巩固一个政权，都离不开意识形态工作。意识形态工作做得好赢得人心，那么政权就巩固。丧失了意识形态话语权，在意识形态领域失语、失声、失踪，任由敌对意识形态兴风作浪，那么就离政权垮台不远了。中国精神是社会主义核心价值体系的重要组成部分，中国精神对维护我国意识形态安全具有重要意义。

### （一）夯实马克思主义信仰基础

中国精神有助于引导人们正确认识世界发展大势，坚定马克思主义信仰。当今世界局势纷繁复杂，看起来似乎令人眼花缭乱，其实质仍不过是资本主义主导的全球化进程中的种种矛盾。资本的力量意图驾驭世界的发展，而遭到世界上被压迫各国的反抗，尤其是受到社会主义力量的抵抗。资本主义的武力扩张遭到时代的唾弃，于是资本以文化的力量通过软权力向世界渗透，在意识形态领域兴风作浪、张牙舞爪。弘扬中国精神可以激发人们的家国情怀、民族意识，引导人们逐步树立马克思主义的信仰，坚持国家独立和主权完整，增强国家自信心、自豪感。马克思主义是颠扑不破的真理，在乱花渐欲迷人眼的世界局势之中，马克思主义的立场、观点和方法对于人们正确认识世界发展的本质有独特的作用。

### （二）抵制资本主义意识形态侵蚀

中国精神有助于引导人们正确理解当代资本主义，坚定社会主义自

---

① 《马克思恩格斯全集》第46卷下，人民出版社，1980，第35页。

信。在无产阶级革命运动和新科技革命的推动下，资本主义在一百多年来发生了很大改变，调整了生产关系，缓和了阶级矛盾。很多发达国家给工人从摇篮到坟墓的社会福利，工人得到很多生活上的便利。于是许多人被这种表面现象迷惑了，认为资本主义改变了性质。一场席卷世界的金融危机突如其来，人们目瞪口呆，这才发现马克思主义并不过时，马克思关于资本主义基本矛盾的论断并没有失效。资本主义危机是不可避免的。在这场突如其来的世界金融危机之中，唯有中国独立潮头，不为其所裹挟，相反正是中国为世界走出金融危机做出了巨大贡献。弘扬中国精神，有助于实现中华民族伟大复兴，在实践中让人民群众感受到社会主义制度的优越性，从而坚定中国特色社会主义自信。

### （三）坚定社会主义价值自信

巩固国家意识形态安全在当前面临世界多极化、经济全球化，文化多样化、社会信息化的多重考验。尤其是西方敌对势力，对我国开展了大规模的意识形态攻势，采用各种手段对我国进行意识形态渗透，企图对我国进行和平演变。社会主义意识形态建设任重道远，巩固社会主义意识形态安全永远在路上，丝毫不能松懈，更不能在意识形态问题上麻痹大意，意识形态安全无小事。中国精神有助于引导人们正确掌握社会主义核心价值观，坚定价值自信。"价值观是人类在认识、改造自然和社会的过程中产生与发挥作用的。不同民族、不同国家由于其自然条件和发展历程不同，产生和形成的核心价值观也各有特点。一个民族、一个国家的核心价值观必须同这个民族、这个国家的历史文化相契合，同这个民族、这个国家的人民正在进行的奋斗相结合，同这个民族、这个国家需要解决的时代问题相适应。"① 社会主义核心价值观体现了中国人民最深沉的精神追求，是适合于当代中国发展的价值理念。培育和践行社会主义核心价值观是社会主

---

① 习近平：《青年要自觉践行社会主义核心价值观——在北京大学师生座谈会上的讲话》，人民出版社，2014，第 8 页。

义文化建设的重要内容，是时代的呼唤。弘扬中国精神有利于人们认识中华民族的优秀传统文化，认识中华民族优秀传统文化与社会主义的内在联系，认识社会主义核心价值观的深厚文化底蕴，从而坚定价值自信，自觉学习和践行社会主义核心价值观。

# 第三节　中国精神的教育价值

　　大学生是国家民族的未来，大学生的精神状况关系着国家民族的前途命运。只有拥有坚定理想信念的青年才能担负振兴中华的大任。习近平指出："中国梦是我们的，更是你们青年一代的。中华民族伟大复兴终将在广大青年的接力奋斗中变为现实。"[①] 当代大学生担负着实现中华民族伟大复兴的重任，要把个人的前途和命运投入到社会主义现代化强国的建设之中，自觉弘扬中国精神。中国精神作为一种崇高的理想信念，一种强大的精神力量，是大学生成长成才的必要保证，能够为大学生成长成才指引正确方向，提供思想保证，注入精神动力。

## 一　中国精神为大学生成长成才指引正确方向

　　如同船舶在大海中航行不能没有指南针的指引，一个人的成长离不开正确的方向。大学生的成长离不开崇高理想信念的指引，理想信念是指路的明灯，照亮人生前进的方向。当代大学生应当自觉树立为人民服务的崇高理想，以服务人民为荣，以脱离人民为耻，把有限的生命投入到无限的为人民服务中去。当代大学生应当自觉树立共产主义的远大理想，为了人类解放而奋斗，为了无产阶级的幸福而努力。当代大学生应当自觉树立中国特色社会主义共同理想，全身心投入到建设富强、民主、文明、和谐、

---

　　① 《习近平谈治国理政》，外文出版社，2014，第49页。

美丽的社会主义强国这一伟大事业中去。当代大学生应当自觉树立振兴中华的宏伟抱负，自觉为中华民族伟大复兴而奋斗。中国精神能够引导大学生自觉认识人生使命，自觉树立崇高的理想信念。

## （一）中国精神引导大学生树立为人民服务的崇高信念

为人民服务是一种崇高的精神境界。古往今来，对历史做出贡献的伟大人物，无不是在为人民服务之中实现人生价值、实现社会理想的。为人民服务体现了人性的光辉、人伦的美好、人道的崇高。大学生要成长为对祖国对人民有用的人，实现自己的人生价值，就要自觉树立为人民服务的崇高信念。

为人民服务的崇高首先体现在它是一种最高尚的人生目的。马克思早在 1835 年写的《青年在选择职业时的考虑》一文中，就提出"在选择职业时，我们应该遵循的主要指针是人类的幸福和我们自身的完美"，认为"人只有为同时代人的完美、为他们的幸福而工作，自己才能达到完美"，否则，"如果一个人只为自己劳动，他也许能够成为著名的学者、伟大的哲人、卓越的诗人，然而他永远不能成为完美的、真正伟大的人物。"① 马克思进一步指出："历史把那些为共同目标工作因而自己变得高尚的人称为最伟大的人物；经验赞美那些为大多数人带来幸福的人是最幸福的人"，因此，我们应该选择"最能为人类而工作的职业"，"为人类而牺牲自己"，"那时我们所享受的就不是可怜的、有限的、自私的乐趣，我们的幸福将属于千百万人，我们的事业将悄然无声地存在下去，但是它会永远发挥作用，而面对我们的骨灰，高尚的人们将洒下热泪。"② 马克思选择了这条最高尚的人生之路，成为千年伟人，为人类社会的文明进步做出了卓越贡献。要成为像马克思一样对社会有贡献的人就要和马克思一样具有全心全意为人民服务的高尚人生目的。

---

① 《马克思恩格斯全集》第 1 卷，人民出版社，1995，第 459 页。
② 《马克思恩格斯全集》第 1 卷，人民出版社，1995，第 459～460 页。

　　为人民服务的崇高其次体现在它是一种最积极的人生态度。毛泽东早在1944年写的《为人民服务》一文中指出："只要我们为人民的利益坚持好的，为人民的利益改正错的，我们这个队伍就一定会兴旺起来。""我们的同志在困难的时候，要看到成绩，要看到光明，要提高我们的勇气。""要奋斗就会有牺牲，死人的事是经常发生的。但是我们想到人民的利益，想到大多数人民的痛苦，我们为人民而死，就是死得其所。"① 为人民服务体现了一种大无畏的革命精神，一种乐观的人生态度，只要是为了人民利益，无论风吹雨打，即使献出生命，也是有价值的。为人民服务也就是相信群众，有群众观点，相信群众能够自己解放自己，相信群众是历史的推动者，是一切物质财富和精神财富的创造者。

　　为人民服务的崇高最后体现在它是一种最恒久的人生价值。人生价值是人的生活实践对于社会和个人所具有的作用和意义。人活着总要寻求人生的价值。人生的价值不在于享受，因为一切感官的享受是短暂的，而短暂的感官刺激过后会是更多的痛苦和无聊。人需要到永恒的事物中去追寻恒久的人生价值。唯有信仰能给人这样的意义感。"凡是信仰，都能向信仰者提供一种终极性的关怀和永恒的意义。为人民服务具有信仰的终极性价值，在为人民服务的过程中能够实现永恒价值。"②

　　弘扬中国精神有助于大学生树立为人民服务的崇高信念。首先，弘扬中国精神可以培育对骨肉同胞的爱，对祖国发展的信心，对群众力量的认同，把"小我"融入国家民族的"大我"之中，坚定走群众路线的决心、信心，和人民群众相结合。中国精神之所以有力量就在于它凝聚的是14亿中国人的磅礴之力，它振奋的是朝气蓬勃的伟大民族精神。从中国精神里面就可以看到群众的伟力，更加坚信中华民族伟大复兴是代表了历史进步的方向。其次，弘扬中国精神可以培育积极的人生观，养浩然正气，扫除"极端个人主义""拜金主义""物质至上"的庸俗人生观，以服务人民、

① 《毛泽东选集》第1卷，人民出版社，1991，第1004～1005页。
② 刘建军：《追问信仰的终极性价值》，《中国教育报》2012年10月19日。

融入群众为荣，以背离人民、脱离群众为耻。

## （二）中国精神引导大学生树立马克思主义的科学信仰

马克思主义作为我们党和我们国家的指导思想，是被实践证明的科学理论。无论是一百多年来的社会主义运动，还是中华人民共和国成立以来的社会主义革命、建设和改革，都一再证明马克思主义的科学性、真理性、人民性。马克思主义是人民群众改造世界的思想武器，是无产阶级的世界观和方法论，也是大学生成长成才的宝贵精神财富，只有坚定马克思主义的科学信仰，才能在错综复杂的社会现象中看清本质、明确方向，为个人的成长成才奠定坚实的基础。

马克思主义的科学性首先体现在正确揭示了人类社会的发展规律。在人类历史上，关于社会发展之谜吸引着一代又一代智者的苦苦求索，也提出了许许多多的宝贵思想，如柏拉图、亚里士多德的学说，空想社会主义的学说，儒家的学说，都在某种意义上揭示了社会发展演变的规律。但是只有马克思主义才真正科学揭示了人类社会发展的规律，并预见到人类社会最终必然会实现共产主义。马克思批判吸收了当时世界上最先进的文明成果，站在时代之巅，用科学的理论照亮了无产阶级寻求解放的漫漫长路。

马克思主义的科学性其次体现在具有开放性的品格而能够不断创新。马克思主义不是一成不变的僵化的理论体系，而是一个开放的思想系统，可以不断接纳世界文明的最新成果，不断与时俱进，发展创新。从马克思、恩格斯创立马克思主义到如今已经快 200 年了，世界的面貌发生了翻天覆地的变化，马克思主义也获得了巨大发展。在中国，马克思主义与中国实践相结合，先后发生了两次历史性的飞跃，诞生了毛泽东思想和中国特色社会主义理论两大成果。进入 21 世纪以后，中国共产党人又创造了习近平新时代中国特色社会主义思想这一崭新的马克思主义理论成果。马克思主义始终保持着旺盛的生机和活力。

马克思主义的科学性最后体现在它能够接受实践的检验并指导实践活

动。科学的最终目的是要改变世界，为人类提供一个更为美好的家园。马克思主义在被实践的检验之中不断展现其真理性。在马克思主义指导下，社会主义运动蓬勃兴起，极大改变了世界的面貌。虽然东欧剧变、苏联解体一度使人们丧失了对于马克思主义的信念，但是马克思主义是打不垮的。邓小平早在几十年前就说过："世界上赞成马克思主义的人会多起来的，因为马克思主义是科学。"① 进入 21 世纪，一场席卷西方世界的金融危机，让马克思主义又回到人们的视野，《资本论》在欧美各国再度成为畅销书。在马克思主义指导下，中国特色社会主义事业不断取得新的胜利。

弘扬中国精神有助于大学生树立马克思主义的科学信仰。首先，弘扬中国精神可以帮助大学生正确把握马克思主义的精髓。"实事求是是马克思主义的精髓。"② 中国精神本身就包含实事求是的精神。弘扬中国精神就要弘扬中华民族本身所具有的实事求是精神。实事求是的精神是中国人一直提倡的，也内化到中华民族的精神血脉之中。其次，弘扬中国精神可以帮助大学生自觉践行马克思主义。中国精神是一种实干的精神，不尚空谈。马克思主义既是科学真理更是行动指南，需要发扬中华民族的实干兴邦精神，把马克思主义的立场、观点、方法付诸行动，在实践中发挥改造世界的作用。

## （三）中国精神引导大学生树立中国特色社会主义共同理想

共同的理想信念是团结协作的基础。中国特色社会主义共同理想，就是在中国共产党领导下，坚持和发展中国特色社会主义，实现中华民族伟大复兴。这个共同理想是全国人民团结奋斗的光辉旗帜，它代表了人民群众的心声，是全国各族人民思想的同心圆，具有极强的广泛性和包容性。大学生是国家的未来，应当自觉树立中国特色社会主义理想，自觉接受党

① 《邓小平文选》第 3 卷，人民出版社，1993，第 382 页。
② 《邓小平文选》第 3 卷，人民出版社，1993，第 382 页。

的领导，自觉坚定中国特色社会主义道路自信、理论自信、制度自信、文化自信，坚定中华民族伟大复兴的信念。

弘扬中国精神有利于坚定对中国共产党的信任。中国共产党是中华民族的先锋队，是中国特色社会主义事业的领导核心，是实现中华民族伟大复兴的骨干力量。坚定中国特色社会主义共同理想首先就需要坚定对中国共产党的信任。要相信中国共产党是一个伟大、光荣、正确的党，是一个能够带领我们实现中华民族伟大复兴的党。从中国共产党的历史来看，自从诞生以来，中国共产党带领人民取得了一个个辉煌的胜利，虽然也有曲折，也会犯错误，但是中国共产党总是能及时自我革新、自我净化、自我提升，始终站在时代的前列，从一个胜利走向另一个胜利。从中国共产党的性质来看，中国共产党是全心全意为人民服务的无产阶级政党，始终代表人民利益，中国共产党没有自己的任何特殊利益，一切为了人民，一切依靠人民，中国共产党与一切形式主义、官僚主义、享乐主义和奢靡之风坚决决裂，绝不容忍任何腐败。弘扬以爱国主义为核心的民族精神和以改革创新为核心的时代精神，我们就会发现，中国共产党是爱国主义的政党，一切奋斗都是为了国家和人民，中国共产党是具有伟大创新精神的政党，不断进行政治、经济、文化等各个方面的创新。

弘扬中国精神有利于坚定中国特色社会主义信念。中国特色社会主义是中国共产党在把马克思主义普遍真理与中国社会主义建设实践相结合的过程中开创的，它既是一种社会发展道路、一种理论体系，也是一套制度设计、一种文化精神。中国特色社会主义道路、理论、制度、文化统一于中国特色社会主义伟大实践。第二次世界大战以后获得独立与解放的民族和国家，走资本主义道路的普遍不成功，走社会主义道路的大都欣欣向荣。中国近代以来，各种救国救民方案都在中国施行过，历史证明资本主义在中国走不通，只有社会主义才是唯一正确选择。中国特色社会主义是历史的选择、人民的选择。中国特色社会主义是当代中国最根本的政治方向，最合理的经济发展道路，最优质的文化发展方式。弘扬以爱国主义为核心的民族精神和以改革创新为核心的时代精神，我们就会发现，今天中国的一切爱国者都必须热爱社会主义，只有中国特色社会主义道路才是让国家富强人民幸福的唯一正确路径。社会主义具有自我革命和自我改革的优良品质，能够不断与时俱进。

弘扬中国精神有利于坚定实现中华民族伟大复兴的信心。中华民族伟大复兴是每个中华儿女的期待。在一百多年前，国破山河碎，积贫积弱的状况让人们难以相信中华民族能够复兴。除了先知先觉的中国共产党人，普通民众大都被眼前的困难吓倒了。今天中华民族伟大复兴已经是可以预见的必然性事件。我们比历史上任何时期都更接近中华民族伟大复兴的目标。弘扬以爱国主义为核心的民族精神和以改革创新为核心的时代精神能为中华民族伟大复兴注入精神动力，爱国主义是团结全国各族人民的精神动力，改革创新是发展中国特色社会主义的精神力量。

## 二　中国精神为大学生成长成才提供思想保证

### （一）中国精神引导大学生树立正确的世界观

世界观是人们对世界的总体看法，它是一个人精神世界的底色。有什么样的世界观就会有什么样的人生观、价值观。世界观不是凝固不变的某种抽象原则和僵死概念，而是随着人类的实践活动和历史发展而不断发展的。世界观具有鲜明的时代性、实践性。一百年前的人类的世界观和当今人类的世界观截然不同。未来人类的世界观也将会与今天人类的世界观大不一样。孙正聿说："世界观是具有时代内涵的关于世界的根本观点。它为人们认识世界提供具有时代内涵的总的概念框架，也为人们评价世界提供具有时代内涵的总的意义框架，从而为人们变革世界提供具有时代内涵的总的世界图景及其解释原则。"[1] 在历史上曾经有各种各样的世界观，有封建主义的世界观，有资本主义的世界观，有唯物主义的世界观，也

---

① 孙正聿：《解放思想与变革世界观》，《中国社会科学》2008 年第 6 期。

有唯心主义的世界观。然而最为科学合理，最能反映世界本真面目的当属于马克思主义的世界观。马克思主义认为，世界是由物质构成的，物质永远处于运动变化之中，物质的运动变化是有规律的，人类可以通过自己的实践活动认识世界。"马克思主义的科学世界观，不只是承认'物质第一性'的世界观，而是以此为基础的从实际出发、实事求是的世界观；不只是承认'绝对运动'的世界观，而是以此为基础的冲破狭隘偏见、与时俱进的世界观；不只是承认'能动反映'的世界观，而是以此为基础的创新实践、变革世界的世界观。解放思想、实事求是、与时俱进、开拓进取，这不只是马克思主义世界观的应有之义，而且是马克思主义世界观的真实意义。"① 就是说树立马克思主义的世界观不仅是要做到承认"物质第一性"，承认"绝对运动"，承认"能动反映"，还要做到解放思想、实事求是、与时俱进、开拓进取，这才是马克思主义世界观的更本质要求。

弘扬中国精神有利于解放思想、实事求是。解放思想、实事求是，是党的思想路线的主要内容，也是中国精神的重要内涵。中华民族自古以来就有实事求是的传统。孔子就说过："知之为知之，不知为不知，是知也"。（《论语·为政》）这就是一种在知识上的实事求是的态度。"子绝四：毋意，毋必，毋固，毋我"。（《论语·子罕》）这是在为人处世方面的实事求是，从客观的实际出发，而不是从主观的愿望出发，力图排除主观方面可能的偏见。要实事求是就要解放思想，把思想从既有的结论或是主观的印象中摆脱出来。解放思想就要实事求是，从实际出发，而不是从某些先入之见出发。

弘扬中国精神有利于与时俱进、开拓创新。与时俱进、开拓创新是时代发展的要求，人类社会发展呈现为一种加速度，社会的日新月异对人们的应变能力提出了很高的要求。中华民族是一个具有极强创造力的民族，不断地在创造新的生活，迎接各种挑战。中国古人早就认识到"凡益之

---

① 孙正聿：《解放思想与变革世界观》，《中国社会科学》2008 年第 6 期。

道，与时偕行"（《易经·象》），"穷则变，变则通，通则久"（《易传·系辞下》），以变通来应对不断变化的世界。改革创新的时代精神鼓励人们不断适应新的历史条件，创造新的业绩。

### （二）中国精神引导大学生树立正确的人生观

人生观就是人们对人生种种问题的总的认识，具体来说是人们对人生目的、人生态度、人生价值等问题的认识。人的行为是受到思想支配的。选择什么样的人生观就是选择什么样的人生道路。选择了和马克思一样的人生观，那么就会走和马克思一样的人生道路。选择了和小偷一样的人生观，那么就会走和小偷一样的人生道路。大学生处在成长成才的关键时期，具有较强的可塑性，树立人生观对大学生来说好比扣第一颗扣子，只有第一颗扣子扣好了，后面才会顺利。历史上曾经出现过各种各样的人生观，有奴隶主的人生观也有奴隶的人生观，有地主的人生观也有农民的人生观，有资产阶级的人生观也有无产阶级的人生观。这些人生观大都不是科学的人生观，而是存在种种缺陷的，唯有马克思主义的人生观才是最科学合理的人生观。马克思主义科学揭示了人的本质，从而也就为正确解答人生之谜奠定了科学的基础。马克思主义认为，人在本质上是社会关系的总和。人生目的的实现、人生价值的生成都不能脱离社会。大学生要树立崇高的人生目的、端正的人生态度、科学的人生价值标准。

弘扬中国精神有利于大学生树立崇高的人生目的。人生目的简单说就是人活着是为了什么。对这个问题的解答就从根本上决定了一个人人生观的先进与落后、积极与消极。人生目的影响到人生道路、人生态度和人生价值选择，在人生观中处于核心地位。马克思主义认为，人是生活在社会之中的，人生的目的应该是回馈社会、奉献社会。这是马克思主义人生观有别于一切腐朽落后的人生观的本质区别。资产阶级腐朽的人生观认为人生目的就是"及时行乐""金钱美色""骄奢淫逸"，实质上都是错误地理解了人生。一滴水只有融入大海才能永远不干涸。一个人也只有把自己融入社会的熔炉才能炼成真金。中国精神就是一种以社会为取向的精神，强调集体主义的精神引领，规范着个人的人生目的取向，要求人们在国家、民族的大集体中实现自我、放飞梦想。

弘扬中国精神有利于大学生端正人生态度。人生态度就是人们对人生所持有的一种稳定的心理倾向。人们常说，态度决定一切。可见人生态度对人生会有极大的影响。是以一种游戏人生的态度来生活，还是以悲观厌世的人生态度来生活，抑或是以一种乐观向上的人生态度来生活，其结果肯定大不相同。游戏人生，那么人生必将是"一场游戏一场梦"；厌弃人生，那么人生必将是"庸庸碌碌""一事无成"；乐观人生，那么人生必将是"在绝望中寻找希望，人生终将辉煌。"马克思主义认为，事物发展的道路是曲折的，但前途是光明的。人生同样如此，人生之路弯弯曲曲，有急流险滩，有羊肠小道，但是发展的趋势终究是向前的，终将流入浩瀚的大海。马克思主义认为，我们应该树立乐观向上的人生态度，发扬大无畏的革命精神去克服人生道路上的一切困难，最终人生一定会取得辉煌。中国精神是一种乐观向上的精神，正是凭借着这种精神我们抵御了一个又一个强敌，趟过了一个又一个险滩。

弘扬中国精神有利于大学生树立科学的人生价值标准。人生价值就是个人对于社会或者他人所具有的意义。人总是要寻找人生的意义，追问人生的价值。谁都不想自己的人生轻如鸿毛，无声无息。谁都希望自己的人生重如泰山，惊天动地。马克思主义认为，人生的价值归根结底要看个人是否对社会做了贡献，只要是奉献自己贡献社会都是有价值的人生。人无分男女，无分老少，无分职位高低，人生价值都是由对社会的贡献决定的，而不是由索取决定的。中国精神是一种自我牺牲、奉献社会的精神，中国人看待一个人的人生价值从来不以地位、财富为依据，永远是看一个人是否对社会的发展进步有所贡献。

## （三）中国精神引导大学生树立正确的价值观

价值观就是人们关于价值问题的根本看法、根本观点。"作为世界观的重要内容的价值观，是人的自我意识的核心，构建着个人的精神家园，回答着人生的价值和意义，统摄着人的生存和发展，普遍地、深层次地制约、规范、引导着人的全部生活和实践活动。"① 价值观对个人的活动具有重要的导向功能、规范功能、凝聚功能、激励功能。价值观代表着人们评判是非曲直的标准，代表着人们的精神追求。价值观是决定一个人人生轨迹的深层因素，是决定一个民族发展的精神因素。在传统社会，由于信息传播的有限性、社会活动范围的狭隘性，可供选择的价值观并不多，价值冲突不是那么明显。现代社会，由于人们活动范围的扩大，信息技术的发展带来信息的发达，各种价值观都得到了传播的机会，价值冲突也就日益激烈。中国是一个有着十几亿人口的大国，确立全社会共同认可的核心价值观，凝聚人民的精神力量，显得十分必要。社会主义核心价值观"把涉及国家、社会、公民的价值要求融为一体，既体现了社会主义本质要求，继承了中华优秀传统文化，也吸收了世界文明有益成果，体现了时代精神。"② 社会主义核心价值观无疑是先进的价值观，代表着人类价值发展的方向，大学生应当自觉树立社会主义核心价值观。

弘扬中国精神有利于大学生认识社会主义核心价值观的文化底蕴。任何一种价值观都有其历史渊源和文化底蕴。社会主义核心价值观植根于中华优秀传统文化的沃土，是从中华优秀传统文化之中生长出来的果实。中华优秀传统文化之中蕴含着"讲仁爱、重民本、守诚信、崇正义、尚和合、求大同"的人文理念，这样的思想理念有其不可磨灭的时代价值，穿越了时空代代流传，影响着中国人的生活。弘扬社会主义核心价值观离不开中华优秀传统文化的滋养。以优秀传统文化涵养社会主义核心价值观，那么社会主义核心价值观才能根深叶茂。中国精神代表着中华优秀传统文化中最能体现民族精神、国家精神的元素，从某种意义上说中国精神与中华优秀传统文化本身就是一体的。弘扬中国精神可以帮助人们认识社会主义核心价值观深厚的历史渊源和文化根基。

---

① 吴向东：《论价值观的形成与选择》，《哲学研究》2008 年第 5 期。
② 习近平：《青年要自觉践行社会主义核心价值观——在北京大学师生座谈会上的讲话》，人民出版社，2014，第 5 页。

　　弘扬中国精神有利于大学生体悟社会主义核心价值观的现实意义。"每个时代都有每个时代的精神，每个时代都有每个时代的价值观念。"①价值观念不仅具有历史的继承性，而且具有深刻的现实根源，从根本上说它是时代的产物，源于社会实践的需要。社会主义核心价值观不仅扎根于中华优秀传统文化的沃土，也扎根于中国特色社会主义的伟大实践。社会主义核心价值观回答了我们"要建设什么样的国家、建设什么样的社会、培育什么样的公民的重大问题"。这些问题就是中国特色社会主义实践向我们提出来的理论问题，只有把这几个问题回答好，我们才能更好地进行中国特色社会主义实践。社会主义核心价值观从价值观层面回答了这些问题。建设富强、民主、文明、和谐、美丽的社会主义现代化强国，实现中华民族伟大复兴的中国梦是近代以来中国人的不懈追求。而实现中国梦必须弘扬中国精神。中国精神与社会主义核心价值观共同指向中国梦这一实践目标。

## 三　中国精神为大学生成长成才注入精神动力

### （一）中国精神激励大学生努力学习

　　掌握知识是成长成才的基础。而要掌握丰富的知识就离不开学习。唯有努力学习才能掌握真本领。列宁曾经说过："我们一定要给自己提出这样的任务：第一是学习，第二是学习，第三还是学习，然后是检查，使我们学到的东西真正深入血肉，真正地完全地成为生活的组成部分，而不是学而不用，或只会讲些时髦的词句。"② 可见学习也是重要的任务，不会学习就不能建设好社会主义，就不能为社会做出更大的贡献。只有努力学习，掌握真本领，求得真知，才能成为一个对社会有用的人。要掌握过硬

---

① 习近平：《青年要自觉践行社会主义核心价值观——在北京大学师生座谈会上的讲话》，人民出版社，2014，第 4 页。
② 《列宁选集》第 4 卷，人民出版社，2012，第 786 页。

本领，而不是学几招花拳绣腿。学好本领是不容易的，俗话说"冬练三九，夏练三伏""拳不离手，曲不离口"，掌握知识本领需要有耐心，需要持续地付出艰苦的努力。习近平指出："为学之要贵在勤奋、贵在钻研、贵在有恒。"① 可谓一语道破天机，指明了学习的秘诀。中国精神可以激励大学生努力学习。

弘扬中国精神可以激励大学生勤奋学习。"知识是每个人成才的基石，在学习阶段一定要把基石打深、打牢。学习就必须求真学问，求真理、悟道理、明事理，不能满足于碎片化的信息、快餐化的知识。要通过学习知识，掌握事物发展规律，通晓天下道理，丰富学识，增长见识。人的潜力是无限的，只有在不断学习、不断实践中才能充分发掘出来。"② 人生之计在于勤奋。只有勤奋学习才能掌握真本领。在科学的大道上，没有懒汉的立足之地，唯有勤奋者才能攀登科学的高峰。勤劳是中华民族的传统美德，是中国精神的重要元素。勤劳勇敢的中国人靠着智慧的双手创造着中国的辉煌。

弘扬中国精神可以激励大学生刻苦钻研。要练就一身过硬的本领，不仅需要勤奋，还要有一种刻苦钻研的精神。"世之奇伟、瑰怪、非常之观，常在于险远。"只有钻进去才能探得知识的奥秘。刻苦钻研就是一种乐此不疲的精神状态，别人以为苦，而吾人独以为乐。在探索真理的道路上要如同孔子一般发愤忘食，乐以忘忧。中华民族是一个热爱真理的民族，为了追求真理中国人纵横八方，上下求索。孔子为了追求仁政的理想周游列国，玄奘为了求取真经历经九九八十一难。

弘扬中国精神可以激励大学生学之有恒。根据心理学家的研究，在各种心理品质中，对于获取事业成功最为重要的品质是毅力。毅力是古往今来成就大事业者共同的心理特征。因为成就伟大的事业必定需要旷日持久的努力，一曝十寒注定不会成功。"心浮气躁，朝三暮四，学一门丢一门，

---

① 习近平：《青年要自觉践行社会主义核心价值观——在北京大学师生座谈会上的讲话》，人民出版社，2014，第 10 页。

② 习近平：《在北京大学师生座谈会上的讲话》，人民出版社，2018，第 13 页。

干一行弃一行，无论为学还是创业，都是最忌讳的。""只要坚韧不拔、百折不挠，成功就一定在前方等你。"① 大学生要成长为祖国的栋梁之材，就必须持之以恒地学习，丝毫不能动摇。中华民族是一个有毅力的民族，五千年风雨如磐，不管是多大的困难，都压不垮中国人，中国人的忍耐力是世所罕见的。把中国人这种毅力用之于学习，肯定就能坚持到成功的一天。

## （二）中国精神引导大学生完善自我

大学生要成长成才不仅需要有知识，还要有各方面的素质，只有全面发展才能成为一个有用的人。青年尤其需要注意培养自己的品德修养。古人说得好："德者，才之资；才者，德之辅"。做人做事，德行是第一位的。"道德之于个人、之于社会，都具有基础性意义，做人做事第一位的是崇德修身。这就是我们的用人标准为什么是德才兼备、以德为先，因为德是首要、是方向，一个人只有明大德、守公德、严私德，其才方能用得其所。"② 缺乏道德的人，才干越强越可怕。我们要引导大学生完善自我，尤其是培育道德人格，完善品德修养，做一个明大德、守公德、严私德的人。当今时代是一个多元文化的时代，新鲜事物层出不穷，让人眼花缭乱，需要有较强的明辨是非的能力，能够笃实做人，坚守价值底线，这样才不容易被迷惑。

弘扬中国精神有利于引导大学生明德修身。"修德，既要立意高远，又要立足平实。要立志报效祖国、服务人民，这是大德，养大德者方可成大业。同时，还得从做好小事、管好小节开始起步，'见善则迁，有过则改'，踏踏实实修好公德、私德，学会劳动、学会勤俭，学会感恩、学会助人，学会谦让、学会宽容，学会自省、学会自律。"③ 中华文化价值观念

---

① 习近平：《青年要自觉践行社会主义核心价值观——在北京大学师生座谈会上的讲话》，人民出版社，2014，第12页。
② 习近平：《青年要自觉践行社会主义核心价值观——在北京大学师生座谈会上的讲话》，人民出版社，2014，第10页。
③ 习近平：《青年要自觉践行社会主义核心价值观——在北京大学师生座谈会上的讲话》，人民出版社，2014，第10～11页。

以道德为人生第一要务，从古至今留下了宝贵的道德资源。开发利用这些传统道德之精华无疑对今人的道德建设大有裨益。关于公德，中国人自古以来就讲究精忠报国、敬业乐群。关于私德，中国人自古以来就讲究勤劳、节俭、感恩、助人为乐、谦虚、宽容、内省、律己等，在这些私德方面都留下了许多格言警句和精彩的修身故事。

弘扬中国精神有利于引导大学生明辨是非。"是非明，方向清，路子正，人们付出的辛劳才能结出果实。面对世界的深刻复杂变化，面对信息时代各种思潮的相互激荡，面对纷繁多变、鱼龙混杂、泥沙俱下的社会现象，面对学业、情感、职业选择等多方面的考量，一时有些疑惑、彷徨、失落，是正常的人生经历。关键是要学会思考、善于分析、正确抉择，做到稳重自持、从容自信、坚定自励。要树立正确的世界观、人生观、价值观，掌握了这把总钥匙，再来看看社会万象、人生历程，一切是非、正误、主次，一切真假、善恶、美丑，自然就洞若观火、清澈明了，自然就能作出正确判断、作出正确选择。"① 中国精神有助于大学生树立正确的世界观、人生观、价值观，从而增强分辨是非的能力。

弘扬中国精神有利于引导大学生笃实做人。"扎扎实实干事，踏踏实实做人。道不可坐论，德不能空谈。于实处用力，从知行合一上下功夫，核心价值观才能内化为人们的精神追求，外化为人们的自觉行动。"② 只有老老实实做人，面对成绩不骄傲自满，不忘乎所以，面对挫折不丧失奋斗的勇气，不动摇必胜的信心，才能成就事业，做一个完美的人。中国精神是一种朴实的奋斗精神，中国人崇尚"一分耕耘，一分收获"的奋斗哲学，秉持"说得一丈，不如行得一尺"的务实理念。

## （三）中国精神激励大学生服务社会

马克思主义认为，人在其本质上是一切社会关系的总和。人不能脱离

---

① 习近平：《青年要自觉践行社会主义核心价值观——在北京大学师生座谈会上的讲话》，人民出版社，2014，第11页。
② 习近平：《青年要自觉践行社会主义核心价值观——在北京大学师生座谈会上的讲话》，人民出版社，2014，第11页。

社会而生活。有一位西方哲人曾经说过，离群索居的不是神就是野兽。社会生活是人的体力、智力、道德等一切素质发展的基础。狼孩的故事鲜明地告诉我们，远离社会生活，也就脱离了人之为人的本意，而退化到了动物阶段。既然人的一切都来自社会，那么人们就应当在获得生存发展的一切资源的同时，力所能及地回馈社会。回报社会是人之为人的一种责任和义务，无所逃于天地之间。回报社会就要服务社会，具体地来说要爱岗敬业、关爱群众。每个人的能力有大小，职位也不同，但是只要做好自己的本职工作，那么就是服务于社会了。社会是由人群构成的，服务社会也就是服务人群、关爱群众。

　　弘扬中国精神有利于激励大学生爱岗敬业。培育敬业精神是成就自我的必由之路，只有干一行爱一行，在工作岗位上才能实现人生的价值。当代大学生尤其要培养工匠精神。工匠精神是一种在工作中精益求精的精神，一种追求极致的精神，一种忘我投入的精神。"对于一个具有工匠精神的人而言，产品是工作者自由意志的表达。工作者对工作过程具有完全的控制权利，产品完全可以根据自己的意志自由构造，渗透在作品中的是自我想法的表露，体现了自我对世界的理解与认识，自我通过工作精神获得了客观化的表达。以工匠的态度来做事，工作就不再是一件不得不做的痛苦事情，而变成了一种忘我的投入。"[1] 中国精神之中包含有敬业精神、工匠精神。中国古代涌现了无数能工巧匠，正是他们的双手留下了无与伦比的物质财富和精神财富。

　　弘扬中国精神有利于激励大学生关爱群众。人民群众是历史的创造者。中国共产党人一贯强调走群众路线，一切为了群众，一切依靠群众，一切以群众为中心。对人民群众的感情是一个人品德的重要试金石。一个脱离了人民群众的人必定容易滋生各种消极情绪。坚定地走群众路线、与群众相结合是新时代优秀青年的必然要求。中国精神是一种团结的精神。弘扬团结统一的民族精神，和人民群众团结为一体，是大学生成长成才的良方。

---

　　[1]　肖群忠、刘永春：《工匠精神及其当代价值》，《湖南社会科学》2015 年第 6 期。

### （四）中国精神激励大学生报效祖国

个人的发展离不开祖国的发展，个人的前途命运离不开祖国的前途命运。没有祖国的强大就没有个人的尊严，没有祖国的繁荣昌盛就没有个人的富裕安康，没有祖国的和平稳定就没有个人的惬意生活。古人早就说过，"覆巢之下安有完卵。"祖国是我们每个人的依靠，祖国为我们遮风挡雨，让我们享受和平的阳光，享受甜蜜的生活，享受做人的尊严。从现实来看，因为失去了一个强大祖国的庇护，所以中东的难民享受不到和平的阳光，享受不到甜蜜的生活，享受不到做人的尊严，四处逃难，时刻面临死亡的威胁。从历史来看，在抗日战争年代，因为国家受到外敌入侵，人民生活在无尽的痛苦之中。立志报国是每一位有识之士的共同选择。爱国主义是推动个人成长成才的强大动力。闻鸡起舞这个成语就体现了这一点。大学生成长成才最终要落实到报效祖国上来，要立成才报国的大志，以爱国主义精神鼓舞斗志。

弘扬中国精神有利于引导大学生忠于祖国、忠于人民。"爱国，是人世间最深层、最持久的情感，是一个人立德之源、立功之本。孙中山先生说，做人最大的事情，'就是要知道怎么样爱国'。我们常讲，做人要有气节、要有人格。气节也好，人格也好，爱国是第一位的。我们是中华儿女，要了解中华民族历史，秉承中华文化基因，有民族自豪感和文化自信心。要时时想到国家，处处想到人民，做到'利于国者爱之，害于国者恶之'。爱国，不能停留在口号上，而是要把自己的理想同祖国的前途、把自己的人生同民族的命运紧密联系在一起，扎根人民，奉献国家。"① 中国精神是一种伟大的爱国主义精神。爱国主义把中华民族紧紧团结在一起。弘扬中国精神就是要弘扬爱国主义精神。

弘扬中国精神有利于引导大学生立鸿鹄志，做奋斗者。苏轼说："古之立大事者，不惟有超世之才，亦必有坚忍不拔之志。"王守仁说："志不

---

① 习近平：《在北京大学师生座谈会上的讲话》，人民出版社，2018，第 11~12 页。

立，天下无可成之事。""可见，立志对一个人的一生具有多么重要的意义。广大青年要培养奋斗精神，做到理想坚定，信念执着，不怕困难，勇于开拓，顽强拼搏，永不气馁。幸福都是奋斗出来的，奋斗本身就是一种幸福。……为实现中华民族伟大复兴的中国梦而奋斗，是我们人生难得的际遇。每个青年都应该珍惜这个伟大时代，做新时代的奋斗者。"[①] 中国精神是一种奋斗的精神。自强不息、不懈奋斗是中华民族的优良传统。中国精神能够鼓舞大学生的斗志，鼓舞大学生成为祖国为人民而奋斗的前行者。

---

① 习近平：《在北京大学师生座谈会上的讲话》，人民出版社，2018，第 12～13 页。

第三章

# 中国精神的时代表现

CHINA

中国精神具有时代性，在不同的时代具有不同的体现。社会主义核心价值观与中国精神具有密切的联系。习近平同志指出："社会主义核心价值观是当代中国精神的集中体现，是凝聚中国力量的思想道德基础。广大文艺工作者要把培育和弘扬社会主义核心价值观作为根本任务，坚定不移用中国人独特的思想、情感、审美去创作属于这个时代、又有鲜明中国风格的优秀作品。"① 社会主义核心价值观就是中国精神在当代的表现形式，因为它体现了中华民族的精神风貌，体现了当代中国的精神风貌。社会主义核心价值观与中国精神都具有凝心聚力的作用，二者具有高度一致性，在一定意义上可以说社会主义核心价值观就是当代中国精神，培育和践行社会主义核心价值观就是弘扬当代中国精神。弘扬中国精神离不开对社会主义核心价值观的培育和弘扬，培育和弘扬社会主义核心价值观同样也离不开对中国精神的弘扬。

---

① 《习近平谈治国理政》第2卷，外文出版社，2017，第351页。

# 第一节　中国精神的集中体现

习近平深刻指出："社会主义核心价值观是当代中国精神的集中体现。"[①] 这一重要论断清晰地揭示了社会主义核心价值观与当代中国精神的密切关系。为我们继承弘扬当代中国精神和培育践行社会主义核心价值观提供了根本遵循。深刻把握习近平同志这一重要论断需要我们进一步思考社会主义核心价值观与当代中国精神关系的各个方面。社会主义核心价值观是当代中国精神的集中体现可以从三个层面来把握：社会主义核心价值观体现了当代中国精神的主要内涵；社会主义核心价值观体现了当代中国精神的本质特征；社会主义核心价值观体现了当代中国精神的实践诉求。社会主义核心价值观与当代中国精神在内涵上具有重叠性，在本质特征上具有一致性，在实践诉求上具有同向性。

## 一　社会主义核心价值观体现了当代中国精神的主要内涵

所谓当代中国精神实质上也就是当代中华民族精神，它既包括中华民族在当代所表现出来的精神状态、心理状态和民族形象、民族风貌，也包括中华民族的心理倾向、精神导向和价值理想、价值追求，是一个理想性与现实性的统一。当代中国精神可以从国家精神、社会精神、公民精神三个层面来认识。"中国精神既是一种国家精神，也是一种社会精神，还是一种公民精神。"[②] 中华民族将以怎样的精神状态走向未来？这是我们在培

---

① 习近平：《决胜全面建成小康社会　夺取新时代中国特色社会主义伟大胜利——在中国共产党第十九次全国代表大会上的报告》，人民出版社，2017，第 42 页。
② 郑永扣：《社会主义核心价值观之于中国精神的三重意义》，《社会主义核心价值观研究》2015 年第 1 期。

育和弘扬当代中国精神时首先要回答的问题。社会主义核心价值观从我们要培育什么样的国家精神、我们要培育什么样的社会精神、我们要培育什么样的公民精神这三个层面回答了中华民族的时代课题，体现了当代中国精神的主要价值内涵。同时，需要注意的是这三个层面的划分只是相对的，三个层面的精神之间是相互贯通、连为一体的。

首先，社会主义核心价值观回答了我们要培育什么样的国家精神这一重大问题。社会主义核心价值观认为我们要培育富强、民主、文明、和谐的国家精神。中国应该以社会主义核心价值观为主导，建立一个能够体现富强、民主、文明、和谐的国家。富强就是既富裕又强大，不仅经济总量大，而且经济结构优，经济发展后劲足。民主就是发扬社会主义人民民主，人民当家做主，国家的一切权力属于人民。文明就是整个国家的国民有文化有修养不野蛮。和谐就是家庭和谐、社会和谐、国家和谐、人与自然和谐，不发生激烈的破坏性的矛盾冲突或者发生矛盾冲突时能够顺利化解。

其次，社会主义核心价值观回答了我们要培育什么样的社会精神这一关键问题。社会主义核心价值观认为我们要培育自由、平等、公正、法治的社会精神。中国应该以社会主义核心价值观为主导，建立一个充分实现自由、平等、公正、法治的社会。自由就是每个人在法律和社会所允许的范围内最大限度地实现自己的自由意志，最大限度地实现个人的全方位发展。平等就是人们在政治、经济、文化、教育、法律、人格尊严等各方面享有同等的权利。法治就是依法治国，实现党的领导、人民当家做主和依法治国相统一。

最后，社会主义核心价值观回答了我们要培育什么样的公民精神这一核心问题。社会主义核心价值观认为我们要培育爱国、敬业、诚信、友善的公民精神。中国应该以社会主义核心价值观为主导，培育具有爱国精神、敬业精神、诚信品质、友善态度的公民。爱国就是热爱祖国热爱人民，热爱祖国的山山水水，热爱祖国的历史文化，热爱祖国的骨肉同胞，自觉维护国家利益，保卫国家安全。敬业就是尊重并热爱自己的职业，把自己的职业当成事业来做，在职业生涯中奉献社会、服务人民。诚信就是为人诚实、信守承诺，不欺瞒他人，不失信于人。友善就是人与人之间充满善意，做到相互尊重、相互包容、相互关心、相互体谅、相互帮助。

## 二　社会主义核心价值观体现了当代中国精神的本质特征

认识事物就要认识其本质特征。当代中国精神实质上也就是中华民族精神在现时代的表现。中华民族近代以来的最大梦想就是实现中华民族伟大复兴的中国梦。要实现中国梦，从根本上来说，就是要坚持走中国特色社会主义道路，坚持以中国特色社会主义理论体系为指导，坚持中国特色社会主义制度，坚持发展中国特色社会主义文化。中国精神是为实现中国梦服务的，要实现中国梦就要坚定中国特色社会主义道路自信、理论自信、制度自信、文化自信，以自信的精神状态赢得未来。当代中国精神从本质特征上来看，可以说是一种自信的精神，对自身所走的社会道路、所坚持的思想和理论、所实行的社会制度、所发展的文化高度认同、广泛认可、坚定不移。社会主义核心价值观体现了中华民族对自己历史与文化、过去与未来的高度自尊自信。

首先，社会主义核心价值观体现了中华民族的道路自信。举什么旗，走什么路，这是关系一个国家、一个民族前途命运的根本性问题。中华民族在近代以来曾经尝试了各种社会道路，最后都失败了。直到找到了社会主义道路，才算是走出了泥潭，迈上康庄大道。后来我们又探索出了中国特色社会主义道路这样一条富强之路、圆梦之路。"社会主义核心价值观代表着当代中国社会发展进步的前进方向，深刻揭示了中国特色社会主义伟大实践要实现的价值目标，是中国特色社会主义成功实践的价值表达"。[1]

其次，社会主义核心价值观反映了中华民族的理论自信。坚持什么样

---

[1]　戴木才：《论坚定社会主义核心价值观自信》，《马克思主义研究》2018 年第 8 期。

的指导思想，以什么理论来指导实践，这是关系一个国家、一个民族前途命运的大问题。近代以来，形形色色的西方理论都曾经在中国流行一时。比如无政府主义、资本主义、社会达尔文主义等都曾在中国思想大舞台风靡一时。但是这些理论都不能解决近代中国的现实问题。直到俄国革命一声炮响，给我们送来了马克思列宁主义，中国革命的面貌才焕然一新。在马克思列宁主义指导下，我们成立了中华人民共和国。我们把马克思列宁主义与中国实际相结合，创立了毛泽东思想。后来我们解放思想、实事求是，接续探索。在马克思列宁主义、毛泽东思想的基础上，又创立了中国特色社会主义理论体系这样一个光辉灿烂的思想理论。改革开放四十多年的历史雄辩地证明，中国特色社会主义理论是完全正确的，符合科学社会主义原理，符合国情。既然是正确的，当然应该坚持。理论自信就是指对中国特色社会主义理论体系充满信心，在思想上政治上行动上完全信赖这一理论，信心百倍地坚持和发展这一理论，不彷徨不动摇。中华民族对自己所坚持的中国特色社会主义理论体系充满自信心、自豪感，毫不动摇地坚持中国特色社会主义理论的指引奋勇前进，这也是当代中国精神的重要表现。社会主义核心价值观体现了中华民族的这种自信心、自豪感。社会主义核心价值观充分吸收了中国特色社会主义理论体系的营养，取其民主性、时代性、人民性的精华，得其先进性、科学性、真理性的精髓，熔铸伟词，别具一格，成为中华民族价值理念的新表达。

再次，社会主义核心价值观体现了中华民族的制度自信。确立什么样的社会制度，建立什么样的政治制度，这是关系一个国家、一个民族前途命运的大问题。改革开放四十多年的历史雄辩地证明，中国特色社会主义制度是完全正确的，符合中国特殊国情，适合于解放和发展生产力。既然是正确的，当然应该坚持。制度自信就是指对中国特色社会主义制度充满信心，完全信赖这一制度的优越性、科学性、先进性，信心百倍地坚持和完善这一制度，毫不动摇。中华民族对自己所坚持的中国特色社会主义制度充满自信心、自豪感，毫不动摇地坚持中国特色社会主义制度，这也是当代中国精神的重要表现。社会主义核心价值观体现了中华民族的这种自信心、自豪感。

最后，社会主义核心价值观体现了中华民族的文化自信。文化是民族的精神血脉。血脉活则民族强，血脉弱则民族弱。在带领人民进行社会主义革命、建设、改革的过程中，我们逐步形成了中国特色社会主义文化。"中国特色社会主义文化，源自于中华民族五千多年文明历史所孕育的中华优秀传统文化，熔铸于党领导人民在革命、建设、改革中创造的革命文化和社会主义先进文化，植根于中国特色社会主义伟大实践。"① 改革开放四十多年的历史雄辩地证明，中国特色社会主义文化发展道路是完全正确的，符合文化发展的一般规律，符合中国国情。既然是正确的，当然应该坚持。文化自信就是指对中国特色社会主义文化充满信心，以之为精神家园，信心百倍地坚持中国特色社会主义文化发展道路。中华民族对自己所坚持的中国特色社会主义文化充满自信心、自豪感，毫不动摇地坚持中国特色社会主义文化发展道路，这也是当代中国精神的重要表现。社会主义核心价值观体现了中华民族的这种自信心、自豪感。"核心价值观是文化软实力的灵魂和文化软实力建设的重点，是决定文化性质和方向的最深层次要素。一个国家的文化软实力，从根本上说取决于其核心价值观的生命力、凝聚力、感召力。树立中国特色社会主义文化自信，首先必须坚定社会主义核心价值观自信。""只有对社会主义核心价值观充满自信，深化理论认知、增进情感认同、强化自觉奉行，才能在实践中更加笃定地践行，进而不断地增进中国特色社会主义文化自信。"②

## 三　社会主义核心价值观体现了当代中国精神的实践诉求

中华民族近代以来的最大梦想就是实现中华民族伟大复兴的中国梦。

---

① 习近平：《决胜全面建成小康社会　夺取新时代中国特色社会主义伟大胜利——在中国共产党第十九次全国代表大会上的报告》，人民出版社，2017，第41页。
② 戴木才：《论坚定社会主义核心价值观自信》，《马克思主义研究》2018年第8期。

要实现中国梦，就要弘扬中国精神。当代中国精神的实践诉求就是实现中国梦，具体言之就是要凝聚中华民族全体成员团结奋斗的磅礴力量、展现中华民族全体成员一往无前的奋斗姿态、激发中华民族全体成员争前恐后的创造热情，向着中华民族伟大复兴的光辉前景不懈奋进，让中国精神成为中国人民强大的精神动力、灵魂支撑。习近平同志指出："社会主义核心价值观有深厚的历史底蕴和坚实的现实基础，它所倡导的价值理念具有强大的道义力量，它所昭示的前进方向契合中国人民的美好愿景。培育和弘扬社会主义核心价值观，增强中国特色社会主义道路自信、理论自信、制度自信、文化自信，这是保持民族精神独立性的重要支撑。"① 可见，社会主义核心价值观体现了对中国人民对美好未来的向往，对创造幸福生活的渴望，对国家富强民族复兴的祈愿。

首先，社会主义核心价值观凝聚了亿万人民团结奋斗的磅礴力量。实现中国梦，必须弘扬中国精神、凝聚中国力量。聚沙成塔，水滴成河。我们弘扬当代中国精神就是为了凝聚亿万中华儿女的磅礴伟力，向着中华民族伟大复兴的中国梦奋斗。一个民族一个国家最深沉的力量是价值观的力量，价值观虽然在人们头脑里看不见摸不着，但是就像空气一样须臾不可离。核心价值观引导着一个民族前进的方向，评判着一个社会的是非曲直。社会主义核心价值观能够汇聚亿万中华民族成员个体的力量，"把不同阶层、不同职业、不同宗教信仰的社会成员聚合为强大的国家力量"②，使他们团结一心结成一个有机整体，思想上向着中华民族伟大复兴的远大目标同频共振，政治上紧紧团结在党中央周围，坚持马克思主义指导思想不动摇，行动上沿着中国特色社会主义道路阔步前进。我们培育和践行社会主义核心价值观的目的正在于此。用强大的精神力量凝聚人心、凝聚精神、凝聚力量，排除各种思想干扰，振作精神，形成推动中华民族伟大复兴的强大合力。可以说，社会主义核心价值观

---

① 《习近平关于社会主义文化建设论述摘编》，中央文献出版社，2017，第 132 页。
② 温静：《中国梦视域下当代中国精神的形塑与建构》，《教学与研究》2018 年第 1 期。

"表征着全体人民的共同价值信仰，彰显着社会主义意识形态的强大凝聚力和引领力。"① 没有共同的思想基础，就没有全民族的大团结。社会主义核心价值观提供了 14 亿中国人民团结奋斗的思想基础，代表着 14 亿中国人民的共同心愿、共同精神底色、共同精神家园。

其次，社会主义核心价值观展现了亿万人民一往无前的奋斗姿态。人世间一切幸福都靠奋斗。习近平指出："幸福都是奋斗出来的。""奋斗本身就是一种幸福。只有奋斗的人生才称得上幸福的人生。奋斗是艰辛的，艰难困苦、玉汝于成，没有艰辛就不是真正的奋斗，我们要勇于在艰苦奋斗中净化灵魂、磨砺意志、坚定信念。""新时代是奋斗者的时代。"② 社会主义核心价值观是属于新时代奋斗者的价值观，是体现了奋斗精神的价值观。社会主义核心价值观把实现社会主义美好未来的基点放在奋斗之上，否定了等、靠、要的懒惰思想，弱者心态。因为等是等不来的，世界上没有神仙皇帝送幸福来；靠是靠不了的，这么大一个国家，要实现人民幸福只能靠自力更生；要是要不来的，关系国计民生的重大前沿尖端技术讨不来要不来买不来，只能自主研发、自主设计、自主生产。社会主义核心价值观倡导自由、平等、公正、法治，为奋斗加油鼓劲。自由，保证每个人可以按照自己的自然禀赋和天然优势去进行最有成效的奋斗；平等，保证每个人同等享有奋斗的权利、出彩的机会；公正，保证每个人公平地获取自己的劳动和奋斗成果；法治，制止了无序竞争，保证了每个人在不影响他人的情况下，在法律法规所允许的最大范围内奋斗出彩。

最后，社会主义核心价值观激发了亿万人民争前恐后的创造热情。历史是由人创造的。习近平指出："历史发展有其规律，但人在其中不是完全消极被动的。只要把握住历史发展大势，抓住历史变革时机，奋发有为，锐意进取，人类社会就能更好前进。"③ 主体精神在历史发展中

---

① 吴潜涛：《社会主义核心价值观是当代中国精神的集中体现》，《光明日报》2018 年 3 月 26 日，第 11 版。
② 习近平：《在 2018 年春节团拜会上的讲话》，《人民日报》2018 年 2 月 15 日，第 2 版。
③ 习近平：《在庆祝改革开放四十周年大会上的讲话》，人民出版社，2018，第 3~4 页。

起着不可忽视的作用。一个民族在精神上能够刚健有力、斗志昂扬就能创造奇迹。改革开放40多年的成就表明，"掌握着自己命运的中国人民焕发出前所未有的积极性、主动性、创造性，在改革开放和社会主义现代化建设中展现出气吞山河的强大力量！"① 要实现中国梦，完成"两个一百年"奋斗目标，就要把全民族的创造热情调动起来，就要弘扬中国精神。社会主义核心价值观作为一种精神的力量，一旦注入中华民族全体成员的头脑中，就会转化为改造世界的物质力量。社会主义核心价值观以价值的引领强化全体人民的主体性，以理想信念的塑造强化全体人民的心理素质和精神素质，以进取精神的激发强化全体人民的创新活力。社会主义核心价值观给中华民族增添了强大的精神力量，最大限度地调动了每一个中华儿女的积极性、主动性，最大限度地激活了每一个中华儿女的创新热情。因而，最后转化为实现中国梦的精神力量。社会主义核心价值观寥寥二十四个字、十二个词成为当代中国精神的集中体现和凝练表达。

# 第二节　中国精神的凝练升华

社会主义核心价值观植根于中华民族精神文化传统之中，充分汲取了中华文化的营养，体现了鲜明的中国特色。同时，矗立在人类价值观发展制高点上的社会主义核心价值观，又总结和凝练了时代精神的精华，吸收了世界先进文明成果，在此基础上经过创造性转化和创新性发展升华了中国精神，使之更为具有时代性、先进性、世界性。也有人认为社会主义核心价值观是对传统中国精神的革命性重塑："中国共产党人以社会主义核心价值引领中国精神的转变，既彻底批判了传统文化精神中封闭、狭隘、保守、落后、专制、奴化等弊病和局限性，又弘扬了其大同追求、自强不

---

① 习近平：《在庆祝改革开放40周年大会上的讲话》，人民出版社，2018，第13页。

息、厚德载物等优秀品质，从而使'中国精神'传统沿着批判性、科学性、开放性、现代性进行了革命性重塑。"① 社会主义核心价值观既源于中国精神传统，同时又高于中国精神传统，是对中国精神传统的批判性继承与创造性再生。

## 一　社会主义核心价值观提升了中国精神的时代性

任何一种精神文化只有不断与时代互动才能获得新的生命力。中国精神要在新时代获得人民的认同，继续发挥精神动力作用，就需要与时俱进，与时代同行，顺应时代发展变化的新要求，回应人民群众的新期待，回应时代面临的新课题。社会主义核心价值观扎根时代，回应时代关切，解答了中国精神发展中面临的一系列时代性问题，赋予中国精神鲜明的时代性。

首先，社会主义核心价值观顺应了时代发展变化对中国精神的新要求。改革开放以来，我国的经济发展取得了巨大的进步，创造了中国奇迹、中国速度。中华民族实现了从站起来、富起来到强起来的伟大跨越。但是，在经济发展成就巨大的同时，我们的精神文明并没有同步增长，精神文明与物质文明的落差较大，社会上各种丑恶现象层出不穷，道德底线不断被突破。当此之时，在全社会确立崇高的道德理想、先进的价值理念显得尤为必要。社会主义核心价值观的提出就是要纠正人们在经济发展过程中出现的道德滑坡，廓清物质主义的迷雾，打碎拜金主义的迷梦，提振整个民族的精气神，让人们在富起来之后还要文明起来，让人们在有得的同时更要有德。从历史唯物主义的原理来说，社会存在决定社会意识，中国社会的物质生产大幅度进步了，必然要求中国社会的精神生产同样大幅度的进步。社会主义核心价值观呼应了时代的需求，因而成为这个时代的

---

① 袁久红、甘文华：《社会主义核心价值观与"中国精神"的新生》，《东南大学学报》（哲学社会科学版）2013 年第 5 期。

最强音。社会主义核心价值观中包含了很多中国精神的元素，例如爱国、敬业、诚信、友善等既属于社会主义核心价值观同样也是中国精神的一部分。但是，在社会主义核心价值观的视阈之中，这些传统的中国精神都获得了时代性的内容。爱国，不再像传统社会那样和忠君联系在一起，而是和社会主义祖国联系在一起。敬业，不仅仅是一种精益求精的职业态度，而且体现了社会主义社会人与人之间一种平等交换的关系。诚信，不仅仅是诚实不欺，而且是社会主义社会人与人之间一种友好的关系。友善，不仅仅是待人和善，而且体现了社会主义大家庭人与人之间的温暖。

其次，社会主义核心价值观回应了人民群众对中国精神的新期待。中国特色社会主义进入新时代，社会主要矛盾转化为人民日益增长的对美好生活的需要与不平衡不充分的发展之间的矛盾。人民群众期待民主法治、公平正义，期待更优质的教育、更高效的医疗、更完善的养老、更宽敞的住房。要解决这些问题离不开正确价值观的指引，离不开中国精神的弘扬。人民群众期待着构建一个代表着中国未来发展方向、体现中华民族精神的更为美好的社会。社会主义核心价值观明确回答了人民的期待，这就是构建一个自由、平等、公正、法治的社会，在这样一个社会里，一切创造活力充分涌流，每个人都获得人生出彩的机会，中国精神得到更好的继承和弘扬。社会主义核心价值观让人民群众对中华民族的未来充满了希望，更加对实现中国梦信心百倍，更加坚定中国精神。在当今世界，中国精神就体现在社会主义核心价值观之中，体现在中华民族这一独特的价值理念之中。

最后，社会主义核心价值观回应了中国精神面临的新课题。当今世界正处于一个大调整大变革的时代，科技革命方兴未艾，国际关系处于深度调整之中。就当前中国而言，社会主义初级阶段的国情决定了我们还要大力弘扬中国精神以加快发展，社会转型期国际国内矛盾叠加决定了弘扬中国精神必定会面临着诸多的时代课题。"社会关系、生活方式、利益格局以及价值观念的深刻变迁，利益的分化与对抗，贪污、腐败等社会不公，以及践踏法律与人权等社会丑恶现象，都程度不同地瓦解着人们对一般价值观念的信念，从而不可避免地助长了价值观上的主观主义、相对主义和虚无主义。"① 如何振奋民族精神，使整个民族心有所向、行有皈依，是新时代弘扬中国精神的重大时代课题。要引导人民避开价值相对主义的泥潭、远离价值虚无主义的诱惑、逃离价值主观主义的陷阱，培育和践行社会主义核心价值观十分必要。社会主义核心价值观站在道义的制高点上，以先进的价值理念指引人，以高尚的价值理想鼓舞人，以宏伟的价值远景吸引人，以科学的价值理性武装人，从而有利于营造一个和谐友好、奋发有为的社会氛围和时代氛围。

## 二　社会主义核心价值观提升了中国精神的先进性

任何一种精神文化的先进性就体现在能够站在人民群众的立场，顺应时代发展的潮流，不断对自身进行创新创造，适应新的时代要求。文化的先进性并不是一劳永逸的，必须不断与时俱进，不断创新创造。中国精神要保持先进性就必须驰而不息进行自我扬弃，自我更新，满足人民群众的新期待。同时还需要与社会主义相结合。社会主义核心价值观是社会主义先进文化、中国优秀传统文化以及世界优秀文化三者结合的产物，解决了中国精神的发展难题，凸显了中国精神的先进性。

首先，社会主义核心价值观彰显了中国精神的创造活力。中国精神是中华民族的精神自我，必须与时俱进，不断弘扬。在很长的历史时期，中国之所以能够领先于世界，创造世界文明史上的奇迹，就在于民族精神得到弘扬，汉唐盛世的造就离不开那种刚健有为的精神风貌，盛唐气象令人向往。近代以来，中华民族被动挨打，一个重要原因就在于民族精神的低迷，整个民族处于保守落后的精神状态之中，萎靡不振、闭关锁国、抱残守缺、自高自大、不思进取。新时代我们为了实现中华民族伟大复兴，大

---

① 曾建平、邹平林：《社会主义核心价值观的当代挑战》，《江西师范大学学报》（哲学社会科学版）2013 年第 5 期。

力弘扬中国精神，尤其是中华民族的创造精神，那种万马齐喑的局面一去不复返了。今天的中国精神创造性地吸收了社会主义的精髓，服务于中国特色社会主义建设。社会主义核心价值观就鲜明地体现了中华民族的这种创造精神。社会主义核心价值观创造性地把中华优秀传统文化与社会主义先进文化结合起来，同时又吸收了世界文明的有益成果，是中华民族精神的新发展、新创造。"社会主义核心价值观是中华民族精神在新的历史条件下的新的表现形式，它极好地解决了传统价值观念与现代社会的适应问题，既坚持了传统价值观念中永恒不变的部分，又对传统价值观念进行了调整和转换，使其适应社会主义社会的要求。"[①] 社会主义核心价值观的提出表明，中华民族是善于创造的民族，中华民族富有创新创造活力。

其次，社会主义核心价值观彰显了中国精神的社会主义新特质。"我们现在所说的中国精神，是与中华民族伟大复兴、与中国特色社会主义道路紧密相连的中国精神。这种中国精神不是简单回归传统，也不是盲目模仿西方，而是一种以社会主义为根本思想特质的、有中国特色的现代中国精神。"[②] 社会主义核心价值观作为社会主义的意识形态，使用的语言可能是早已存在的，但是其中蕴含的精神则完全是社会主义的。例如，社会主义核心价值观中的爱国原是一个古老的词语，但是其崭新的内涵是指爱社会主义祖国。爱社会主义和爱国是高度统一的，因为只有马克思主义才能救中国，只有社会主义才能发展中国，没有马克思主义的科学指引，没有中国特色社会主义的正确道路，就不可能取得如今国富民强的伟大成就。社会主义核心价值观既是社会主义的意识形态又是中华民族的精神形态，是二者的有机统一，从而赋予中国精神以社会主义新特质。

最后，社会主义核心价值观彰显了中国精神的人民属性。人民是历史的创造者，人民的意志代表了历史前进的方向。社会主义核心价值观要始

---

① 陈敏、李安增：《论社会主义核心价值观与中华民族精神》，《山东社会科学》2014 年第 6 期。

② 郑永扣：《社会主义核心价值观之于中国精神的三重意义》，《社会主义核心价值观研究》2015 年第 1 期。

终保持先进性就必须始终紧贴人民，反映人民的意愿。从社会主义核心价值观的价值目标来看，社会主义核心价值观的出发点和落脚点是为了人民，体现了以人民为中心的价值情怀。富强是为了让人民过上物质充裕的生活，民主是为了让人民当家做主，文明是为了让人民享受文化成果，和谐是为了让人民过身心舒畅的生活。从社会主义核心价值观的形成过程来看，社会主义核心价值观是在中国共产党带领全国各族人民推进中国特色社会主义伟大事业的进程中逐步形成的，没有亿万人民的广泛参与就没有社会主义核心价值观的凝练和形成。从社会主义核心价值观的价值诉求来看，社会主义核心价值观反映的是中华民族全体人民共同的价值理想、价值要求，是协调全体中国人民步调一致的强大号令。社会主义核心价值观作为中国精神的一种新的表现形式，极大彰显了人民属性。

## 三　社会主义核心价值观提升了中国精神的世界性

中国精神不是离开世界文明发展大道的宗派主义，不是关起门来自说自话的呓语，而是以民族精神形式体现的世界精神。不论从思想来源、内容实质还是现实影响看，中国精神都是具有世界性的。社会主义核心价值观赋予中国精神以更强的世界性，使之更能融入世界文明发展的主流，更好引领世界精神文化的发展。

首先，社会主义核心价值观充分吸收了世界文明发展的成果。中国的发展离不开世界，改革开放四十多年来，我们对外开放的大门越开越大，越来越多的世界文明发展成果为我所用。今天中国发展进步取得的巨大成绩离不开对世界先进文明成果的吸收。社会主义文化建设同样需要大力吸收世界先进文明成果。革命导师早就指出，只有在吸收人类一切有益成果的基础上才能建设社会主义、共产主义。培育和践行社会主义核心价值观，既不是自高自大的价值观复古，也不是简单照抄照搬西方价值观，更不是自娱自乐地闭门造车，而是在充分吸收消化世界文明发展成果基础上的一种创新创造。所以我们在社会主义核心价值观之中，发现了民主、自由、平等、公正、法治这些常常被认为是属于资本主义的价值观念，发现了爱国、敬业、诚信、友善这些在前资本主义时代就已经存在的古老价值概念。这充分说明，社会主义核心价值观不仅是中华文化的产物，更是世界先进文化汇通的结晶。从这个意义上来说，社会主义核心价值观不仅属于中国，同样也属于全世界。社会主义核心价值观以民族性的形式表达了具有世界意义的内容实质。

其次，社会主义核心价值观让中国精神在世界范围内得到更多的认可。我们要进一步提高文化软实力，让世界了解一个民主、文明、开放、包容的中国，让中国故事传遍世界，中国智慧感染世界，中国方案享誉世界。这都离不开一套先进价值观的支持。只有以先进的价值观为引领，树立文化自信，方可赢得世界的尊重，掌握国际话语权。"社会主义核心价值观为中国赢得与其国际地位相符合的国际话语权提供了价值内核。"① 社会主义核心价值观向世界展示了一个富强、民主、文明、和谐的中国形象，一个自由、平等、公正、法治的中国社会形象，一个爱国、敬业、诚信、友善的中国人民形象。以社会主义核心价值观为重要依托，在世界面前构建了一个崭新的中华民族的形象，一种乐观向上的奋斗姿态，一种奋发有为的精神状态。从培育和践行社会主义核心价值观以来，中华民族在世界上的威信越来越高，中华文化的感召力越来越强，负责任的大国形象越发鲜明。

最后，社会主义核心价值观让中国精神更加代表了世界文化发展前进的方向。中华民族自古以来就是一个在文明发展上领先世界的民族。只是近代以来逐步落后了。作为一个人口总数世界第一的文明古国，中国从没有忘记自己的大国责任，中国解决好自己的问题就是对世界的极大贡献。中国还是世界上少数几个社会主义国家之一，担负着超越资本主义生产方式，构建无剥削无压迫的人类新型生产方式的历史重任。社会主义核心价

① 谢晓娟：《从世界视角看社会主义核心价值观的培育》，载孙熙国、李翔海主编《北大中国文化研究》（总第 4 辑），社会科学文献出版社，2015。

值观的属性是社会主义的，也就说明它绝不是资本主义那样的价值观。资本主义自由、平等、博爱的价值观虽然在目前来看仍不失其生命力，但是由于资本主义社会的历史局限性，其内涵还不完善。最关键的是，在资本主义社会，自由、平等、博爱更多的是一种口号，并没有得到真正的实现。"社会主义核心价值观已经突破了西方价值观狭隘的抽象形式的束缚，给民主、自由、平等、法治、公正等价值观赋予了社会主义崭新的内涵，这种内涵已经超越了资本主义历史局限性，是面向社会主义和人类未来发展方向的。"① 社会主义核心价值观代表了人类社会发展对价值观的实践要求，代表了人类历史发展的前进方向。社会主义核心价值观将民族精神凝聚为一种世界精神，将中国力量凝聚为一种世界力量，极大提升了中国精神的品格。

---

① 韩震：《培育和践行社会主义核心价值观必须着眼于先进性》，《北京日报》2013 年 12 月 30 日，第 2 版。

第四章 04
Chapter

## 中国精神的时代谱系

CHINA

中国共产党是中国人民和中华民族的先锋队，带领中国人民实现了从"站起来"、"富起来"到"强起来"的伟大飞跃，因此，中国共产党在带领中国人民进行革命、建设和改革过程中形成了时代精神，构建了中国精神的时代谱系。习近平指出："在一百年的非凡奋斗历程中，一代又一代中国共产党人顽强拼搏、不懈奋斗，涌现了一大批视死如归的革命烈士、一大批顽强奋斗的英雄人物、一大批忘我奉献的先进模范，形成了井冈山精神、长征精神、遵义会议精神、延安精神、西柏坡精神、红岩精神、抗美援朝精神、'两弹一星'精神、特区精神、抗洪精神、抗震救灾精神、抗疫精神等伟大精神，构筑起了中国共产党人的精神谱系。"① 在中国共产党的带领下，中华民族的精神境界得到了稳步提升，为实现中华民族伟大复兴的历史使命加油鼓劲，也为中国人民中国梦的实现奠定了伟大的思想基础。在中国共产党的带领下，时代精神是中华民族与时俱进、顽强拼搏的重要体现，是中华儿女不畏艰险、凝神聚力所创造出的宝贵精神财富。李梦云指出，按照产生的方式，中国共产党人创造的精神的种类可以分为"重大事件孕育的伟大精神、特殊地域产生的伟大精神、先进模范人物彰显的伟大精神、科技创新激荡的伟大精神和重大灾害磨砺的伟大精神"。② 以下我们按照这一思路，对中国共产党人创造的精神谱系进行简单分析，主要选取一些具有代表性的精神种类加以诠释。

① 习近平：《在党史学习教育动员大会上的讲话》，人民出版社，2021，第 19 页。
② 李梦云：《中国共产党精神谱系的精神内涵》，《中国高校社会科学》2021 年第 7 期。

# 第一节　重大事件孕育的伟大精神

## 一　建党精神

伟大建党精神是习近平同志在 2021 年 7 月 1 日庆祝中国共产党成立 100 周年大会上所提出的 "坚持真理、坚守理想，践行初心、担当使命，不怕牺牲、英勇斗争，对党忠诚、不负人民"① 的蕴含丰富的 "中国共产党的精神之源"。伟大建党精神从中国共产党成立之日起就开始发展孕育，直至今天被习近平高度概括，这也是中国共产党一百年来得以生根发芽、茁壮成长、发展壮大的精神之源。一百年来，中国共产党站在人民的立场上为民办事、顽强不屈、攻坚克难，始终不忘初心、不负使命，在艰苦卓绝的危难时期也不曾退缩，带领中国人民取得了抗日战争和解放战争的胜利，在百废待兴的华夏大地上建立了新中国，挽救中华民族于水火之中，并且全力以赴地进行了新中国的建设。改革开放的实施让新中国各个领域实现了跨越式的发展，使中国在世界舞台上话语权提升，并逐渐自立于世界民族之林，并向社会主义现代化强国迈进，这些发展进步的背后是中国共产党的伟大建党精神的不断支持。

### （一）坚持真理、坚守理想

习近平曾经谈道："一切向前走，都不能忘记走过的路；走得再远、走到再光辉的未来，也不能忘记走过的过去，不能忘记为什么出发。"② 那些 "来时的路" 都历历在目，中国共产党人正是始终铭记革命与改革的艰

---

① 习近平：《在庆祝中国共产党成立 100 周年大会上的讲话》，人民出版社，2021，第 8 页。
② 《习近平谈治国理政》第 2 卷，外文出版社，2017，第 32 ~ 33 页。

难岁月，才能奋发图强、拼搏奋斗，带领中华民族闯出一片天。"不忘初心，牢记使命"是每一位中国共产党人对党、对国家、对人民、对社会主义的伟大宣言，中国共产党自成立之日起，就始终坚定不移地秉承着"为人民服务"的宗旨，为老百姓谋福利、办实事，这些伟大实践的背后是"伟大建党精神"给予的精神支持，因为千百年来的王朝更替和历史变迁告诉中国共产党人"水能载舟，亦能覆舟"，人民的信任关乎国家的长足发展，是一个国家、一个政党、一个民族得以长存并发展壮大的根本所在。

### （二）践行初心、担当使命

"历史从哪里开始，思想进程也应当从哪里开始。中国共产党革命精神的孕育、生成和丰富发展过程，与党的历史实践是完全一致的，与五四运动以后多难兴邦的民族复兴事业的进程是完全一致的，是马克思主义中国化在无产阶级政党精神风貌上的生动体现。"[1] 伟大建党精神与中国共产党的奋斗史一脉相承，在中国共产党的拼搏之中根深蒂固，逐渐丰富和发展起来，也必将与时俱进，在社会主义建设的道路上提供强有力的精神支持，并引领着中国未来发展的新航向。

### （三）不怕牺牲、英勇斗争

党的十九大结束之后，习近平在瞻仰共产党的一大会址时曾指出，毛泽东曾把党的一大召开的地方称为中国共产党的"产床"，"我看这里也是我们中国共产党人的精神家园"。[2] 伟大建党精神的存在，让每一位中国共产党人的心灵都有了一个归宿，精神世界多了一个家园，它将继续鼓舞着中华儿女拼搏奋进、砥砺前行。习近平曾强调，"老一辈革命家和老一代共产党人在延安时期留下的优良传统和作风，培育形成的以坚定正确的政治方向、解放思想实事求是的思想路线、全心全意为人民服务的根本宗旨、自力

---

①　杨河：《中国共产党革命精神史读本》（新民主主义篇），人民出版社，2014，第157页。
②　习近平：《论中国共产党历史》，中央文献出版社，2021，第121、184页。

更生艰苦奋斗的创业精神为主要内容的延安精神，是我们党的宝贵精神财富"。① 这种中国共产党人坚持党的领导和践行为人民服务宗旨的延安精神与"对党忠诚、不负人民"的伟大建党精神很大程度上是一致的。伟大建党精神也与很多伟大的红色革命精神是一致的，它们同属于伟大中国精神的一种，都属于中华民族伟大精神中的思想精髓，也是中国人民的宝贵精神财富。在伟大建党精神的引领下，中国共产党带领中国人民在社会主义的道路上乘风破浪，为新时代的社会主义事业的建设之路奠定了坚实的基础。

### （四）对党忠诚、不负人民

在艰苦卓绝、荆棘满布的革命年代，无数革命先烈、仁人志士为了革命事业的顺利进行而抛头颅、洒热血，面对强敌从不畏惧，用生命换取胜利、用鲜血书写忠诚，这才铸就了改革腾飞的今天。这种不怕牺牲、视死如归、英勇奋斗的精神将永远镌刻在历史之中，为后人所景仰，并鼓舞我们在前进的道路上奋发有为，为实现"第二个一百年奋斗目标"而开足马力、努力拼搏，为完成中华民族伟大复兴的历史重任提供了精神支撑，为谱写更为绚烂的华章而增添浓墨重彩的一笔。习近平这样评价英雄模范人物："对一切为党、为国家、为人民作出奉献和牺牲的英雄模范人物，我们都要发扬他们的精神，从他们身上汲取奋发的力量，共同为推进中国特色社会主义伟大事业、实现中华民族伟大复兴的中国梦而顽强奋斗、艰苦奋斗、不懈奋斗。"② 在建党精神的引领下，英雄模范为党的事业的推进，奉献了自己美好青春乃至贡献出了自己宝贵的生命，历史从来不会忘记，人民也永远不会忘记，中国共产党更不会忘记。在最艰难的时刻，奋不顾身的战士，挺身而出的勇者，为建党精神注入了灵魂，让这种伟大精神鲜活起来，继续引领着新一代"弄潮儿"披荆斩棘，书写壮丽诗篇。习近平也曾指出，党的领导是中国革命、建设和改革不断推向前进的保证，没有党的领导，实现民

---

① 习近平：《论中国共产党历史》，中央文献出版社，2021，第98页。
② 习近平：《论中国共产党历史》，中央文献出版社，2021，第70页。

族独立和人民解放的任务就可能"拖得更久、付出的代价更大"。①没有共产党就没有新中国，只有共产党才能救中国、发展中国。在中国共产党的正确领导下，中华民族扳倒了帝国主义、封建主义和官僚资本主义"三座大山"，终于实现了中国人民期盼的民族独立，在马克思列宁主义的指导下步入正轨、顺应了时代的步伐，实现了短时间内跨越式的发展，并逐渐走在了世界舞台的中央，这些伟大的成果都得益于中国共产党的伟大领导，伟大建党精神的指引，才能让中国的发展之路走得如此迅速。

## 二　红船精神

"红船精神"始终激励着一代又一代中国共产党人在面对革命的曲折和道路的艰险时，都要怀着百折不挠、艰苦奋斗的伟大思想情怀，在任何年代都要将"不忘初心，牢记使命"铭记于心。习近平曾指出"红船精神"的思想内涵为：开天辟地、敢为人先的首创精神，坚定理想、百折不挠的奋斗精神，立党为公、忠诚为民的奉献精神。②习近平总书记的这段话高度地概括了"红船精神"的实质。在艰苦卓绝的革命年代，中国共产党的革命先驱经过多年的革命探索，把马列原理所描述的社会主义、共产主义引入中国，建立中国共产党，成为"第一个吃螃蟹的人"，这便是伟大的"首创精神"；在战火纷飞、民不聊生的中华大地上，中国共产党人高举社会主义的旗帜，从未放弃过革命理想，始终艰苦奋斗、砥砺前行，把握未来，成就了伟大的"奋斗精神"；在积贫积弱的华夏大地，中国共产党牢记"不拿群众一针一线"的铁律，始终牢记"为人民服务"的伟大宗旨，铸就了伟大的"奉献精神"。习近平也曾指出："'红船精神'同井冈山精神、长征精神、延安精神、西柏坡精神等一道，伴随中国革命的光辉历程，共同构成我们党在前进道路上战胜各种困难和风险、不断夺取新

---

① 习近平：《论中国共产党历史》，中央文献出版社，2021，第 281 页。
② 习近平：《论中国共产党历史》，中央文献出版社，2021，第 158 页。

胜利的强大精神力量和宝贵精神财富。"① 它们在革命年代里印证了中国共产党人这一路走来的艰辛与不易，也在最为艰难的时刻给了我们"革命必胜"的巨大信心。而今，"红船精神"也必将继续指引着中国共产党人带领中国人民走向国富民强的康庄大道。

## 三　长征精神

伟大长征精神是中国工农红军在艰苦卓绝、荆棘满布的长征时期形成的一种艰苦奋斗、生死与共、坚定信念和团结奋进的伟大红色革命精神。习近平将其主要内涵概括为：把全国人民和中华民族的根本利益看得高于一切，坚定革命的理想和信念，坚信正义事业必然胜利的精神；为了救国救民，不怕任何艰难险阻，不惜付出一切牺牲的精神；坚持独立自主、实事求是，一切从实际出发的精神；顾全大局、严守纪律、紧密团结的精神；紧紧依靠人民群众，同人民群众生死相依、患难与共、艰苦奋斗的精神。② 老一辈革命家、开拓者在艰苦卓绝的年代不忘初心、牢记使命，坚定不移地跟党走，在伟大精神的指引下克服重重艰难险阻，跨越万水千山，始终如一地坚信革命事业必将成功，并最终取得了红军长征的伟大胜利，乃至中国革命的伟大胜利，铸就了史无前例的伟大长征精神。伟大长征精神也激励着中华儿女不畏艰险、勇于拼搏、艰苦奋斗，成为中国红色革命精神的重要分支，与其他红色革命精神构架起革命年代的历史风帆。

## 四　遵义会议精神

遵义会议精神是中国共产党人在中国革命实践过程中所召开的一场"拨乱反正""转危为安"的会议中而形成的"坚持独立自主，坚定正确

---

① 习近平：《弘扬"红船精神"走在时代前列》，《求是》2017 年第 24 期。
② 习近平：《论中国共产党历史》，中央文献出版社，2021，第 146 页。

路线"的伟大革命精神。革命年代里遵义会议的顺利召开，确立以毛泽东为主的党中央领导集体，中国人民自己掌握了革命话语权，这是中国共产党第一次独立自主地利用马列原理解决中国革命实际问题，也标志着中国共产党成功取得革命事业的领导地位，并迅速走向成熟。这场生死攸关的转折会议，在革命事业的危急关头挽救了党，挽救了红军，挽救了中国革命，挽救了中国人民，成为中国革命事业转危为安的转折点。2015 年 6 月，习近平在贵州开展调研时指出："遵义会议作为我们党历史上一次具有伟大转折意义的重要会议，在把马克思主义基本原理同中国具体实际相结合、坚持走独立自主道路、坚定正确的政治路线和政策策略、建设坚强成熟的中央领导集体等方面，留下宝贵经验和重要启示，我们要运用好遵义会议的历史经验，让遵义会议精神永放光芒。"① 遵义会议的召开，使得中国人开始结合自身对中国的了解，从而自己独立领导革命，而非照搬共产国际的理论。实践证明，中国革命必须中国人自己来领导，才能使中华民族"突破枷锁""冲出牢笼"，迎接崭新的时代。在新时代下，遵义会议精神仍然将作为行动指南来指导着我们建设中国特色社会主义事业。当然，习近平也指出："要结合即将开展的党史学习教育，从长征精神和遵义会议精神中深刻感悟共产党人的初心和使命，落实新时代党的建设总要求，实事求是、坚持真理，科学应变、主动求变，咬定目标、勇往直前，走好新时代的长征路。"② 老一辈革命家历经千难万险走完了长征路，为我们留下了可歌可泣的壮丽诗篇，或伟大长征精神，或遵义会议精神，这些革命年代的精神力量也都激励着新时代的我们要努力弘扬革命精神，把握好新时代的脉搏，续写新的篇章。

## 五　抗战精神

伟大抗战精神和伟大抗美援朝精神是中国人民在抗击外来侵略时所展

---

① 习近平：《论中国共产党历史》，中央文献出版社，2021，第 102 页。
② 《向全国各族人民致以美好的新春祝福　祝各族人民幸福吉祥祝伟大祖国繁荣富强》，《光明日报》2021 年 2 月 6 日。

现出来的、具有爱国主义情怀的伟大精神。伟大抗战精神是指中国人民在抗日战争中所表现出来的英勇无畏、视死如归的伟大战斗精神，其深刻内涵为：天下兴亡、匹夫有责的爱国情怀；视死如归、宁死不屈的民族气节；不畏强暴、血战到底的英雄气概；百折不挠、坚忍不拔的必胜信念。在日本帝国主义铁蹄的侵略下，中华大地布满战争的硝烟，中国人民处于水深火热的境地，尽管当时的中国处于积贫积弱、破落不堪的境地，但中华儿女并未妥协，而是拿起了武器英勇战斗，中国共产党与中国国民党联合起来对外来侵略进行反抗，最终取得了抗日战争的胜利，也同时为世界反法西斯战争的胜利贡献了一份力。中华民族的伟大抗战精神在中国最艰难的时刻形成，坚定着中国人民"抗战必胜"的信心，胜利号角的吹响是在每一位坚贞不屈的中华儿女所具有的勇敢无畏的抗战精神支持下实现的，中国人民伟大的抗战精神是全体中华儿女书写的，这一胜利的果实也必将由他们去分享。新时代，伟大抗战精神也呈现新的内涵，为我们在克服艰难险阻时提供了思想保障。

## 六　红岩精神

红岩精神是指在 20 世纪上半叶抗日战争时期和解放战争初期，以周恩来同志为代表的老一辈无产阶级革命家、共产党人和革命志士，在面对内忧外患、战火纷飞、积贫积弱的危局时，始终坚持抗日民主统一战线、为国家民族分忧、推动人民民主革命进程，在这一伟大过程中所形成的一种具有艰苦卓绝、顽强斗争信念的伟大革命精神。习近平 2019 年 4 月在视察重庆期间指出："重庆是一块英雄的土地，有着光荣的革命传统。毛泽东同志在这里进行了决定中国前途命运的重庆谈判，周恩来同志领导中共中央南方局在这里同反动势力展开了坚决斗争，邓小平同志在这里领导中共中央西南局进行了大量开创性工作。重庆涌现了大批大义凛然、高风亮节的共产党人，如信仰坚定、不怕牺牲的赵世炎等人，英勇善战、屡建功绩的王良等人，坚贞不屈、永不叛党的江竹筠、王朴、陈然等人，严守纪律、勇于牺牲的战斗英雄邱少云，等等。解放战争时期，众多被关押在渣滓洞、白公馆的中国共产党人，经受住种种酷刑折磨，不折不挠、宁死不屈，为中国人民解放事业献出了宝贵生命，凝结成'红岩精神'。"① 红岩精神的背后是诸多可歌可泣的英雄的故事，他们为了革命事业的继续，面对敌人始终表现出视死如归的气魄、大义凛然的豪气、坚贞不屈的大气、永不叛党的义气，这些令人敬佩的精神铸就了中国革命事业的伟大成功。红岩精神作为一种伟大的革命精神，把中国精神的风采展现得淋漓尽致，是中国革命精神、民族精神与时代精神的结晶，它以其独特的风貌出现在特定的历史时期和历史背景下，推动了中国人民革命事业的伟大胜利，是中华民族的红色革命精神的宝贵财富。

## 七　改革开放精神

改革开放精神是指中国共产党在特定的历史时期进行改革开放实践、探索和发展中国特色社会主义事业中形成的开拓创新、勇于担当、开放包容、兼容并蓄的伟大精神品格。自 1978 年实行改革开放以来，在改革开放的伟大实践中，中国的综合国力稳步提升，人民生活水平显著提高，逐步形成了改革开放精神。改革开放精神铸就了自强不息、探索创新、兼容共生、责任担当的伟大精神。习近平在庆祝改革开放 40 周年大会上曾指出："改革开放铸就的伟大改革开放精神，极大丰富了民族精神内涵，成为当代中国人民最鲜明的精神标识！"② 中华民族的伟大复兴不仅仅是物质层面的复兴，更是精神层面的复兴，改革开放让中国走向世界，让世界走向中国，改变了中国的面貌、中华民族的面貌、中国人民的面貌和中国共产党的面貌，在不断形成的改革开放精神的指引下，中国人民砥砺前行，在历史的征程中披荆斩棘，不断夺取新时代的伟大胜利，铸就中华

① 习近平:《论中国共产党历史》，中央文献出版社，2021，第 31~32 页。
② 习近平:《在庆祝改革开放 40 周年大会上的讲话》，人民出版社，2018，第 14 页。

民族的美好明天。

## 八 北京奥运精神

2008 年在北京成功举办第二十九届奥运会、第十三届残奥会。2008 年夏季奥运会是我国首次承办奥运会。北京奥运会的举办是我国重要的标志性国际体育活动，不仅在世界上影响深远，对世界奥林匹克运动发展具有里程碑式的意义，让世界关注中国体育事业的发展；更重要的是让中国在迈向体育强国的道路上昂首阔步，为实现中华民族伟大复兴的中国梦提供新的历史机遇。伟大事业孕育伟大精神，北京奥运会孕育出了伟大的北京奥运精神。胡锦涛指出："广大奥运建设者、工作者、志愿者牢记党和人民的重托，勇于承担中华民族百年圆梦的光荣使命和伟大时代提供的难得机遇，大力培育和弘扬了为国争光的爱国精神、艰苦奋斗的奉献精神、精益求精的敬业精神、勇攀高峰的创新精神、团结协作的团队精神，为北京奥运会、残奥会成功举办提供了强大精神支撑。这是以爱国主义为核心的民族精神和以改革创新为核心的时代精神的生动体现，是伟大的中华民族精神在当代中国的生动体现。"① 北京奥运精神不仅弘扬了国际奥林匹克精神，并在此基础上弘扬了中华民族的品质，中华文明与奥林匹克精神相互交融、升华，最终形成了北京奥运精神，向世界展示了体育运动的生命力，让各国人民感受奥运精神的驱动力，开创了奥林匹克精神的新境界。在加快推进社会主义现代化强国建设的征程上，我们要大力弘扬北京奥运精神，使之成为推动我国各项事业发展的强大精神动力。

## 九 脱贫攻坚精神

脱贫攻坚精神是在中国共产党的领导之下的中国人民，在脱贫攻坚战

---

① 胡锦涛：《在北京奥运会、残奥会总结表彰大会上的讲话》，《人民日报》2008 年 9 月 30 日。

中所形成的一种攻坚克难、锐意进取的时代精神。2021 年 2 月 25 日全国脱贫攻坚总结表彰大会上，习近平将其深刻地概括为："上下同心、尽锐出战、精准务实、开拓创新、攻坚克难、不负人民"①，这 24 个字将脱贫攻坚精神的实质表现了出来。脱贫攻坚，作为全面小康路上的关键环节，是一项艰巨的任务。而基层工作者和领导干部秉持着"扎根基层、精准务实"的精神，把脱贫攻坚任务放在首位，最终取得了脱贫攻坚的胜利。习近平还指出："脱贫攻坚精神，是中国共产党性质宗旨、中国人民意志品质、中华民族精神的生动写照，是爱国主义、集体主义、社会主义思想的集中体现，是中国精神、中国价值、中国力量的充分彰显，赓续传承了伟大民族精神和时代精神。"② 脱贫攻坚战是中国迈向全面小康的至关重要的一场战役，脱贫攻坚顺利完成，也就意味着全面小康的顺利实现迈出了一大步，而在整个脱贫攻坚过程中，正是由于形成了这种脱贫攻坚精神，才使得扎根于农村基层的领导干部以及普通民众得以坚持不懈地完成脱贫攻坚任务，走上全面小康的道路。脱贫攻坚精神既是一种扎根基层的品质，也是一种艰苦卓绝、迎难而上的时代精神。

## 第二节　特殊地域产生的伟大精神

### 一　井冈山精神

井冈山精神源于 20 世纪中国土地革命时期的江西南昌的井冈山革命根据地，是我们党老一辈革命家毛泽东等人在江西创建第一个农村革命根据地时，在具体实践中逐渐形成的具有中国革命传统的优良品质的结晶，它是马克思列宁主义同中国革命实际相结合的伟大的中国化的产物，指导着

---

① 习近平：《在全国脱贫攻坚总结表彰大会上的讲话》，人民出版社，2021，第 19 页。
② 习近平：《在全国脱贫攻坚总结表彰大会上的讲话》，人民出版社，2021，第 19 页。

中国革命前进的方向，为中国共产主义事业的发展和壮大提供了伟大的精神支持，是中国前进道路上的助推剂，深刻体现出了共产主义的理想信念和道德情操。其内涵是："坚定的共产主义理想和信念，为革命事业英勇献身的精神；把马克思主义普遍真理同中国革命实际相结合的实事求是的伟大精神；密切联系群众、全心全意为人民服务的精神；自力更生、艰苦奋斗的精神；团结统一、严守纪律的精神；等等。"① 其实质是马克思主义的世界观和无产阶级革命的坚定性。井冈山精神在革命特殊时期，为中国共产党人的革命热情贡献了充足的"燃料"，"马克思主义同中国实际相结合"的思想为之后的革命道路的确定提供了方向。习近平曾将其深刻地概括为"坚定信念、艰苦奋斗，实事求是、敢闯新路，依靠群众、勇于胜利"。② 井冈山时期，中国共产党人与人民群众深入交流，打成一片，取得了人民的信任，在群众的无微不至的照料和悉心帮助下，才得以顺利度过艰难时期。井冈山精神同样也是伟大革命精神的重要组成部分之一，是指导中国革命事业和建设的宝贵精神财富，是中国共产党的政治优势。

## 二　苏区精神

苏区精神是"中国共产党在领导创建、发展和保卫以中央苏区为代表的全国各苏区的革命实践中，培育形成的以'坚定信念、求真务实、一心为民、清正廉洁、艰苦奋斗、争创一流、无私奉献'为主要内涵的伟大革命精神。它是党领导的民主革命历程'精神'系列的重要组成部分，是苏区时期广大苏区干部、红军指战员和人民群众进行革命斗争的强大精神力量，是新时期全国人民奋力推进全面建成小康社会和实现'中国梦'的重要精神动力"。③ 苏区精神是中国红色革命精神的一部分，它诞生于全国的"中央苏区"，始终本着"艰苦奋斗，一心为民"的理念，把中国共产党所

---

① 张平江编《党性修养简明大辞典》，内蒙古人民出版社，2018，第34页。
② 习近平：《论中国共产党历史》，中央文献出版社，2021，第112页。
③ 林星：《伟大的苏区精神》，中共党史出版社，2015，第1页。

倡导的共产主义理想的种子撒满全国各地，并传播着"将革命进行到底"的慷慨激昂的奋斗口号。习近平指出："井冈山精神和苏区精神，承载着中国共产党人的初心和使命，铸就了中国共产党的伟大革命精神。这些伟大革命精神跨越时空、永不过时，是砥砺我们不忘初心、牢记使命的不竭精神动力。"① 在飞速发展的今天，苏区精神仍然激励着中国共产党人不断砥砺奋进、勇往直前，不论历史如何续写，苏区精神将永远作为中国共产党人辛勤耕耘的见证，承载革命年代的精神品格，在新时代下成为中国共产党人和中国革命的精神依托。

## 三　延安精神

延安精神是指以毛泽东同志为代表的老一辈革命家、开拓者在延安历史时期争取民族独立和人民解放事业过程中所培养、形成和发展起来的，对中国革命实践具有重要指导意义的伟大革命精神和优良革命传统，这一伟大精神和革命传统是革命年代的灯塔，指引着我们前进的方向。延安精神作为中国革命精神的传承，是中国人民革命精神的高度凝练的表达，是中国共产党所指导的伟大革命事业的制胜法宝和行动指南，同时也是马克思主义思想中国化的思想表现，是中国革命者不屈精神的真实写照，是中国红色革命精神的凝练与升华，成为指导中国革命事业走向最终胜利的重要思想保障。习近平曾经这样评价延安精神："老一辈革命家和老一代共产党人在延安时期留下的优良传统和作风，培育形成的以坚定正确的政治方向、解放思想实事求是的思想路线、全心全意为人民服务的根本宗旨、自力更生艰苦奋斗的创业精神为主要内容的延安精神是我们党的宝贵精神财富。"② 延安精神继承和发展了中华民族的优良传统，把中华民族的思想精华传承下来，中国人民将其作为新时代的践行标准，才能加快推进中国

---

① 习近平：《论中国共产党历史》，中央文献出版社，2021，第 253～254 页。
② 习近平：《论中国共产党历史》，中央文献出版社，2021，第 98 页。

梦的实现。习近平 2015 年在陕西调研时曾强调："今天，全面从严治党要继续从延安精神中汲取力量。"① 延安精神中所体现的"求真务实"的革命态度，仍旧需要我们大力弘扬，无论时代如何变化，"求真务实"终究都不会过时。延安精神滋养了几代中国共产党人，它把"无私奉献""为人民服务"的革命宗旨烙印在中国共产党人的心田，激励着新一代中华儿女凝神聚力、开拓进取，在新时代坚定理想、挑战自我。习近平也曾这样强调："要坚持不懈用延安精神教育广大党员、干部，用以滋养初心、淬炼灵魂，从中汲取信仰的力量、查找党性的差距、校准前进的方向。"② 延安精神以其浓厚的革命色彩为中国人民的前进道路指明了方向，为中国伟大的革命事业奠定了良好的基础。

## 四　西柏坡精神

西柏坡精神是中国共产党在特定的历史时期和历史背景下所形成的对中国革命与发展具有深刻指导意义的理论思想和精神指南，也是新的历史时期下中国共产党增强自身能力和带领中国革命前行的建设标准和行动指南，具有悠久而又深远的历史渊源。西柏坡精神作为伟大的红色革命精神之一，它"产生于中国革命重要的历史转折关头，决定着中国革命的前途和命运，所以它集中体现了敢于斗争、敢于胜利的彻底革命精神，体现了头脑清醒、目光远大的胜利者图强自律的精神"③。西柏坡精神使中国共产党人坚定了革命理想，在中国革命的关键时期给予了方向性的指导，体现出了中国共产党人对于"革命必胜"信念的坚信。西柏坡精神作为伟大的精神，从诞生之日起，其包含的"赶考""两个务必""两个敢于"精神已经成为中国社会的指向标，在中国革命建设实践中都提供了动力之源。

---

① 习近平：《论中国共产党历史》，中央文献出版社，2021，第 98 页。
② 习近平：《论中国共产党历史》，中央文献出版社，2021，第 39~40 页。
③ 小红：《敢于斗争，敢于胜利的开拓进取西柏坡精神》，西柏坡红色教育中心，http://www.hongsegaodi.com/xbpjsty/27.html，最后访问日期：2021 年 12 月 29 日。

新时代，西柏坡精神的弘扬与发展，对于中国特色社会主义事业的发展，中国改革开放新局面的建设，中华民族伟大复兴的中国梦的实现都有着极为重要的指导意义。

## 五　南泥湾精神

南泥湾精神是指在 1941 年抗日战争时期以八路军第三五九旅为主要代表的抗日军民在陕北地区南泥湾大生产运动中所创造的，是在中国共产党的伟大领导下的人民军队在艰苦的环境中所产生的，以"自力更生，艰苦奋斗"为核心的伟大革命精神。在南泥湾建设的过程中，八路军所处的环境十分艰苦，需要解决包括衣食住行在内的很多生活问题，面对这些艰难困苦，八路军从未退缩，用自己的双手创造出了一个美丽而又富饶的南泥湾。在当时特定的历史条件下，人民军队不怕苦、不怕累，在南泥湾这片大地上前赴后继，用实际行动把南泥湾从人迹稀少、野兽遍地，变成了一个"处处是庄稼，遍地是牛羊"的陕北好江南。除了"自力更生，艰苦创业"的革命奋斗精神之外，南泥湾精神中还包含了"调查研究、实事求是"的工作方法。来到南泥湾开荒生产，不是心血来潮的冲动行为，而是在调查研究之后经过正确的分析而得出来的结论。在南泥湾的建设过程中，八路军发挥了"上下一致、共克时艰"的优良作风，从上到下军民一条心，为了克服困难，人民军队同甘共苦，军队领导也从"指手画脚"变成了"动手动脚"，以身作则极大地鼓舞了每一位战士，振奋了精神，提高了人民军队的凝聚力。南泥湾精神也体现出一种"勇于创造、敢为人先"的进取精神。在南泥湾的军民始终坚持初心，埋头苦干，把奋斗书写在了革命的历史画卷上。随着时代的发展，南泥湾精神不仅仅局限于此，也在之后的解放战争、新中国建设时期、改革开放之后都有着重要的指导作用，推动着中国社会主义事业的发展进步，因此，新时代中，弘扬南泥湾精神也成了中国迈向新征程中的不竭动力，不断挖掘南泥湾精神中的时代价值将推动着中国特色社会主义事业的向前发展。

## 六 大别山精神

大别山精神是中国共产党及其领导的武装力量和革命群众为实现共产主义的伟大理想、建立新中国而形成的红色革命精神，是中国共产党人精神谱系的伟大精神。大别山精神以其"坚守信念、胸怀大局、团结一心、勇当前锋"的精神内涵，为大别山地区的发展以及中国革命的发展贡献了浓墨重彩的一笔。大别山精神是大别山地区人民革命信仰、革命行动、革命品质和革命精神的总和，是中国革命精神的重要组成部分。在白色恐怖和极其困难的环境条件下，大别山军民始终坚守革命信念，使得大别山旗帜 28 年屹立不倒，从而凝结出了不畏艰险、艰苦奋斗、对党忠诚的精神内涵。在中国革命的关键时刻，大别山地区的军民顾全大局、团结奋进、一马当先，用实际行动推进革命的浪潮，捍卫了民族的尊严，提高了民族的自信心。新时代，要从大别山精神中汲取时代养分，高举中国特色社会主义的旗帜，以开阔的胸襟为中国社会主义现代化强国目标的实现贡献力量。

## 七 沂蒙精神

沂蒙精神是山东临沂人民在长期的革命和建设实践中形成的具有先进群体意识的伟大红色革命精神，是中国精神时代谱系的重要组成，是中华民族的宝贵精神财富。沂蒙精神的基本内涵为"吃苦耐劳、勇往直前、永不服输、敢于胜利、爱党爱军、开拓奋进、艰苦创业、无私奉献"。习近平曾强调，"山东是革命老区，有着光荣传统，军民水乳交融、生死与共铸就的沂蒙精神，对我们今天抓党的建设仍然具有十分重要的启示作用"。[1] 因

---

[1] 《习近平在山东考察时强调认真贯彻党的十八届三中全会精神 汇聚起全面深化改革的正能量》，《人民日报》2013 年 11 月 29 日。

此，"水乳交融、生死与共"是沂蒙精神的核心。沂蒙精神以其"爱党爱军、无私奉献、艰苦创业、开拓奋进"的本真的底色和时代内涵，彰显出了党领导下的"为人民服务"的鲜明宗旨。新时代，习近平深刻指出，"把军民融合发展上升为国家战略，是我们长期探索经济建设和国防建设协调发展规律的重大成果，是从国家安全和发展战略全局出发作出的重大决策，加快形成全要素、多领域、高效益的军民融合发展格局"。① 在沂蒙地区所形成的沂蒙精神正是人民军队爱人民、人民群众参与军队的军民融合的写照，沂蒙精神将军民融合的思想扩宽、形式丰富、层次提升，为党领导下的社会主义事业的繁荣发展奠定了深厚的群众基础。在新时期下，沂蒙精神还需不断弘扬和发展，推陈出新，为党的建设、人民生活水平的提高、社会主义的伟大胜利而提供思想力量。

## 八　老区精神

老区精神是指在中国共产党的领导下革命老区军民在各地创建、发展、保卫革命根据地的斗争实践中所培育和发展起来的伟大革命精神，即井冈山精神、延安精神、太行精神、吕梁精神、沂蒙精神和西柏坡精神等一系列革命精神的总称和概括。老区精神的特定内涵为：坚定信念、不屈不挠；依靠群众、真心为民；自力更生、艰苦奋斗；爱党爱军、拥政爱民；顾全大局、无私奉献；求真务实、开拓创新。老区精神作为中国革命根据地精神的总称，包含着丰富的思想内涵，对中国革命事业走向成功起到了极为重要的作用。老区精神以其"先进性、实践性、地域性、大众性、时代性、创新性"等特点，滋养着中国共产党和人民军队的发展壮大，为马克思主义中国化提供了土壤，同时培育出了与之一脉相承的其他红色革命精神。新时代，要牢牢把握老区精神的思想精髓，传承老区红色基因，发展老区革命文化，增加发展的原动力，为革命老区的新时期跨越

① 《深入实施军民融合发展战略 努力开创强军兴军新局面》，《人民日报》2015 年 3 月 13 日。

式发展提供强大的精神支持。当今时代，老区人民开拓创新、脱贫致富离不开老区精神的思想支持，老区精神也成为社会主义先进文化的思想来源和重要组成部分。

## 九　红旗渠精神

红旗渠精神是中国共产党领导下的人民群众在修建水利工程红旗渠过程中所形成的一种"自力更生、团结协作、无私奉献"的伟大奋斗精神，是中华民族的宝贵精神财富。在红旗渠修建过程中，人民群众面对恶劣的自然环境，始终以坚定不移的态度艰苦奋斗，为创造美好生活而不懈奋斗，铸就了伟大的红旗渠精神。红旗渠精神是红旗渠修建过程中的思想结晶，它以独立自主作为立足点，以艰苦创业、无私奉献为核心，以团结协作的集体主义精神为导向，将中华民族的勤劳勇敢、自强不息的优良传统发扬光大，同时也是当代中国人矢志不渝追求美好生活的生动体现。在社会主义现代化建设的今天，弘扬红旗渠精神对于弘扬中国精神、加强思想道德建设、培养人民艰苦奋斗的优良品格、提升党的执政能力、引领社会主义中国走向繁荣富强有着极为重要的意义。

## 十　大庆精神

大庆精神是20世纪60年代初大庆石油会战时期形成的一种为国奉献、为民争光、实事求是的爱国主义精神，也是中国精神的重要组成部分。大庆精神是在建设新中国初期形成的一种胸怀全国、为国为民的宝贵精神。其内涵包括：为国争光、为民族争气的爱国主义精神；独立自主、自力更生的艰苦创业精神；讲求科学、"三老四严"的科学求实精神；胸怀全局、为国分忧的奉献精神。大庆精神把爱国主义精神、艰苦创业精神、科学求实精神和无私奉献精神融为一体，在新中国的建设初期，为全国人民树立了榜样。在社会主义国家建设的征程中，大庆精神鼓舞着一代代中华儿女扎根基层、不怕苦累，为国家发展贡献自己的一份力。

## 十一　特区精神

特区精神是在改革开放这一伟大的历史背景之下，为了新中国的发展进步而建立经济特区从而产生的一种敢为人先的宝贵精神。特区精神随着特区的不断建设和发展而逐步完善、成形。狭义的"特区精神"是指深圳特区从建立到发展壮大过程中所展现出来的一系列敢想敢干的伟大精神，而广义的"特区精神"是指中国在改革开放以后所逐步建立的一系列"特区""新区""示范基地"等，在其建立过程中所生发出来的伟大精神。1980 年 8 月，深圳经济特区成立，到 2000 年 11 月，深圳经济特区经历了 20 周年，"特区精神"被高度概括为几大方面：在面对未知时所具有的"敢闯、敢冒、敢试、敢为天下先的改革精神"；为了生活"奋发有为、只争朝夕的创业精神"；为了理想"自立、自强、自信的拼搏精神"；遇到困难"团结友爱、扶贫济困的互助精神"；为了集体"诚实守信、廉洁奉公的奉献精神"；为了工作"爱岗敬业、健康文明的人文精神"；为了正义"公正严明、规范有序的法治精神"；为了自我价值提升"崇尚知识，完善自我的学习精神"；做事办事"公开透明的民主精神"；中国敞开国门"面向世界的开放精神"。① 这些精神共同构成了特区精神，将特区建设过程中的伟大精神淋漓尽致地展现出来。随着时间的推移和特区的不断发展，2010 年 5 月深圳市又将"特区精神"简要归纳为 7 个方面：敢闯敢试、敢为天下先的改革精神；海纳百川、兼容并蓄的开放精神；追求卓越、崇尚成功、宽容失败的创新精神；"时间就是金钱、效率就是生命""空谈误国、实干兴邦"的创业精神；不畏艰险、敢于牺牲的拼搏精神；团结互

---

① 黄超、叶明华：《"特区精神"再更新》，《南方日报》2010 年 5 月 24 日。

助、扶贫济困的关爱精神；顾全大局、对国家和人民高度负责的精神。①特区精神作为改革开放以来的一大重要精神，它随着改革开放的步伐不断发展和完善，新时期新时代，特区精神也已融入到"新区""示范基地"等的建设之中，如上海浦东新区、河北雄安新区等，这些"新区"的建设经验，正是来自深圳特区的建设，在特区精神的指引下而以最快的速度、高质量的发展迎接全新的面貌。特区精神是当代中国共产党人"敢想敢做"精神的结晶，是当代中华民族精神的高度凝练与升华，是当代中国人民精神的重要标识，是推动经济特区再创辉煌和改革开放再出发的强大精神动力。②特区精神为推动中国的改革开放事业，为美丽中国梦的实现注入了全新的活力。

## 第三节　先进模范人物彰显的伟大精神

### 一　张思德精神

张思德精神是指对张思德所说的话和他的事迹所表现出来的思想观念和道德品质从理论上进行概括而形成的一种"为人民服务"的伟大奉献精神，现在已经逐渐演变为由张思德名字命名的、与其具有类似精神品质的精神代表。张思德精神有着深刻的内涵，其基本内容为：为人民服务的精神，淡泊名利、不计个人得失，实干精神，本质是全心全意为人民服务。张思德虽然离开我们已经有70多年，但他的精神一直流传在中华大地，被人民所推崇，是中国精神的重要组成部分。无论是在新中国建设时期还是改革开放初期，乃至新时代的今天，张思德精神始终散发着光芒，为我国社会主义现代化建设步伐的推进提供着强大的精神动力。在社会经济飞速发展的今天，张思德精神

---

① 黄玲：《深圳年鉴 2011》，深圳市史志办公室，2011，第 18 页。
② 陈雷刚：《论特区精神的生成逻辑、基本内涵与时代价值》，《红色文化学刊》2020 年第 4 期。

对人民世界观、人生观、价值观的树立有很深刻的影响，能够帮助人们完善人格，提升个人品质，提高精神境界，成为一个爱党爱国、忠诚为民的人。面对社会主义事业的建设，党的各级领导干部、人民群众要以张思德同志为榜样，发扬其淡泊名利、不计个人得失、踏实肯干的实干精神，团结一心，克难攻坚，实现中国的高质量发展，从而最终实现共同富裕和共产主义的伟大理想。

## 二 焦裕禄精神

焦裕禄精神是以焦裕禄同志命名的、向焦裕禄同志学习的一种艰苦奋斗、无私奉献的伟大精神。焦裕禄精神的内容被习近平总书记亲切地概括为"亲民爱民、艰苦奋斗、科学求实、迎难而上、无私奉献"①。焦裕禄同志在河南省兰考县期间，扎根基层，以身作则，不惧艰险，廉洁奉公，勤政为民，把汗水挥洒在了兰考土地上，把伟大奉献精神献给了整个中国。习近平同志这样评价焦裕禄精神："过去是、现在是、将来仍然是我们党的宝贵精神财富，永远不会过时。"② 焦裕禄同志把中国共产党"全心全意为人民服务"的宗旨真正践行到了实际工作中，发扬了中国共产党"知难而进、迎难而上"的宝贵精神，成为中国人民的楷模。焦裕禄精神就如同一座屹立不倒的丰碑，影响着一代又一代中国人民。在兰考县工作期间，焦裕禄同志生活朴素、勤俭节约，带领兰考人民战天斗地，拼尽全力改善兰考县恶劣的地理环境和贫困面貌状况，在艰苦的奋斗中，对"内涝、风沙、盐碱"三害进行治理，取得了显著的成效，人民的生活水平也有所提高。因此，焦裕禄精神也是一种与自然环境斗争、改善生态环境的伟大精神。1964 年 5 月，焦裕禄同志因积劳成疾而病逝，享年 42 岁。焦裕禄的一生都在奋斗的道路上前行，他毕生将自己奉献给了新中国的建设事业，新时代，焦裕禄精神仍然是我们学

---

① 习近平：《做焦裕禄式的县委书记》，中央文献出版社，2015，第 38 页。
② 习近平：《做焦裕禄式的县委书记》，中央文献出版社，2015，第 38 页。

习和发扬的伟大精神，指引着我们不断向前，引导着社会主义事业的飞速发展。

## 三 雷锋精神

雷锋精神是指雷锋在工作过程中始终坚守岗位、无私无畏、为人民服务的，在实践中不断进步和发展的伟大革命奉献精神。20世纪，在毛泽东"向雷锋同志学习"的感召之下，雷锋所表现出来的伟大精神以其名字命名，雷锋精神经历半个世纪的发展逐步成形，并且已经融入到了中国精神之中，成为一种伟大的无私奉献精神，在中华大地上生根发芽，茁壮成长。随着时间的推移，当下也涌现出一系列像雷锋同志一样的劳动模范，如郭明义就被称为"当代雷锋"，他们在雷锋精神的感召下，不断学习，不断坚守，甘做一颗"永不生锈的螺丝钉"，把雷锋精神所体现出的"螺丝钉精神"发扬光大。正是有这样一代代"雷锋人"，中国才能逐渐变强，中华民族才能屹立于世界的东方。2014年3月5日，是一年一度的"学习雷锋纪念日"，习近平同志在给"郭明义爱心团队"的回信中阐述了雷锋精神的深刻内涵。他指出"雷锋精神，人人可学，奉献爱心，处处可为"①。不论何时何地，他认为"当有人需要帮助时，大家搭把手、出份力，社会将变得更加美好，"雷锋同志是普通的战士、劳苦大众，他希望"我国工人阶级应该为全社会学雷锋、树新风作出榜样，让学习雷锋精神在祖国大地蔚然成风；希望你们努力践行社会主义核心价值观，积极向上向善"，新时代，我们应该"从'赠人玫瑰、手有余香'中感受善的力量，以实际行动书写新时代的雷锋故事，为实现中国梦有一分热发一分光"，② 这样，新时代的号角才能被我们吹得更加响亮，华夏大地才能洒满温暖和力量。2014年3月11日，在第十二届全国人大二次会

---

① 《习近平给郭明义爱心团队的回信》，《人民日报》2014年3月5日。
② 覃正爱：《雷锋精神的伦理价值探析》，《马克思主义研究》2013年第9期。

议解放军代表团全体会议时，习近平曾提到雷锋精神，他强调"雷锋精神是永恒的，是社会主义核心价值观的生动体现"。并鼓励中国人民解放军"要做雷锋精神的种子，把雷锋精神广播在祖国大地上"。① 雷锋精神确实像一粒种子，无论革命年代，还是改革岁月，抑或是科技发展、人民幸福的今天，没有雷锋精神，就不可能有祖国如此飞快的发展，中华大地上正是有了数不清的"活雷锋"，中国的政治、经济、社会、文化等事业才能实现前所未有的腾飞。习近平指出："雷锋、郭明义、罗阳身上所具有的信念的能量、大爱的胸怀、忘我的精神、进取的锐气，正是我们民族精神的最好写照，他们都是我们'民族的脊梁'。"② 在新时代社会主义的历史背景之下，雷锋精神与时俱进，在新时代下注入了新的活力，表现出了新的内涵。我们要深入贯彻习近平新时代中国特色社会主义思想，把握机遇，狠抓落实，在党的十九大精神的照耀下，将新时代的雷锋精神与改革实践相结合，努力培养能担大任、干大事的时代新人。

## 四　铁人精神

铁人精神是对以王进喜为代表的一批石油工人在新中国的建设中所展现出的无私奉献的崇高精神和优良品质的高度概括。类似于王进喜一样的石油工人在新中国的建设中无私无畏，用自己的血汗和身体构筑起了一座座"堡垒"，加快了新中国的建设步伐。铁人精神的内涵被高度地概括为："为国分忧、为民族争气"的爱国主义精神；"宁可少活20年，拼命也要拿下大油田"的忘我拼搏精神；"有条件要上，没有条件创造条件也要上"的艰苦奋斗精神；"干工作要经得起子孙万代检查"

---

① 《最是深情励军心 习近平主席接见部分军队基层人大代表侧记》，《解放军报》2014 年 3 月 13 日。
② 《学习雷锋精神 听听习近平总书记的 10 句嘱托》，人民网，http://cpc.people.com.cn/xuexi/n1/2019/0305/c385474 - 30957918.html，最后访问日期：2021 年 8 月 5 日。

"为革命练一身硬功夫、真本事"的科学求实精神;"甘愿为党和人民当一辈子老黄牛",埋头苦干的奉献精神。铁人精神在大庆精神的基础上,被更为具体地展现在个人身上,包括"老黄牛精神""忘我拼搏的斗争精神"等,它们是新中国建设初期所有的劳动者、奉献者的写照。大庆精神和铁人精神作为"伟大的国家建设精神",在今天仍然激励着我们的基层工作者、劳动工人,踏踏实实站好每一班岗,为国家、为社会贡献自己的绵薄之力。2009 年 9 月 22 日,习近平在大庆油田发现 50 周年庆祝大会上指出:"大庆油田的开发建设,铸就了以'爱国、创业、求实、奉献'为主要内涵的大庆精神、铁人精神,造就了一支敢打硬仗、勇创一流的优秀职工队伍,涌现了铁人王进喜、新时期铁人王启民等不少在全国很有影响的先进典型,形成了团结凝聚百万石油人的强大精神动力,集中展现了我国工人阶级的崇高品质和精神风貌。大庆精神、铁人精神已经成为中华民族伟大精神的重要组成部分,永远是激励中国人民不畏艰难、勇往直前的宝贵精神财富。"① 大庆精神和铁人精神作为一种国家建设的时代精神,为中国的伟大劳动者树立了典范,新时期下,很多坚守岗位的劳模以及求真务实的大国工匠,在新时代社会主义现代化强国的道路上无私无畏、奋勇争先,为夺取中国社会主义事业的伟大胜利而拼搏奋进。

## 五 劳模精神

劳模精神是指由劳动模范所展现出来的"爱岗敬业、争创一流、艰苦奋斗、勇于创新、淡泊名利、甘于奉献"的伟大精神。劳模精神是社会主义精神文明建设的重要内容,是塑造良好社会氛围的精神动力。我国每年会出现国家级、省级、市级、县级等众多劳动模范,他们坚守在自己平凡的岗位上,踏实做事、默默付出,为社会贡献着自己的一份力,是全国人

---

① 《习近平出席大庆油田发现 50 年庆祝大会》,中国政府网,http://www.gov.cn/jrzg/2009 – 09/22/content_ 1423736. htm,最后访问日期:2022 年 1 月 26 日。

民的榜样。大力弘扬劳模精神，是社会健康发展的需要，是人们爱岗敬业、安定团结的必然选择，是新时期社会主义建设发展的助推剂。数千年的历史积淀和华夏文明的传承证明，劳模精神是中华民族优良品质的生动体现，是中华儿女勤劳勇敢的基因所在。劳动精神是指崇尚劳动、热爱劳动、辛勤劳动、诚实劳动的一种精神品质。中华民族自古以来就有着勤劳勇敢、热爱劳动的质朴精神，在朝代更替的历史岁月中，劳动精神无一不体现出中国人民的优良传统，正是劳动精神的存在，中国古人才能通过辛勤汗水，将长城、都江堰、大运河、故宫等留给我们，这是古人劳动与智慧的结晶，是中国数千年历史的见证。新时代劳动的精神弘扬，也将为中国特色社会主义事业的繁荣发展提供精神支撑。

工匠精神是指中国工匠在工作过程中所体现的一种"执着专注、精益求精、一丝不苟、追求卓越"的思想精神。在中国社会主义建设中，正是有了一个个大国工匠的存在，才能加速科技的进步，加快社会主义发展的步伐。工匠们坚守自己的岗位，用实际行动证明了中国人"求真务实"的优良品质，展现出了大国的发展水平，创造出了"中国速度"，为新世纪、新时代中国的飞速发展贡献出了极强的力量。

2020年11月24日，习近平在全国劳动模范和先进工作者表彰大会上的讲话中指出："劳模精神、劳动精神、工匠精神是以爱国主义为核心的民族精神和以改革创新为核心的时代精神的生动体现，是鼓舞全党全国各族人民风雨无阻、勇敢前进的强大精神动力。"[1] 劳模精神、劳动精神、工匠精神也将展现出不一样的姿态，为新时代中国社会的发展贡献强大的力量。

## 六　女排精神

女排精神是指中国女子排球队在比赛训练时所展现出来的不怕苦不怕

---

[1]　习近平：《在全国劳动模范和先进工作者表彰大会上的讲话》，人民出版社，2020，第4页。

累、坚持不懈、永争第一的伟大精神，其内涵主要为"扎扎实实，勤学苦练，无所畏惧，顽强拼搏，同甘共苦，团结战斗，刻苦钻研，勇攀高峰。"中国女子排球队在世界级的排球比赛中，最终取得了举世瞩目的成就，为国家、为人民争得了无上荣耀。这种精神也鼓舞着中国人民奋勇向前、迎难而上。2019 年，中国女排时隔多年再一次夺得女排世界杯冠军，这一壮举令国人为之振奋、为之骄傲，这是她们几年如一日训练的硕果，事实证明，付出终有回报。2019 年 9 月 29 日，习近平同志在致中国女排的贺电中将女排精神表示为：团结协作，顽强拼搏。① 随后在 9 月 30 日，习近平总书记在会见中国女排代表时，将女排的精神面貌概括为："祖国至上，团结协作，顽强拼搏，永不言败。"② 数十年来，中国女排队伍始终以其坚定的信念刻苦训练，以顽强的毅力夺得桂冠，成为中国体育精神的重要组成部分，女排精神将激励一代又一代女排队员为国争光，成为无数奥运健儿奋勇直前的精神力量，同样也将凝聚成中国人民团结一致、攻坚克难为实现中华民族伟大复兴而不懈奋斗的力量源泉。

## 七　企业家精神

企业家精神是指企业家在工作生活中所具有的独特的个人品质、价值取向以及思维模式的抽象表达，是对企业家理性和非理性逻辑结构的一种超越和升华。企业家精神也是企业家本人个人意识、思想理念、胆略气魄和风度魅力的展现。企业家精神是一种创新意识，蕴含着新思路、新策略、新产品、新市场、新模式、新发展；企业家精神是一种责任，包含着敬业、诚信、合作、学习；企业家精神同时也是一种品格，在面对突如其

---

① 《习近平致中国女排夺得 2019 年女排世界杯冠军的贺电》，百家号·新华网，https：//baijiahao. baidu. com/s？ id = 1646025906648285285&wfr = spider&for = pc，最后访问日期：2022 年 1 月 26 日。

② 《女排精神喊出时代最强音》，中国新闻网，https：//www. chinanews. com. cn/ty/2021/09 - 04/9558100. shtml，最后访问日期：2022 年 1 月 26 日。

来的事情时，拥有冒险精神，能够准确判断形势，果断决策，坚韧执着地克服困难；企业家精神又是一种价值观，能够创造利润、奉献爱心，从而回报社会；企业家精神更是一种文化修养，是企业家广博的知识、高尚的道德、丰富的想象力的集中体现。2021 年 7 月 21 日，习近平主持召开了企业家座谈会并发表了重要讲话，他深刻阐释了企业家精神的时代内涵和本质要求，提出了新时代弘扬企业家精神的要求，强调"企业家要带领企业战胜当前的困难，走向更辉煌的未来"①。在社会主义市场经济制度下，企业是经济发展的载体，企业家作为企业的领导者、经济活动的参与者、科技进步的推动者，是社会经济发展中的关键环节，需要审时度势，担当起社会主义市场经济向前发展的责任与使命。改革开放以来，以中国特色社会主义思想为指导的社会经济迅猛发展，离不开众多企业家的推动，其背后的企业家精神支撑着企业不断发展、壮大，为社会主义的发展提供了动力。新时代，企业家要培养更多的责任与担当，要传承传统的企业家精神，挖掘全新的企业家精神中所饱含的符合时代发展的价值体系，为夺取新的伟大胜利而贡献力量。

## 第四节　科技创新激荡的伟大精神

### 一　"两弹一星"精神

"两弹一星"精神是在新中国成立初期为提升我国军事水平、提高科技力量而进行的一系列科研活动中所形成的一种科学精神。1999 年 6 月，江泽民同志在表彰为研制"两弹一星"做出突出贡献的科技专家大会上，凝练地将"两弹一星"伟大精神概括为——热爱祖国、无私奉献，自力更

---

① 习近平：《在企业家座谈会上的讲话》，人民出版社，2020，第 5 页。

生、艰苦奋斗，大力协同、勇于登攀。①"两弹一星"精神的诞生，是中国对于埋头苦干、隐姓埋名的科技工作者数十年如一日艰苦奋斗的肯定。江泽民强调，"两弹一星"精神的核心是创新，"两弹一星"精神是时代的产物，也是时代给予的馈赠，在特殊年代发挥着重要的作用，激励着那个年代的科学家克服艰难险阻，勇攀高峰，在往后的日子里也激励着一代又一代的科研工作者攻克一个又一个的科技难关，在新的历史时期也将成为激励科学家为国奉献的永恒精神力量。"两弹一星"精神是民族精神和时代精神在特殊时期的生动体现，是伟大科学家们为中国人民所创造的伟大精神财富，是中国科学家的宝贵精神力量，对全面建成小康社会、建设社会主义现代化强国以及在新的历史时期完成"两个一百年"的奋斗目标都具有重要的推动作用。

## 二　载人航天精神

载人航天精神是指中国自主研制的神舟六号载人飞船在 2005 年 10 月顺利起飞并安全返航，从而逐渐孕育出来的伟大航天精神。中国载人航天精神是中国科学家历经多年逐步形成的伟大的科技探索精神，是一种攻坚克难、探索未知领域的伟大科学精神。"伟大的事业孕育伟大的精神，伟大的精神推动伟大的事业。"② 载人航天作为中国乃至全人类探索宇宙空间的一种伟大事业，承载着中国人民的期许，需要坚持不懈、勇于探索的伟大精神。载人航天精神拥有"特别能吃苦，特别能战斗，特别能攻关，特别能奉献"的丰富的内涵，从神舟六号开始，中国载人航天从探索阶段开始逐步趋于成熟，这是载人航天精神指引下的航天事业的伟大进步。当今时代，载人航天工程的发展进程已经逐渐成为一个国家综合国力的重要标志，发展载人航天已经是必不可少的一个国家建设的重要环节，而载人航

---

① 《江泽民论有中国特色社会主义（专题摘编）》，中央文献出版社，2002，第 396 页。
② 《胡锦涛文选》第 2 卷，人民出版社，2016，第 385 页。

天精神正是支撑这项伟大事业继续发展的不竭动力，伟大载人航天精神的发展需要航天科技工作者始终保持着敢于创新、锲而不舍的工作态度，坚持独立自主、团结协作的工作作风，在新时代的条件下，不断向更高的目标迈进。载人航天精神的大力弘扬，也为新时期国家建设，社会主义现代化强国的目标的实现贡献着应有的一份力。

## 三　探月精神

探月精神是中国科技工作者在探测月球工程上所生发出来的一种坚持不懈、持之以恒、实事求是的科学精神。2020 年 12 月 17 日，在祝贺探月工程嫦娥五号任务取得圆满成功的贺电中，习近平将伟大的探月精神深刻地概括为"追逐梦想、勇于探索、协同攻坚、合作共赢"。[①] 这是中国航天人"团结协作、探索未知"的伟大精神。嫦娥系列卫星的研发，中国探月工程师群策群力，把探月的进程从无到有，推向了一个新高度，这是他们"追逐梦想、勇于探索"的结果。当然，探月工程是航天工程的一部分，探月精神也是中国航天精神的一部分，新时代，中国的航天工作者夜以继日探索航天技术，从无人飞船到载人飞船，这一个个"航天梦""空间梦"的实现离不开一代代航天人刻苦钻研的日日夜夜，随着科技的更加进步，中国人的"航天梦""探月梦"也逐步实现，对月球乃至宇宙的了解也会更加深入，中国人民也会满载信心将探月精神、航天精神继续发扬光大，实现"九天揽月"的可能。

## 四　科学精神

科学精神是指科技工作者在探索未知世界、未知领域时所表现出的一

---

[①] 《习近平代表党中央、国务院和中央军委祝贺探月工程嫦娥五号任务取得圆满成功的贺电》，百家号·新华网，https：//baijiahao.baidu.com/s？id＝1686262392447850129&wfr＝spider&for＝pc，最后访问日期：2022 年 2 月 26 日。

种坚持不懈、锲而不舍、求真务实、勇于创新的伟大精神，是科学实现其文化职能的重要形式，也是一种坚定不移、执着追求的精神状态和思维方式。科学精神也是一种求真务实、开拓创新、实事求是的理性精神，蕴含丰富的内容，具体包括"批判和怀疑精神""创造和探索精神""实践和探索精神""平权和团队精神""奉献和人文精神"等，这些精神共同构成了科学精神，体现了科学精神的真谛。另外，实事求是是科学精神的核心，对待科学就需要保持严谨的态度，不能有半点马虎和"异想天开"，要始终扎根于现实生活，以理论知识为根基，开拓进取、勇于探索，才能取得科学事业的伟大成功。当今时代，科学的探索为社会的发展注入了新鲜的血液，加速着社会的进程，在未来的发展过程中，科学精神也必将扮演着一个举足轻重的角色，在新时期中国特色社会主义建设过程中，中国社会主义现代化强国的实现也必将会在科学精神的引领之下取得卓越的成效。

## 五　科学家精神

科学家精神是指科技工作者在长期的科学实践中积累起来的团结协作、追求真理的宝贵精神财富，是中国科技进步的推动力。在社会飞速发展的时刻，人类文明的演进过程中，科技的进步是起决定性作用的因素，科学技术是第一生产力，科学家精神能够鼓舞科学家在科研过程中坚持不懈、勇攀高峰，从而不断推动社会的发展。科学家精神是胸怀祖国、服务人民的爱国精神，勇攀高峰、敢为人先的创新精神，追求真理、严谨治学的求实精神，淡泊名利、潜心研究的奉献精神，集智攻关、团结协作的协同精神，甘为人梯、奖掖育学的育人精神。2020 年 9 月 11 日，习近平在北京召开科学家座谈会并发表重要讲话时强调："科学成就离不开精神支撑。科学家精神是科技工作者在长期科学实践中积累的宝贵精神财富。"①

---

① 习近平：《在科学家座谈会上的讲话》，人民出版社，2020，第 11 页。

科学家作为一个先进的群体，是由众多高级知识分子组成的，他们承担着国家科技创新和科学研究的重要任务，2019 年，中共中央办公厅、国务院办公厅印发的相关文件要求把科学家精神作为践行社会主义核心价值观的重要工作摆在议事日程上，这充分体现了科学家精神对于我国未来发展的重要性。新时代，面对复杂多变的国际环境，各国纷纷在科技上开展激烈竞争，因此，大力弘扬科学家精神，是未来中国得以立足发展的重要支撑，要在全社会上形成尊重知识、尊重人才、积极创新的社会氛围，倡导科学家崇尚科学、热爱科学、献身科学，鼓励科技工作者做科研成果的创造者、科技强国的奉献者、社会风尚的引领者，不断为社会主义的伟大事业积蓄力量。

## 六　新时代北斗精神

新时代北斗精神是指在建设北斗全球卫星导航系统过程中中国航天人所展现出来的"自主创新、开放融合、万众一心、追求卓越"一种精神状态，是中国航天人独立自主、艰苦奋斗的概括，其核心价值观是"以国为重"。新时代北斗精神也是北斗人不怕苦、不怕累的生动体现，是中国共产党领导下的航天人不忘初心、牢记使命的现实写照。它诠释着中华民族的"卫星定位"之路，是中华民族历史上闪耀的明星。北斗全球卫星导航系统是北斗人数十年如一日辛苦工作的结果，是中国倡导科技强国路上的一道璀璨的星火，是科技工作者勤劳与智慧的结晶，是强大中国向世界展示的磅礴力量，也标志着中国在航天领域的崭新突破，是社会主义航天事业发展过程中的一座丰碑。面对新时代、新形势，在中国共产党的领导下，新时代北斗精神必将以崭新的姿态继续鼓舞着科技工作者以及全国人民不断奋斗，中国也必将坚持走自主创新的发展道路，增强"四个意识"，坚持"四个自信"，做到"两个维护"，以奋发有为的精神状态，不负韶华的历史担当，实干兴邦的决心意志，开足马力，全面开创新时代中国特色社会主义伟大事业。

# 第五节　重大灾害磨砺的伟大精神

## 一　抗洪精神

抗洪精神是指在 1998 年夏我国发生特大洪水灾害期间，中国人民万众一心、众志成城战胜洪水灾害所产生的一种崇高精神。伟大抗洪精神被高度概括为："万众一心、众志成城、不怕困难、顽强拼搏、坚韧不拔、敢于胜利。"上至"大禹治水"，下至 2021 年郑州"7·20"特大洪水灾害，在任何历史时期，"洪水猛兽"都是中国人民的大敌，因此，伟大抗洪精神从古至今逐渐演变成了中华民族的一座丰碑。2020 年夏季汛期来临，我国多地出现强降雨并导致洪水灾害，然而，在以习近平同志为核心的党中央坚强领导下，各地区各部门各级领导干部秉承着"人民至上、生命至上"理念，党员干部和受灾群众始终站在一起、干在一起，在灾难面前汇聚起抗灾救灾的伟大力量，谱写出了一曲慷慨激昂、可歌可泣的抗洪壮歌。[1] 2021 年 7 月，中国河南省郑州市等地连降暴雨，导致交通瘫痪、铁路停运，当地很多居民被困洪水之中。在党中央的领导之下，迅速组织抢险救灾，全国各地企业、人民为河南省无偿捐献救灾物资，使得河南人民战胜了洪水猛兽，保障了生命财产安全，这也是伟大抗洪精神的时代延续，展现出"一方有难，八方支援"的大爱精神和集体主义精神，是中华儿女团结一致、无惧无畏的优良传统，也是中国人民走向复兴的重要支撑。

## 二　抗震救灾精神

抗震救灾精神是中国人民在汶川地震中形成的一种万众一心、众志成

---

① 柳絮：《众志成城的抗洪精神》，《新长征》2021 年第 6 期。

城的互助精神。在唐山大地震救灾斗争过程中，唐山人民团结友爱、沉着冷静，铸就了"公而忘私、患难与共、百折不挠、勇往直前"的"抗震精神"。在 2008 年汶川地震中，唐山大地震所展现出来的"抗震精神"被充分地展现出来，并且在"5·12"大地震灾后重建工作中得到了很好的延续，由此，"抗震救灾精神"得以确定。在汶川地震的救灾和灾后重建中，中国人民所展示出来的"万众一心、众志成城，不畏艰险、百折不挠，以人为本、尊重科学"的伟大精神被确认为抗震救灾精神的基本内涵。[①] 抗震救灾就是中华儿女团结一致面对自然灾害的重要体现，是中国人民强大凝聚力的集中体现，是中华民族无坚不摧、百折不挠精神的延续与传承。抗震救灾精神也必将对我们未来所面对的各种艰难险阻具有深刻的指导意义。

## 三 抗击"非典"精神

抗击"非典"精神是指 2003 年初，我国一些地区在抗击非典型肺炎的过程中，医务工作者以及中国人民所表现出的团结一致、攻坚克难的抗争精神。2003 年初发生的非典型肺炎疫情，是一场突如其来的重大灾害，给人民的生命财产安全带来了很严重的损害，在此期间，中国共产党员冲锋在前、勇挑重担，肩负起了与疾病作斗争的重任，人民群众团结一致、相互扶持，体现了浓浓的手足之情，医务工作者舍生忘死、前仆后继，展现出了救死扶伤的大无畏精神，科技工作者夙兴夜寐、全力攻关，用科技与病魔斗争，从而形成了伟大的抗击"非典"精神。在中国共产党的坚强领导下，中国人民最终战胜了疾病，把爱和温暖送到了中华儿女的身边。这次非典疫情，提升了中国人民的凝聚力，展现出了中国人民在灾难面前临危不惧、勇敢战斗的伟大精神。胡锦涛曾将抗击"非典"精神概括为"万众一心、众志成城、团结互助、和衷共济、迎难而上、敢于胜利"，这

---

① 《胡锦涛文选》第 3 卷，人民出版社，2016，第 126 页。

是对抗击"非典"精神最高度的概括。新时代，面对新冠肺炎等类似疫情，我们也要从抗击"非典"精神中提取精神价值，使中国人民拧成一股绳，为面对大灾大难而不懈奋斗，共同将灾难化为力量，从而展现中华民族超强的凝聚力和社会主义道路的正确选择。

## 四　抗疫精神

抗疫精神是中国人民在抗击新冠肺炎疫情期间所产生的一种与疾病顽强抗争、殊死拼搏的伟大时代精神。在这个与病毒殊死搏杀的过程中，中国人民从未退缩。习近平将抗疫精神的内涵深刻概括为："生命至上、举国同心、舍生忘死、尊重科学、命运与共。"[①] 新冠肺炎疫情面前，中国人民没有丢下任何一个人，医护人员不顾个人安危救死扶伤，外卖小哥、社区工作者把服务送到了家门口，还有千里奔来的医务工作者、援鄂医疗队等，这是中华儿女向心力、凝聚力的体现。习近平还阐释道："生命至上，集中体现了中国人民深厚的仁爱传统和中国共产党人以人民为中心的价值追求；举国同心，集中体现了中国人民万众一心、同甘共苦的团结伟力；舍生忘死，集中体现了中国人民敢于压倒一切困难而不被任何困难所压倒的顽强意志；尊重科学，集中体现了中国人民求真务实、开拓创新的实践品格；命运与共，集中体现了中国人民和衷共济、爱好和平的道义担当。大道不孤，大爱无疆。"[②] 伟大抗疫精神正是将生命放在第一位，面对突如其来的状况，全国人民一条心，把命运联系在一起，最终力克强敌，为人民树立了信心。习近平这样评价抗疫精神："伟大抗疫精神，同中华民族长期形成的特质禀赋和文化基因一脉相承，是爱国主义、集体主义、社会主义精神的传承和发展，是中国精神的生动诠释，丰富了民族精神和时代精神的内涵。"[③] 伟大抗疫精神是在特殊时期，中国人民自我团结、自发凝

---

① 习近平：《在全国抗击新冠肺炎疫情表彰大会上的讲话》，《求是》2020 年第 20 期。
② 习近平：《在全国抗击新冠肺炎疫情表彰大会上的讲话》，《求是》2020 年第 20 期。
③ 习近平：《在全国抗击新冠肺炎疫情表彰大会上的讲话》，《求是》2020 年第 20 期。

聚对抗疾病的伟大精神。疫情面前，中国人民同心聚力，始终听党指挥，在中国共产党的统一领导下，把握时机，凝神聚力，克艰克难，最后取得了抗疫战争的伟大胜利，这种伟大的抗疫精神油然而生，载入史册，必将指引我们取得完全的胜利。2020 年突袭而至的新冠肺炎疫情，虽然给我们国家乃至全世界造成了重大的损坏，但在这个时刻，中国人民冷静思考、沉着应对，为全世界树立了榜样。当然，在这一切的背后，是中国人民在疫情期间所形成的伟大抗疫精神的支持。疫情危急，不仅仅是对中国的社会主义制度的重重考验，也是对中国共产党在突发大事件中所表现出来的临危不乱的执政能力的一次检验。在中国共产党的正确领导之下，在华夏文明的浸润之下，中国人民以其坚韧不拔、顽强拼搏的优良品格，同舟共济、众志成城的宝贵内质，仁民爱物、家国天下的高尚情怀，在这场没有硝烟的战争中，取得了阶段性的胜利，深刻展现出了中华民族的精神气质。伟大抗疫精神在这场战争中应运而生，在短时间内迅速形成，成为带领中国人民战胜疾病、抗击病毒的内在动力。某种程度上，伟大抗疫精神也与中华民族的价值禀赋和精神基因一脉相承，凸显了中华民族的伟大气质，也为坚持"四个自信"的理论思想提供了宝贵的现实依据，在新时代丰富了民族精神和时代精神的精神内涵。伟大抗疫精神的诞生，也极大地增强了中华民族的民族自信心和民族凝聚力。中国作为世界上四大文明古国之一，是唯一一个文化传承丰富但却没有中断过的国家，它在历史中不断发展，从而逐渐成为增强中华民族价值认同感和精神认同感的沃土。同样，伟大抗疫精神的出现，成为中华民族价值认同和精神认同的一部分，增强了中国人民的文化自信，为中国人民的崛起和中华民族伟大复兴创造了精神条件。人类文明史本就是一部与疾病斗争、与瘟疫搏杀的历史，历史中"霍乱""鼠疫""天花"等，无一不对人类的生存和发展产生巨大威胁，但在人民的齐心协力之下，最终都将病魔战胜，继续人类伟大的事业，"道路"虽"曲折"，但"前途"却"光明"。伟大抗疫精神与伟大抗洪精神、伟大抗震救灾精神一起构筑起中国精神的精神谱系，成为中国人民的精神家园。伟大抗疫精神之所以能够成为中国人民疫情期间的精神之源，生发出坚不可摧的力量，是因为"它不是在每个时代中寻找某种范畴，而是始终站在现实历史的基础上，不是从观念出发来解释实践，而是从物质实践出发来解释各种观念形态。"① 伟大抗疫精神凝聚起了中国人民的价值共识和团结意识，凸显了中国共产党的强大领导能力和社会主义制度的优越性。习近平认为："抗疫斗争伟大实践再次证明，中国共产党所具有的无比坚强的领导力，是风雨来袭时中国人民最可靠的主心骨。"② 在特定的历史时期中，伟大抗疫精神增强了道路自信、理论自信、制度自信和文化自信，提升了民族自豪感，为中国的崛起和民族的复兴道路奠定了坚实的基础。伟大抗疫精神的出现也体现了人民主体性的历史地位。自古以来，有云"水能载舟，亦能覆舟"，亦有云"民惟邦本，本固邦宁"，也有"人民史历史的创造者"和"一切为了人民，一切依靠人民，一切服务人民"，在疫情期间，中国共产党始终把人民放在第一位，哪怕付出再大的代价，也要救死扶伤，保障人民的生命安全，与世界上某些国家"群体免疫""消极防疫"的态度形成了鲜明的对比，因为中国共产党的宗旨就是"为人民服务""为人民谋福利"。在新冠肺炎疫情期间，中国人民团结一致、共抗疫情，这一次伟大的实践再一次升华了以人民为中心的思想理念，形成了"生命至上、舍生忘死、举国同心"的价值观。就像习近平所指出的那样："这是中国共产党执政为民理念的最好诠释！这是中华文明人命关天的道德观念的最好体现！这也是中国人民敬仰生命的人文精神的最好印证！"③

---

① 《马克思恩格斯选集》第 1 卷，人民出版社，2012，第 172 页。

② 习近平：《在全国抗击新冠肺炎疫情表彰大会上的讲话》，《人民日报》2020 年 9 月 9 日。

③ 习近平：《在全国抗击新冠肺炎疫情表彰大会上的讲话》，《人民日报》2020 年 9 月 9 日。

第五章

# 中国精神的教育

习近平指出："教育决定着人类的今天，也决定着人类的未来。人类社会需要通过教育不断培养社会需要的人才，需要通过教育来传授已知、更新旧知、开掘新知、探索未知，从而使人们能够更好认识世界和改造世界、更好创造人类的美好未来。"① 面对严峻复杂的国际国内形势，要化解各种风险挑战要靠教育，只有教育人民，才能团结起来共渡难关。要传承和弘扬中国精神离不开教育，只有进行教育才能使中华民族的伟大精神一代代传下去。民族的未来要靠教育，用教育提高全民族的素质，把人口优势变成人才优势，把人力资源变成人才资源。让一代代年轻的中国人，高扬起中华民族伟大的民族精神和时代精神。

---

① 《习近平关于社会主义社会建设论述摘编》，中央文献出版社，2017，第47页。

# 第一节　中国精神的学校教育

"学校是有目的、有计划、有组织并系统地开展教育活动的专门机构。"① 学校是教育的主要场所，学校教育在传承中国精神中发挥着独特作用。学校里可以有目的、有组织、有计划、有系统地开展中国精神教育，为中国精神教育提供最好的条件。传承中华民族精神，弘扬改革创新的时代精神是当代中国教育的时代使命。学校教育要把中国精神的相关内容融入课程，广泛开展关于中国精神的知识教育、审美教育、体育教育、道德教育、劳动教育。

## 一　知识教育

"教育在一定意义上可以理解为是借助知识的传授，将人类所积累起来的物质文明和精神文明成果内生为新生一代的文化心理素质，并通过操作和训练，养成受教育者符合社会要求的行为模式。因此文化科学知识可以视为贯穿整个教育过程最确定的内容。全面发展教育的组成部分中，没有哪一部分不是以知识的授受为媒介来对学生实施教育的。可以说，离开了知识就没有教育。"② 中国精神的教育，需要借助知识的教育，让学生通过知识的学习，掌握关于中国精神的科学文化知识，为继承弘扬中国精神奠定知识基础。

一是人类各种知识和文化教育。中国特色社会主义进入新时代，中华民族日益走近世界舞台的中央，在国际上扮演着举足轻重的角色。身为大

---

① 《教育学原理》编写组：《教育学原理》，高等教育出版社，2019，第192页。
② 王坤庆、岳伟：《教育哲学简明教程》，华中师范大学出版社，2011，第182页。

国公民首先要懂得世界大势，自觉肩负起中华民族伟大复兴的历史使命和构建人类命运共同体的历史使命。习近平指出："教育应该顺此大势，通过更加密切的互动交流，促进对人类各种知识和文化的认知，对各民族现实奋斗和未来愿景的体认，以促进各国学生增进相互了解、树立世界眼光、激发创新灵感，确立为人类和平与发展贡献智慧和力量的远大志向。"① 身为今天的中国人，不懂得人类的各种知识和文化不行，要弘扬中国精神，要实现中华民族伟大复兴，必须有现代知识。通过教育，学习现代知识，了解世界各国的文化，就能更好地认识本国文化，更好地与外国人友好往来取长补短，从而在国际交往中展现中国的良好国际形象，展示中国精神的时代魅力。

二是关于各种文明价值的教育。"人类在漫长的历史长河中，创造和发展了多姿多彩的文明。从茹毛饮血到田园农耕，从工业革命到信息社会，构成了波澜壮阔的文明图谱，书写了激荡人心的文明华章。"② 人类的各种文明是丰富多彩的，也是平等和包容的。各种文明通过交流互鉴而受益。中华文明在发展形成过程中，也受益于世界各种文明。在学校开展关于各种文明价值的教育，让人类文明的营养滋养人们的精神世界，有利于更好弘扬中国精神，增强中国力量，使中华文明持续发展。习近平曾经在联合国教科文组织总部的演讲中指出："我们要积极发展教育事业，通过普及教育，启迪心智，传承知识，陶冶情操，使人们在持续的格物致知中更好认识各种文明的价值，让教育为文明传承和创造服务。"③ 中华民族在漫长的历史长河中，为人类贡献了丰富的物质文化和精神文化，是世界各种文明发展的重要参照和交流借鉴对象。中国精神是全人类的共同财富。开展关于各种文明价值的教育既是认识其他文明的价值，也是认识自身文明的价值；既是传承世界文明，也是传承中华文明，因为中华文明是世界

---

① 《清华大学苏世民学者项目启动仪式在京举行》，《光明日报》2013年4月22日，第1版。
② 《习近平谈治国理政》，外文出版社，2014，第258页。
③ 习近平：《出席第三届核安全峰会并访问欧洲四国和联合国教科文组织总部、欧盟总部时的演讲》，人民出版社，2014，第16页。

文明不可或缺、举足轻重的重要组成部分。有了关于世界各种文明的认识，坚定中国特色社会主义文化自信和文明自信就有了理性的基础。

三是中华优秀传统文化教育。文化是民族的精神血脉。离开了中华民族的文化，中国精神就无从谈起。正是中华文化孕育了伟大的中国精神。中国精神是中华文化之中的精华部分。开展中国精神的教育，中华优秀传统文化教育必不可少。用中华优秀传统文化滋养学生的心田，哺育他们成长，中国精神就会在学生的精神世界里生根发芽，中华民族的精神血脉就会代代相传，流传久远。习近平指出："要把中华优秀传统文化教育作为固本铸魂的基础工程，贯穿人才培养全过程。要深入挖掘和阐发中华优秀传统文化中讲仁爱、重民本、守诚信、崇正义、尚和合、求大同的时代价值，转化为学生价值观教育的丰富营养，积淀学生文化底蕴，提升学生文化素养。要在提炼、转化、融合上下功夫，让收藏在馆所里的文物、陈列在大地上的遗产、书写在古籍里的文字成为教书育人的丰厚资源，让学生在底蕴深厚的课程教材中、在参观名胜古迹的亲身体验中，了解中华文化变迁，触摸中华文化脉络，感受中华文化魅力，汲取中华文化精髓，让中华优秀传统文化基因一代代传承下去。"①

四是马克思主义理论教育。马克思主义是改变世界的真理。中华民族伟大复兴需要马克思主义的理论指导。马克思主义为中华民族注入了生机和活力。自从有了马克思主义的指导，中国人民和中华民族的面貌就焕然一新。马克思主义也为中国精神注入新的内容。在当代中国，马克思主义直接成为中国精神的重要来源。开展中国精神教育，必须加强马克思主义理论教育，用马克思主义武装学生的头脑，使他们成为社会主义事业的建设者和接班人，成为担负中华民族伟大复兴重任的时代新人。这是社会主义不变质的保证，也是中华民族伟大复兴的保证。习近平指出："要抓好马克思主义理论教育，深化学生对马克思主义历史必然性和科学真理性、理论意义和现实意义的认识，教育他们学会运用马克思主义立场观点方法

---

① 《十九大以来重要文献选编》上，中央文献出版社，2019，第650页。

观察世界、分析世界，真正搞懂面临的时代课题，深刻把握世界发展走向，认清中国和世界发展大势，让学生深刻感悟马克思主义真理力量，为学生成长成才打下科学思想基础。"①

## 二 道德教育

中国精神是一种大德，一种崇高的道德精神。开展中国精神教育实质上就是一种道德教育，用中华民族优秀的道德培养担当民族复兴重任的时代新人，把中华民族对道德的坚守与信仰代代相传，让爱国主义、集体主义的优良传统薪火相传，让马克思主义的理想信念焕发新的光彩。

一是加强爱国主义教育。中国精神最核心的就是爱国主义精神。爱国主义是中华民族伟大复兴生生不息的强大精神动力。开展中国精神教育，必须把爱国主义教育放在突出位置。培育爱国主义精神和爱国主义情操。习近平强调："要把爱国主义教育贯穿国民教育和精神文明建设全过程。要深化爱国主义教育研究和爱国主义精神阐释，不断丰富教育内容、创新教育载体、增强教育效果。要充分利用我国改革发展的伟大成就、重大历史事件纪念活动、爱国主义教育基地、中华民族传统节庆、国家公祭仪式等来增强人民的爱国主义情怀和意识，运用艺术形式和新媒体，以理服人、以文化人、以情感人，生动传播爱国主义精神，唱响爱国主义主旋律，让爱国主义成为每一个中国人的坚定信念和精神依靠。"② 在学校教育中，爱国主义要持续深入地开展，久久为功，夯实中国人做人的基础。有了爱国主义的精神底蕴，一个人做人做事就有了底气和骨气。

二是加强理想信念教育。习近平 2018 年 9 月 10 日在全国教育大会上的讲话中指出："要在坚定理想信念上下功夫。社会主义建设者和接班人，定语就是'社会主义'，这是我们对培养什么人的本质规定。我们培养的

---

① 习近平：《在北京大学师生座谈会上的讲话》，人民出版社，2018，第 6 页。
② 《习近平关于社会主义文化建设论述摘编》，中央文献出版社，2017，第 128 页。

人，必须树立共产主义远大理想和中国特色社会主义共同理想。没有这一条，培养社会主义建设者和接班人就不成立了。现在的青少年长期生活在和平环境之下，没有体验过民族生死存亡的苦难，没有经历过血与火的考验，没有参加过艰难困苦的奋斗，人生阅历很有限。如果不加以正确引导和长期教育，难以树立正确理想信念，甚至可能走偏。要在学生中加强中国历史特别是中国近现代史、中国革命史、中国共产党史、中华人民共和国史、中国改革开放史等的教育，坚持不懈培育和弘扬社会主义核心价值观。只有社会主义才能救中国，只有坚持和发展中国特色社会主义才能实现中华民族伟大复兴。要给学生讲清楚这被实践证明了的历史逻辑和现实逻辑，增强学生的中国特色社会主义道路自信、理论自信、制度自信、文化自信，不被任何干扰所惑，立志肩负起民族复兴的时代重任。"①

三是加强集体主义教育。在我国，集体主义是处理个人与集体、个人与社会关系的基本准则。集体主义要求既尊重个体的合理诉求和利益需求，又兼顾集体利益。在个人利益与集体利益发生冲突时，要以国家和人民的利益为重。必要时，个人利益要服从国家和人民利益，为国家和人民利益让路。集体主义是当代中国精神的重要内容。开展集体主义教育，培养社会公德，养成为国为民的高尚情怀，从而让中国精神教育取得良好的效果。

## 三　体育教育

体育关系人民身体健康，关系人民体质强弱，关系国力发展。只有体格强健的人民，才有强大的国家精神。把中国精神教育灌注于体育教育之中，培育体格强健的人民，从而为中国精神的发展打下良好的物质基础。

一是体育精神教育。一个国家的精神也常常表现于体育精神之中。体育经常能够激发民族的自信心和自豪感。中华体育精神是中国精神的重要

① 《十九大以来重要文献选编》上，中央文献出版社，2019，第648~649页。

组成部分，激励着人们强身健体、报效祖国。中国女排在 20 世纪 80 年代，三次夺冠，向世界展示了中国精神、中国力量、中国价值，创造了拼搏奉献、爱国团结的女排精神，激发了全国人民的爱国热情。像这样的体育精神需要一代代传下去。要把中华体育精神和女排精神融入学校教育，激发青少年的爱国情怀。

二是体育文化教育。中国有着悠久的体育文化传统，尤其是中华武术文化源远流长。早在原始社会就有了武术的萌芽，在与自然作斗争的过程中，面对野兽对生命的威胁，人们发展了搏斗的技术以应对猛兽的攻击，保护部落和个体的安全。其后中华武术文化不断发展，不断创造新的武术技能和工具，还发展了武德思想，强调习武要以保家卫国、健身强体为目标，反对把习武变成恃强凌弱的工具。中国体育文化之中蕴含了丰富的中国精神资源，是开展中国精神教育的重要精神资源。

三是体育技能教育。体育技能包含了强身健体的具体方法，掌握一定的体育技能对于提高身体素质有所帮助。开展体育技能教育，培养体育习惯，提升国民身体素质，能够振奋人民的精气神。健康的身体是健康的精神的保证。

## 四　审美教育

中国人自古以来就重视美育，早在孔子的时代，思想家们就对美育提出了很高的要求。孔子提出："《诗》，可以兴，可以观，可以群，可以怨。迩之事父，远之事君，多识于鸟兽草木之名。"用诗歌艺术来陶冶人们的道德情操，有利于社会和谐。新时代审美教育，要弘扬中华美育精神，让中华美学成为青年一代健康成长的基石。习近平指出："美是纯洁道德、丰富精神的重要源泉。没有美的滋养的人生必然是单调的、干涸的人生……如果青少年的精神世界没有童话、歌谣和大自然的云彩、花朵、鸟叫虫鸣，如果青少年的心灵世界没有动人的音符和丰富的颜色，如果青少年没有艺术爱好和艺术修养，不可能全面发展。要全面加强和改进学校美育，配齐配好美育教师，坚持以美育人、以文化人，提高学生审美和人文素养。"①

一是审美认知教育。在中华民族的发展过程中积淀了无数美的形象，这些美学符号，是中国人审美的起点，塑造了中国人的审美品位，这些美学符号承载着中国精神的审美追求，体现了中国精神美的向度。例如巍峨的泰山、壮丽的华山、险峻的黄山、惊涛拍岸的长江、波澜壮阔的黄河，这些名山大川的图像承载了中国精神的审美意象。又如王羲之的书法、顾恺之的图画、敦煌的石窟，这些艺术珍品凝聚了中国精神的审美艺术。通过对中国精神的美学符号的传递，让学生感知中国精神的美的具体形象，获得切身直观的感受，从而为培养中华美学修养奠定基础。

二是审美认同教育。让学生认同中国精神的审美内涵，从情感上受到触动，感受到祖国河山的壮美、祖国文化的秀美、祖国同胞的柔美，感受到精神的震撼和灵魂的涤荡，深深为祖国和人民的光荣历史和美好未来陶醉，体会到大美的中国、大美的中国文化、大美的中国人民。

三是审美信仰教育。蔡元培提出"以美育代替宗教"就是看到了美之信仰的重要意义。审美信仰可以代替宗教抚慰人心，发挥怡情悦性的社会功能。通过中国精神之审美精神、美学伦理的熏染，让学生感受到美的召唤，让对真善美的信仰植根于学生的心中。让中国精神之美成为学生的审美信仰，牢固树立中国人的审美趣味，让中国优秀传统艺术和审美情趣代代相传。

## 五　劳动教育

"劳动可以树德、可以增智、可以强体、可以育美。"② 中华民族自古

---

① 《十九大以来重要文献选编》上，中央文献出版社，2019，第652页。
② 《十九大以来重要文献选编》上，中央文献出版社，2019，第653页。

以来就崇尚劳动，依靠勤劳的双手创造了辉煌的物质文明和精神文明。劳动也是立德树人的必由之路，在劳动中可以体会到用辛勤的汗水创造美好生活的自豪感、荣誉感。要在劳动教育中传承中华民族勤劳的民族性格，培育年青一代艰苦奋斗的生活品质，让人们用勤劳的双手去创造中华民族辉煌的明天。将中国精神教育融入劳动教育很有必要。

一是中华民族的优良劳动传统教育。中国人民热爱自己的祖国，用勤劳的双手在这片土地上披荆斩棘、筚路蓝缕，在创造了辉煌文明的同时留下了热爱劳动的优良传统。早在先秦时期，中国古人就大量论及劳动，例如《国语》里面记载，文伯下朝回家，见到母亲在纺织劳动，表示反对，认为自己是大臣身居高位，而母亲依然参加纺织劳动是丢人，结果被母亲教训一顿。母亲教育他，各行各业的人都各有职分，不论男女都需要劳动才能创造幸福生活，"男女效绩，愆则有辟。古之制也。"①如果不劳动，就会变得放荡，最后没有好结果。这个故事流传千古，教育了一代代中国人。中华民族热爱劳动的优良传统需要一代又一代传承下去，这是中华民族的宝贵精神财富。要用中华民族的优秀劳动传统教育子孙后代热爱劳动、热爱生活、热爱创造，弘扬艰苦奋斗精神，建功立业新时代。

二是劳动技能教育。让学生学会基本的劳动技能，从大处说可以为社会做贡献，从小处说也是学生安身立命的根本。一个人只有拥有劳动技能才能立足社会，实现自己的人生价值。一方面，要加强基本的生活劳动技能教育，让学生们能够用自己的双手解决自己的基本生活问题，自己能够照顾自己的生活，而不是四体不勤、衣来伸手、饭来张口。另一方面，要加强专业性劳动技能训练，提高学生在社会上的工作本领，能够用双手为社会创造物质财富和精神财富，获得社会的认可。"要采取适应当前环境和条件的有效措施，加强劳动教育，组织好形式多样的劳动实践，让学生在实践中养成劳动习惯，学会劳动、学会勤俭。这是强国富民的大事，教

---

① （清）吴楚材、吴调侯编《精校评注古文观止》，王文濡校勘，中华书局，2018，第82页。

育部门同其他部门要一起研究、拿出措施，切实抓起来。"①

三是劳动品格教育。劳动最光荣，劳动最伟大。劳动的品格孕育着其他多种优良品格。培育中国精神不能脱离现实的劳动和生活，劳动是中国精神培育的深厚土壤。习近平 2018 年 9 月 10 日在全国教育大会上的讲话中指出："现在，一些青少年中出现了不珍惜劳动成果、不想劳动、不会劳动的现象。要在学生中弘扬劳动精神，教育引导学生崇尚劳动、尊重劳动，懂得劳动最光荣、劳动最崇高、劳动最伟大、劳动最美丽的道理，长大后能够辛勤劳动、诚实劳动、创造性劳动。"② 要在劳动教育中弘扬精益求精的工匠精神，敬业乐群的奉献精神，教育引导学生树立劳动光荣的价值观，劳动创造幸福生活的奋斗观，劳动最伟大的人生观，劳动创造世界的世界观，培育良好的劳动品格，成为社会主义劳动者。

# 第二节　中国精神的社会教育

意识形态宣传教育是中国精神教育的重要渠道。习近平指出："意识形态关乎旗帜、关乎道路、关乎国家政治安全。各级党委和宣传思想部门、组织部门、教育部门要加强领导和管理，党报党刊党网、党政干部院校、大专院校要强化政治意识、责任意识，在重大问题上与党中央保持高度一致，绝不允许与中央唱反调，绝不允许吃共产党的饭、砸共产党的锅。要高度重视苗头性、倾向性问题，打好主动仗，防患于未然。要弘扬主旋律，加强正面引导，用中国特色社会主义理论体系引导舆论，用社会主义核心价值观凝聚人心。"③ 要为中国精神的社会传播营造良好的舆论氛围，构建积极的社会风气，打造清朗的网络空间。

---

① 《十九大以来重要文献选编》上，中央文献出版社，2019，第 653 页。
② 《十九大以来重要文献选编》上，中央文献出版社，2019，第 653 页。
③ 《习近平关于社会主义文化建设论述摘编》，中央文献出版社，2017，第 35～36 页。

## 一　营造良好的舆论氛围

舆论是影响社会发展和个人成长成才的重要力量。中国精神的塑造，离不开舆论氛围的烘托。习近平指出："党的新闻舆论工作是党的一项重要工作。做好党的新闻舆论工作，事关旗帜和道路，事关贯彻落实党的理论和路线方针政策，事关顺利推进党和国家各项事业，事关全党全国各族人民凝聚力和向心力，事关党和国家前途命运。"① 做好新闻舆论工作，营造一个良好的舆论氛围，有利于中国精神的传播和弘扬，有利于激发全体中华儿女的爱国热情和建设社会主义现代化强国的奋斗热情。

一是加强党管媒体原则。古往今来，新闻舆论工作都是治国理政的大事，关系国泰民安，关系民族兴旺。中国共产党人历来重视新闻舆论工作，把新闻舆论工作当作革命、建设和改革的有力武器。习近平指出："要坚持党管媒体原则不动摇，坚持政治家办报、办刊、办台、办新闻网站，加强马克思主义新闻观教育。宣传思想工作者要增强党的意识，尽职尽责为党和人民事业服务。坚持什么、反对什么，说什么话、做什么事，都要符合党的要求，过得硬、靠得住，真正做到'千磨万击还坚劲，任尔东西南北风'。"② 首先，坚持党对舆论工作的全面领导。不论是党报党刊这样的传统媒体，还是微博、微信等新兴媒体，都必须接受党的领导，没有哪个媒体能够不接受党的领导，尽管领导的方式会有所不同，但是接受党的领导是无条件的、必须的。无论时代风云怎样变幻，舆论工作领导权必须牢牢掌握在党的手中。其次，各级各类媒体都必须宣传党的政策主张。不仅党报党刊要无条件地宣传党的主张，各类媒体都必须无条件宣传党的主张，宣传中国精神，振奋全体人民的精气神。"党的新闻舆论媒体

---

① 《习近平谈治国理政》第 2 卷，外文出版社，2017，第 331~332 页。
② 《习近平关于社会主义文化建设论述摘编》，中央文献出版社，2017，第 25 页。

的所有工作，都要体现党的意志、反映党的主张，维护党中央权威、维护党的团结，做到爱党、护党、为党。"① 各级各类新闻媒体决不允许传播与党的主张相悖的错误思想。

二是加强正面宣传。要为弘扬中国精神营造良好的舆论氛围，就必须加强正面宣传。习近平指出："团结稳定鼓劲、正面宣传为主，是党的新闻舆论工作必须遵循的基本方针。做好正面宣传，要增强吸引力和感染力。"② 团结稳定是我们做好各项工作的基础，也是新闻舆论工作的重要目的。正面宣传是为了调动各方面的积极性、主动性，凝聚起攻坚克难的强大力量。首先，要反映社会发展中积极向上的主流。改革开放以来，我国经济社会飞速发展，新生事物层出不穷，人民群众中涌现的先进典型和模范人物也层出不穷。总体而言，我国社会健康发展，人民生活水平不断提高，这是社会的主流，新闻舆论要对此予以积极关注，更多地把整个时代积极向上的氛围反映出来，把国家民族蓬勃向上的态势彰显出来，以强劲的正面宣传报道弘扬主旋律，丰富人们的精神世界。其次，要克服宣传报道中存在的问题和不足。"要坚决克服有些宣传报道脱离生活、不接地气、同群众贴得不够紧的问题，坚决克服一味迎合市场带来的低俗化现象。"③宣传报道要紧贴时代潮流，紧贴人民需求，紧贴现实生活，不能悬在空中、挂在纸上，要让人民群众有获得感、幸福感、满足感。

三是坚持舆论斗争。习近平指出："坚持正面宣传为主，决不意味着放弃舆论斗争。敌对势力在那里极力宣扬所谓的'普世价值'。这些人是真的要说什么'普世价值'吗？根本不是，他们是挂羊头卖狗肉，目的就是要同我们争夺阵地、争夺人心、争夺群众，最终推翻中国共产党领导和中国社会主义制度。"④ 首先，要敢字当头，勇于开展舆论斗争。"要敢抓敢管，敢于亮剑，着眼于团结和争取大多数，有理有利有节开展舆论斗

---

① 《习近平谈治国理政》第 2 卷，外文出版社，2017，第 332 页。
② 《习近平谈治国理政》第 2 卷，外文出版社，2017，第 333 页。
③ 《习近平关于社会主义文化建设论述摘编》，中央文献出版社，2017，第 26 页。
④ 《习近平关于社会主义文化建设论述摘编》，中央文献出版社，2017，第 27 页。

争，帮助干部群众划清是非界限、澄清模糊认识。对那些恶意攻击党的领导、攻击社会主义制度、歪曲党史国史、造谣生事的言论，一切报刊图书、讲台论坛、会议会场、电影电视、广播电台、舞台剧场等都不能为之提供空间，一切数字报刊、移动电视、手机媒体、手机短信、微信、博客、播客、微博客、论坛等新兴媒体都不能为之提供方便。"① 其次，要主动发声，积极回应社会关切，传播主流权威声音。长期以来，党带领人民建设伟大祖国，取得了辉煌成就，中国人民为世界文明进步事业做出了卓越贡献。尽管如此，在国际社会，还是被很多人误解、污蔑，一个重要原因就在于我们仅仅只是做了好事，而没有把我们做的事说出来。并且，许多污蔑我们的言论也长期没有得到纠正，以讹传讹，结果我们反倒是有理说不出。因此，我们必须主动发声，讲好中国故事，用权威的言论反驳那些污蔑我们的奇谈怪论，以正视听。

四是增强阵地意识。中国精神的宣传思想阵地必须牢牢坚守，确保始终掌握在党和人民手中。习近平指出："我们的同志一定要增强阵地意识。宣传思想阵地，我们不去占领，人家就会去占领。我看，思想舆论领域大致有三个地带。第一个是红色地带，主要是主流媒体和网上正面力量构成的，这是我们的主阵地，一定要守住，决不能丢了。第二个是黑色地带，主要是网上和社会上一些负面言论构成的，还包括各种敌对势力制造的舆论，这不是主流，但其影响不可低估。第三个是灰色地带，处于红色地带和黑色地带之间。对不同地带，要采取不同策略。对红色地带，要巩固和拓展，不断扩大其社会影响。对黑色地带，要勇于进入，钻进铁扇公主肚子里斗，逐步推动其改变颜色。对灰色地带，要大规模开展工作，加快使其转化为红色地带，防止其向黑色地带蜕变。这些工作，要抓紧做起来，坚持下去，必然会取得成效。"② 红色地带是中国精神宣传教育的主阵地，必须不断巩固扩大。黑色地带是历史虚无主义的生长带，必须坚决清理，

① 《习近平关于社会主义文化建设论述摘编》，中央文献出版社，2017，第 27～28 页。
② 《习近平关于社会主义文化建设论述摘编》，中央文献出版社，2017，第 30～31 页。

不断缩小其生存空间。灰色地带既有可能为中国精神的宣传教育出力，也可能被历史虚无主义的虚假宣传利用，要加大工作力度，加大中国精神宣传教育在其中所占的比例。

五是加强正确舆论导向。舆论导向对于社会风气具有很大影响。新闻媒体宣传什么，报道什么，鼓励什么，支持什么，会对社会行为具有很大导向作用，指引社会行为规范。新闻媒体要善用自身巨大的传播力、引导力、影响力、公信力，做好社会舆论的把关人和引路人，牢牢坚守正确的舆论导向。习近平强调："牢牢坚持正确舆论导向。舆论导向正确，就能凝聚人心、汇聚力量，推动事业发展；舆论导向错误，就会动摇人心、瓦解斗志，危害党和人民事业。这一点，全党同志特别是新闻舆论战线的同志要时刻牢记。要坚持以正确舆论引导人，做到所有工作都有利于坚持中国共产党领导和我国社会主义制度，有利于推动改革发展，有利于增进全国各族人民团结，有利于维护社会和谐稳定。讲导向，这是最重要、最根本的导向。"① 要把握正确舆论导向，加强传播手段创新，转换话语方式，提升中国精神宣传教育的广泛性、深入性、接受度，壮大主流意识形态影响力。

## 二　构建积极的社会风气

社会风气对于人民群众的身心影响很大。刚健有为的时代氛围和积极向上的社会风气，可以促进身心健康。萎靡不振的时代氛围和消极懈怠的社会风气，不利于身心健康。积极向上的社会风气，良好的时代氛围，有利于中国精神的宣传教育。要构建公平正义的社会秩序、和谐的社会氛围，推进法治社会、推进社会综合治理、强化社会保障，为中国精神的宣传教育构建积极的社会风气。

一是构建公平正义的社会秩序。人是环境的产物。良好的社会环境有

---

① 《习近平关于社会主义文化建设论述摘编》，中央文献出版社，2017，第43～44页。

利于个体的精神成长，也有利于中国精神的宣传教育。公平正义是社会的阳光，须臾不可离。公平正义的社会环境能够提升社会成员的凝聚力和幸福感。中国特色社会主义在公平正义上必须为人类做出贡献，通过中国特色社会主义各方面的制度安排，构建一个人人享有平等社会政治经济权利的美好社会，让公平正义的社会秩序成为人类社会治理的典范，让广大人民群众切身感受到公平正义。习近平指出："公平正义是中国特色社会主义的内在要求，所以必须在全体人民共同奋斗、经济社会发展的基础上，加紧建设对保障社会公平正义具有重大作用的制度，逐步建立社会公平保障体系。共同富裕是中国特色社会主义的根本原则，所以必须使发展成果更多更公平惠及全体人民，朝着共同富裕方向稳步前进。"① 首先，要解决好教育、医疗、住房等人民群众急难愁盼的问题。我国还处于社会主义初级阶段，各地区教育资源的发展不平衡不充分问题仍然突出，教师的社会地位和收入水平还不高。要坚持把教育放在优先发展的地位，更好更充分地满足人民群众的教育需求。医疗卫生关系人民群众的生命健康权益，要切实解决看病难、看病贵的问题，保障人民群众的生命健康。住房直接关系人民群众家庭幸福，要坚持"房子是用来住的不是用来炒的"定位，实现人民群众安居乐业。其次，要逐步减少差距，实现共同富裕。改革开放以来，我国经济社会快速发展，取得了举世瞩目的成就，然而发展不平衡不充分的问题依然制约着我们。地区差距、城乡差距、收入差距极大影响着人民群众的幸福感。要坚持以人民为中心的发展思想，不断通过政策措施加快平衡发展，消除不合理的差距。

二是构建和谐的社会氛围。处在社会中的个人总是会不自觉受到社会氛围的影响。和谐的社会氛围有利于激发全体人民的爱国热情和创新创造精神。"社会和谐是中国特色社会主义的本质属性，所以必须团结一切可以团结的力量，最大限度增加和谐因素，增强社会创造活力，确保人民安

---

① 《习近平谈治国理政》，外文出版社，2014，第 13 页。

居乐业、社会安定有序、国家长治久安。"① 首先，要做好就业工作，让人民群众生活有来源。民以食为天，就业是社会和谐的重要基础。如果失业率过高，大量人群失去生活来源，社会矛盾就会增多，社会治安也会变坏。要畅通就业渠道，增大就业容量，提升就业质量，让人民群众享受劳动权利，增加经济收入，通过工作收获幸福人生。其次，要加强社区工作，及时化解社会矛盾。社区就像麻雀的肚子，虽然不大，却五脏俱全，关系万家灯火。居委会党员干部和群众生活在一起，工作在一块，要清楚群众的喜怒哀乐，多办让群众开心的事情、满意的事情，及时处理群众生活工作中的堵点和难题，多想群众所想，多急群众所急，从而增加群众的获得感、幸福感、成就感。

三是构建法治社会。中华民族自古以来就强调法律在治国理政中的重要意义。中国精神的培育需要法治的保障，构建法治社会不仅为人民群众提供公平正义的社会环境，也是对于中国精神的法律维护。法治社会不仅意味着这个社会拥有完备的法律体系、严格的执法体系，更意味着一切行为都在法治的轨道内运行，社会公平正义得到维护和实现。构建法治社会，习近平强调："要重点解决好损害群众权益的突出问题，决不允许对群众的报警求助置之不理，决不允许让普通群众打不起官司，决不允许滥用权力侵犯群众合法权益，决不允许执法犯法造成冤假错案。"② "四个决不允许"是现代法治社会的必然要求，也是依法治国的必然要求。"四个决不允许"更是法治底线，是构建法治社会的基础，任何时候都要贯彻好，落实好。

四是推进社会治安综合治理。社会治安极大地影响人民群众的生产生活秩序。良好的社会治安，能够给人民群众提供安居乐业的环境。习近平指出："要深入推进社会治安综合治理，完善立体化社会治安防控体系，坚决遏制严重刑事犯罪高发态势，保障人民生命财产安全。对突出问题

---

① 《习近平谈治国理政》，外文出版社，2014，第13页。
② 《习近平谈治国理政》，外文出版社，2014，第148页。

要及时开展专项斗争，如对黄赌毒现象、黑社会性质犯罪等，露头就要打，不能让它们形成气候。对危害食品药品安全、环境污染等重点问题，对严重精神障碍患者、扬言报复社会人员等重点人群，对枪支弹药、易燃易爆等重点物品，要强化治理和管理。"① 首先，要抓好公共安全，遏制发生公共安全事故。公共安全既关系经济社会发展，也关系着千家万户。抓好公共安全，能够给人民群众安全感。其次，要加强社会治理创新，强化基层治理。推进基层治理现代化，从根源上为社会和谐稳定扎下坚实根基。

五是强化社会保障。要让每个人都享有一份社会保障，感受到社会的温暖。社会保障是社会稳定的安全网。织密社会保障安全网，社会才能稳定运行，给亿万人民幸福的生活。习近平强调："社会保障是保障和改善民生、维护社会公平、增进人民福祉的基本制度保障，是促进经济社会发展、实现广大人民群众共享改革发展成果的重要制度安排，是治国安邦的大问题。要加大再分配力度，强化互助共济功能，把更多人纳入社会保障体系，为广大人民群众提供更可靠、更充分的保障，不断满足人民群众多层次多样化需求，健全覆盖全民、统筹城乡、公平统一、可持续的多层次社会保障体系，进一步织密社会保障安全网，促进我国社会保障事业高质量发展、可持续发展。"②

## 三　打造清朗的网络空间

随着信息社会的深入发展，互联网对人们生产生活产生越来越大的影响。互联网把亿万网民联系到一起，互联网上思想的交流、信息的交流越来越频繁，对网民的思想状态起到很强的塑造作用。网络越来越成为人们思想的最大变量，对于中国精神的宣传教育，既是机遇也是挑战。要提升

---

① 《习近平关于社会主义社会建设论述摘编》，中央文献出版社，2017，第148~149页。
② 《完善覆盖全民的社会保障体系 促进社会保障事业高质量发展可持续发展》，《人民日报》2021年2月27日，第1版。

互联网工作本领，让互联网成为中国精神宣传教育的最大增量。习近平指出："人在哪儿，宣传思想工作的重点就在哪儿，网络空间已经成为人们生产生活的新空间，那就也应该成为我们党凝聚共识的新空间。"① 要打造清朗的网络空间，让互联网成为中国精神宣传教育的新空间。

一是壮大网上正能量。要打造清朗的网络空间，就要扶正祛邪，让正能量充盈，让浩然正气沛然其间。习近平指出："把握主导，壮大网上正能量。要加强舆情跟踪研判，主动发声、正面引导，强化融合传播和交流互动，让正能量始终充盈网络空间。要有针对性地开展精神文明教育，加强对健康理念和传染病防控知识的宣传教育，教育引导广大人民群众提高文明素质和自我保护能力。要把控好整体舆论，努力营造良好舆论环境。要加强网络媒体管控，推动落实主体责任、主管责任、监管责任，对借机造谣滋事的，要依法打击处理。"② 要旗帜鲜明宣传中国精神、中国价值，在中国精神宣传教育上进行供给侧结构性改革，通过宣传理念、内容、方法、手段等方面的创新，提升中国精神的宣传教育水平，更好地弘扬中华优秀传统文化，更好地推进马克思主义中国化时代化大众化，更好地激发全体人民的奋斗热情，巩固全党全国人民大团结的思想基础。

二是推动媒体融合发展。"伴随着信息社会不断发展，新兴媒体影响越来越大。我国网民达到 8.02 亿人，其中手机网民占比 98.3%。新闻客户端和各类社交媒体成为很多干部群众特别是年轻人的第一信息源，而且每个人都可能成为信息源。有人说，以前是'人找信息'，现在是'信息找人'。所以，推动媒体融合发展、建设全媒体就成为我们面临的一项紧迫课题。"③ 推动媒体融合发展，是做大做强中国精神的宣传教育，培育和践行社会主义核心价值观，巩固中华民族伟大复兴的文化基础和精神支撑的必然要求。全媒体的发展使舆论格局发生了深刻变革，主流媒体必须与时俱进，加快推进媒体融合发展，让传统媒体和新兴媒体相得益彰、优势

---

① 《习近平谈治国理政》第 3 卷，外文出版社，2020，第 318 页。
② 《习近平关于网络强国论述摘编》，中央文献出版社，2021，第 85 页。
③ 《习近平谈治国理政》第 3 卷，外文出版社，2020，第 316 页。

互补，不断凸显媒体融合发展的整体优势。

三是维护好网络安全。"没有网络安全就没有国家安全；过不了互联网这一关，就过不了长期执政这一关。全媒体不断发展，出现了全程媒体、全息媒体、全员媒体、全效媒体，信息无处不在、无所不及、无人不用，导致舆论生态、媒体格局、传播方式发生深刻变化，新闻舆论工作面临新的挑战。"① 网络意识形态安全领域风险客观存在。如何化解网络意识形态安全风险，赢得网络意识形态主导权，是维护国家网络安全的重大课题。要坚持马克思主义指导，用马克思主义引领网络社会思潮，批判网络历史虚无主义。要加强科学研究，掌握网络技术主导权，打破西方国家对于网络信息技术的垄断。要加强对网络大数据的管理，确保涉及国家安全的重要数据安全可靠。

四是强化网络空间监管。"网络空间是亿万民众共同的精神家园。网络空间天朗气清、生态良好，符合人民利益。网络空间乌烟瘴气、生态恶化，不符合人民利益。谁都不愿生活在一个充斥着虚假、诈骗、攻击、谩骂、恐怖、色情、暴力的空间。互联网不是法外之地。利用网络鼓吹推翻国家政权，煽动宗教极端主义，宣扬民族分裂思想，教唆暴力恐怖活动，等等，这样的行为要坚决制止和打击，决不能任其大行其道。"② 首先是加强对媒体的监管，各级各类平台都负有意识形态责任，互联网企业更是负有主体责任，决不能任由有害的信息在互联网上传播。对于有毒有害的信息必须坚决删除，消除影响。其次是加强互联网道德建设，加强互联网行业自律和网民道德自律，调动各方力量共同参与网络监督治理。对于网络诈骗、造谣生事、侮辱诽谤等行为，予以及时处理，坚决遏制，不能让互联网成为法外之地。最后是加强网络内容监管，加大网络正面宣传，用中华优秀传统文化润泽人心，用中华传统美德打动心灵，用新时代中国精神鼓舞人心。

① 《习近平谈治国理政》第 3 卷，外文出版社，2020，第 317 页。
② 《习近平谈治国理政》第 2 卷，外文出版社，2017，第 336 页。

# 第三节　中国精神的家庭教育

　　"中华民族自古以来就重视家庭、重视亲情。家和万事兴、天伦之乐、尊老爱幼、贤妻良母、相夫教子、勤俭持家等，都体现了中国人的这种观念。"① 中国人都有着深厚的家庭情结。家庭也是每个人成长的第一摇篮，对人的塑造起到重大作用。培育中国精神离不开良好的家风家教。古人早就认识到，具有良好品格的人必定是良好的家庭教育出来的。"事亲孝，故忠可移于君，是以求忠臣必于孝子之门"。（《后汉书·韦彪传》）家庭应该肩负起弘扬中国精神的责任，让家庭成为孕育中国精神的坚强堡垒。

## 一　充分发挥妇女的家庭作用

　　弘扬中国精神，离不开良好的家庭教育。做好家庭工作，需要更好地发挥妇女的作用。妇女在家庭建设中起着独特作用。由于社会分工上的差异，男性往往被当成家庭的主要经济来源，更多的是忙于事业，而女性则更多的直接担任了抚育子女的责任，对子女成长的直接影响也往往更大。有的人甚至认为，女性决定着一个民族的未来，因为女性既肩负着人口生产的重大职责，又肩负着教育下一代的重大职责。尽管这两个方面男性同样负有重大责任，但是女性在其中的地位和作用更为突出。"毫不夸张地说，全世界的幸福或悲哀，文明或野蛮，开化或愚昧，在很大程度上取决于女人。"② 因此，一个优秀的民族必定是善待女性、贯彻男女平等宗旨的。习近平指出："做好家庭工作，发挥妇女在社会生活和家庭生活中的独特作用，是妇联组织服务大局、服务妇女的重要着力点。要注重家庭、

---

① 《习近平关于注重家庭家教家风建设论述摘编》，中央文献出版社，2021，第 9 页。
② 〔英〕塞缪尔·斯迈尔斯：《品格的力量》，周条英译，人民日报出版社，2004，第 33 页。

注重家教、注重家风，认真研究家庭领域出现的新情况新问题，把推进家庭工作作为一项长期任务抓实抓好。"①

一要发挥妇女在家庭建设中的特殊作用。妇女在家庭建设中作用特殊、意义特殊。习近平强调："要坚持以社会主义核心价值观为统领，引导妇女既要爱小家，也要爱国家，带领家庭成员共同升华爱国爱家的家国情怀、建设相亲相爱的家庭关系、弘扬向上向善的家庭美德、体现共建共享的家庭追求，在促进家庭和睦、亲人相爱、下一代健康成长、老年人老有所养等方面发挥优势、担起责任。"② 女性在家庭中具有引领作用，妇女可以带领家庭成员爱国爱家，可以带领家庭成员相亲相爱和睦相处，可以带领家庭成员共同弘扬中华传统美德。人们常常把大地比作母亲，二者有着相似性，女性以其独特的品格，如同广博的大地，承载着一个家庭的厚重。古人说，"国乱思良将，家贫思贤妻。"妇女在一个家庭中的作用可见一斑。千千万万妇女在家庭中传承中国精神，发扬中国精神，那么千千万万家庭就会成为中国精神的载体，社会风气也会随之越来越好。

二要发挥妇女在家教建设中的特殊作用。父母是子女的第一任教师，而母亲在其中的作用更为特殊。往往母亲对子女性格的塑造更为显著。很多名人回忆起成长经历，母亲都是影响最大的人。习近平深情回忆起小时候母亲的教导："中国古代流传下来的孟母三迁、岳母刺字、画荻教子讲的就是这样的故事。我从小就看我妈妈给我买的小人书《岳飞传》，有十几本，其中一本就是讲'岳母刺字'，精忠报国在我脑海中留下的印象很深。"③ 正是母亲的殷切教导，将精忠报国这一中华优秀传统文化的精髓深深扎入脑海，塑造了习近平同志"我将无我，不负人民"的为民情怀和崇高的精神品质。英国学者塞缪尔·斯迈尔斯认为："母

---

① 《坚持中国特色社会主义妇女发展道路 组织动员妇女走在时代前列建功立业》，《光明日报》2018年11月3日，第1版。

② 《坚持中国特色社会主义妇女发展道路 组织动员妇女走在时代前列建功立业》，《光明日报》2018年11月3日，第1版。

③ 《习近平关于注重家庭家教家风建设论述摘编》，中央文献出版社，2021，第18页。

亲对儿童产生的影响远远超过父亲，她的形象对家庭是至关重要的。因为家庭是女人展现自我的天地，可以最大可能地发挥她的能力。家中事务无论大小，她都要参与、管理，拥有绝对的权力并实行全面控制。她观察小孩的一举一动，同样，孩子也观察并模仿妈妈的言行举止。母亲自然而然也就成为孩子的第一位老师和榜样。"① 广大妇女要自觉认识自己在家庭教育中的重要使命，以高尚的品格熏染子女，为子女优良品质的养成奠定基础。

三要发挥妇女在家风建设中的特殊作用。家风是社会风气的晴雨表。如果大多数家庭家风好，那么社会风气就好。如果大多数家庭家风不好，那么社会风气就坏。从小了说，家风好坏关系家族兴衰。往大了说，家风好坏关系国家民族发展进步。习近平强调："要引导妇女带动家庭成员，发扬尊老爱幼、男女平等、夫妻和睦、勤俭持家、邻里团结等中华民族传统美德，抵制歪风邪气，弘扬清风正气，以好的家风支撑起好的社会风气。要帮助妇女处理好家庭和工作的关系，做对社会有责任、对家庭有贡献的新时代女性。要引导妇女发扬爱国奉献精神，自尊自信自立自强，以行动建功新时代，以奋斗创造美好生活，在祖国改革发展的伟大事业中实现自身发展，在人民创造历史的伟大奋斗中赢得出彩人生。"② 妇女要做良好家风的推动者，发扬尊老爱幼、勤俭持家的传统美德，弘扬中国精神，弘扬社会主义核心价值观，在良好的家风氛围中赢得精彩人生。

## 二　营造尊老爱幼的家庭氛围

尊老爱幼是中华民族的优良传统，也是中国精神的重要内容之一。一个民族对待老人和小孩的态度一定意义上体现了这个民族的文明程度。中华民族自古以来就是文明礼仪之邦，尊老、爱老、敬老的家庭美德代代相

---

① 〔英〕塞缪尔·斯迈尔斯：《品格的力量》，周条英译，人民日报出版社，2004，第32页。
② 《坚持中国特色社会主义妇女发展道路 组织动员妇女走在时代前列建功立业》，《光明日报》2018年11月3日，第1版。

传，尊重少年儿童、爱护少年儿童的家庭美德经久不息。在新时代，要开展中国精神的家庭教育，就要传承中华民族尊老爱幼的传统家庭美德，塑造良好的家庭氛围，让老人安享晚年，让儿童有一个快乐的童年。

一要尊重和关爱老人。老人为家庭为社会奉献了自己的青春，到了老年应该被善待。习近平指出："自古以来，中国人就提倡孝老爱亲，倡导老吾老以及人之老、幼吾幼以及人之幼。我国已经进入老龄化社会。让老年人老有所养、老有所依、老有所乐、老有所安，关系社会和谐稳定。我们要在全社会大力提倡尊敬老人、关爱老人、赡养老人，大力发展老龄事业，让所有老年人都能有一个幸福美满的晚年。"[1] 从社会角度来说，我国已经进入了老龄化社会，关爱老人已经成为一种迫切的社会责任，让老年人能够安享晚年，有利于社会的和谐稳定，也有利于整个社会的发展。一方面要为老人晚年幸福生活提供物质和精神的双重保障，另一方面也要充分发挥老人的余热，促使其为社会多做贡献，很多老年人也愿意为社会做贡献，而不是成为社会的负担。发挥余热，更能让老年人感觉到实现了自己的社会价值，更有获得感和幸福感。从家庭来说，家庭中有老人是幸福的象征，"家有一老如有一宝"。老人不仅是社会的财富，更是家庭的财富。老人丰富的人生经验，可以为年轻人答疑解惑。很多老年人还帮助年轻人做家务、带孩子，继续为家庭做贡献。年轻人必须尊重和关爱老人。

二要尊重和关爱少年儿童。"青少年是家庭的未来和希望，更是国家的未来和希望。古人都知道，养不教，父之过。家长应该担负起教育后代的责任。"[2] 少年儿童处于人生发展的起步期，应该得到父母和长辈的特殊关爱。只有获得了充分的爱的营养，少年儿童才能够茁壮成长。少年儿童如果在缺爱的环境中成长，就好比小树在缺乏阳光雨露的环境下成长，是极为不利的。"少年儿童正在形成世界观、人生观、价值观的过程中，需要得到帮助。"[3] 社会和家庭都要为少年儿童的成长提供必要的物质和精神

---

① 《习近平谈治国理政》第 3 卷，外文出版社，2020，第 344～345 页。
② 《习近平关于注重家庭家教家风建设论述摘编》，中央文献出版社，2021，第 18 页。
③ 《习近平关于注重家庭家教家风建设论述摘编》，中央文献出版社，2021，第 17 页。

条件，让他们茁壮成长。一方面，要为少年儿童的成长提供必要的物质条件，让他们不愁吃穿，在长身体的时候得到充分的营养，为锻造强健的体魄打下良好的物质基础。另一方面，要为少年儿童的成长提供必要的精神条件，家中的年长者，需要帮助少年儿童成长，从爱出发，细心呵护他们，帮助他们学习继承中华优秀传统文化，继承中华民族的传统美德，热爱祖国和人民，热爱生活和学习，热爱自然和科学，做中国特色社会主义事业的建设者和接班人，做肩负起中华民族伟大复兴的时代新人。

## 三　树立良好的家教家风

中国文化一贯重视家庭家教家风建设。家庭是社会的细胞。要想社会好，首先就必须有千千万万健康的细胞，就必须有良好的家庭家教家风。家庭也是文明传承的坚强阵地。每一个有远见的民族，必定重视家庭家教家风建设。许多成熟的民族都对家庭家教家风建设提出了自己的要求。

一要重视对孩子的品德教育。品德是为人处世的根本。习近平指出："家庭是人生的第一个课堂，父母是孩子的第一任老师。孩子们从牙牙学语起就开始接受家教，有什么样的家教，就有什么样的人。家庭教育涉及很多方面，但最重要的是品德教育，是如何做人的教育。"① 要教育子女明大德、守公德、严私德，做一个堂堂正正的中国人，具有中华民族传统品德修养。父母对子女的爱要体现在对子女的严格要求上，帮助子女养成美好的品格，而不仅是给子女留下万贯家财。"一个人所拥有的财富与品格没有必然的联系。相反，财富往往成为孕育腐败、堕落和邪恶的温床。对于意志力薄弱、缺乏自控力的人来说，财富是一种诱惑、一个陷阱，会对自己和他人造成灾难和痛苦。"② 父母应该把子女的品德教育放在首位，不断培养和磨炼子女自立自强的精神品质，树立勤劳、正直、诚实的美德，

① 《习近平关于注重家庭家教家风建设论述摘编》，中央文献出版社，2021，第18页。
② 〔英〕塞缪尔·斯迈尔斯：《品格的力量》，周条英译，人民日报出版社，2004，第5页。

这样才能成为社会有用之才。

二要做孩子的榜样。父母的一言一行都是子女的榜样。父母要对自己严格要求，要求子女做到的自己先做到。有的父母是农民，没有读过什么书，但是培养的子女却成为科学家、企业家、政治家，这正是品德塑造的力量。如正直、勤奋、俭朴这些美德，父母都可以做孩子最好的表率。成功的父母都是善于自制自律的。"人类之所以优于动物，拥有真正的自由，就是因为我们能够很好地控制自己，抵制本能的盲目和冲动。也就是这种能力，区分了物质生活和精神生活，并构成了高尚品质的重要基础。"① 优秀的父母都会克服本能的盲目和冲动，抵制种种诱惑，为孩子树立一个良好的榜样。比如，要求子女不玩手机，有的优秀的父母回到家就会手机关机，陪着孩子一块学习。

三要有严格的家规。俗话说，国有国法，家有家规。没有规矩不成方圆。一个家庭也必须有严格的生活规范。从古至今，那些传承比较好的家族都有家规。例如，五代十国时期吴越国君主钱镠留给子孙一部《钱氏家训》，钱氏家族代代传承，恪守祖训，长盛不衰，在中国近代涌现出很多著名的科学家、学者等。再如，近代名人曾国藩也立下许多家规，要求子弟勤奋读书、精忠报国，曾氏家族也涌现出很多优秀人才。优秀的家规，能够把国家、社会的要求贯彻到家庭生活中去，让家庭生活自觉服务于国家和社会的需要，同时又最大限度地发挥每一个家庭成员的作用，满足他们自由全面发展的需求。

---

① 〔英〕塞缪尔·斯迈尔斯：《品格的力量》，周条英译，人民日报出版社，2004，第141页。

第六章

# 中国精神的发展创新

CHINA

中国精神是中华民族数千年的历史积淀而形成的思想精髓，是中华民族传统文化凝聚起来的精神力量和价值堡垒。在朝代的更迭中，中国精神不断完善和发展，并孕育出新的、符合当代价值体系和思想观念的中国精神，因此，中国精神在时代的浪潮下不断地得到发展和创新，使其拥有更为丰富的思想内涵，这种深入人心的思想精华指引着人们正常的生产生活，带动着社会的发展，是中华民族得以生生不息的力量源泉。在当今时代下，我们要坚定着"不忘本来"的初心，努力夯实中国精神的发展根基，继承发扬优秀的传统文化、中华民族革命文化和社会主义先进文化；面对世界文化繁荣大发展的新局面，要秉持着"吸收外来"的态度，努力扩宽中国精神发展的视野，积极主动地开展文明文化交流互鉴，加快推进融通国外有益精神文化资源，努力吸收借鉴一切优秀文明成果；在新时代的征程中，要树立"开辟未来"的雄心，不断推动马克思主义中国化进程，加快推进优秀传统文化创造性转化与创新性发展，努力推动社会主义文化繁荣昌盛。在新时代的感召之下，中国精神也会在社会主义事业的蓬勃发展中随着社会的进步而发展创新，而中国精神的进步反过来也将继续推动社会主义事业的繁荣发展。

# 第一节 不忘本来：夯实中国精神发展的根基

中国精神的由来与发展并不是一蹴而就的，经历了历史变迁、时代更迭，是从实践中走出来的，不仅经历了从古至今的变更，还经过了一代又一代人不断地升华和淬炼，凝练出了最精华的部分。了解中国精神的由来以及历史发展有助于我们了解和把握中国精神的发展脉络，在历史的长河中追寻中国精神从何而来，将去向何处。继承和发扬中国精神，首先要做的是从传统文化中寻找根与源，淬炼精神、打磨思想。正如习近平指出："中华文化源远流长，积淀着中华民族最深层的精神追求，代表着中华民族独特的精神标识，为中华民族生生不息、发展壮大提供了丰厚滋养。"①优秀传统文化中承载几千年以来中国人民的精神追求、价值导向，因此我们要继承和发扬爱国主义传统、团结统一传统、爱好和平传统、勤劳勇敢传统以及自强不息传统。

## 一 继承发扬中华优秀传统文化

### （一）继承发扬爱国主义传统

爱国主义自古以来一直都是中华民族的传统美德，中国有很多人们耳熟能详的故事都是与爱国相关的，如岳飞精忠报国、戚继光血战倭寇、刘胡兰宁死不屈、林则徐虎门销烟、谭嗣同狱中自杀、李大钊从容就义、朱自清饿死不吃救济粮、钱学森排除众难回国等。这些爱国榜样的故事滋养着中国人民的心，成为在关键时刻使中国人民拧成一股绳的精神力量。中

---

① 《习近平谈治国理政》，外文出版社，2018，第164页。

国近代史是饱经磨难的血泪史，是被列强欺辱的屈辱史，更是可歌可泣的爱国史。中国的大门被钢枪利炮轰开，曾经的天朝上国地位由此开始动摇，从而开始遭遇前所未有的巨大挑战，传统农业文明与近代工业文明的冲突由此展开。面对前所未有的艰难考验和生死存亡的民族危机，中国人民开始觉醒，爱国主义精神的影响之深、传播之广前所未有，中国精神的发展也逐步进入一个崭新阶段，并且随着时间的推移，也在中华民族实现民族觉醒、国家独立的道路上发挥着越来越重要的作用。"爱国主义始终是把中华民族坚强团结在一起的精神力量，改革创新始终是鞭策我们在改革开放中与时俱进的精神力量。"① 有了爱国主义精神，全体中华儿女才能拧成一股绳，具有一致对外的决心与勇气。近代史同样也是反侵略的斗争史，中华儿女抛头颅，洒热血，书写了不畏强暴、反抗侵略的可歌可泣的壮丽篇章。在这个充满鲜血与牺牲、拼搏与抵抗的救国救民的征途中，爱国主义精神成为横在无数侵略者头上的尖刀利剑，同时指向了中华儿女前行的方向，成为支撑中华儿女前仆后继、奋起直追、英勇就义的强大精神力量。

中华民族自古以来就把爱国主义作为我们民族发展壮大、兴旺发达的价值支撑。爱国主义中蕴含着丰富的思想内核，经过几千年历朝历代的不断弘扬，也得到了更为深刻的内涵。爱国主义体现出了中华民族传统美德的思想精髓，是中华民族得以生生不息的力量源泉，同时也展现了中华民族强大的凝聚力和向心力，是中华儿女在面对外敌时始终不屈不挠、无私奉献的高贵品质。历史记载，早在周秦时代，爱国观念和爱国思想就已经开始在中国人民的心中逐渐生发出来。《战国策·西周策》曾经有提道："周君岂能无爱国哉"。从中可以看出，"爱国"这一词在当时就已经出现，这是最早有古文献记载的"爱国主义"的体现。屈原，作为战国时期楚国伟大的爱国主义诗人，曾在其作品《离骚》中以"虽九死其犹未悔"来表达忧国忧民的爱国主义情怀。南宋著名抗金英雄

---

① 《习近平关于社会主义文化建设论述摘编》，中央文献出版社，2017，第3页。

岳飞，以其"精忠报国"的威严和"还我河山"的气魄，成为家喻户晓的民族英雄。北宋著名诗人陆游一句"位卑未敢忘忧国"，道出了伟大的爱国主义情怀。南宋诗人文天祥用"人生自古谁无死，留取丹心照汗青"这句慷慨激昂的诗，表达了他视死如归、忠于国家的磅礴之气，是爱国主义情怀的重要体现。中华民族爱国主义精神是传统爱国主义情怀的理性升华，它推动着社会历史发展进程，在反对外敌入侵、反对国家分裂、维护国家主权及领土完整方面发挥了巨大作用。正是这一伟大的爱国主义传统，使得中华儿女的爱国主义情操得到了培养，中华民族高风亮节的气度也得以体现。

新时代，爱国主义传统关乎人们对一个国家、一个民族的热爱，除了继承爱国主义传统之外，我们也要大力发扬爱国主义传统。

第一，新时代大力发扬爱国主义传统，要注重挖掘爱国主义精神的时代内涵。马克思主义认为，人的思想、意识的产生和发展是由其当时所处的时代的物质条件和生产方式所决定的，因此，"爱国主义精神"这一社会意识，同样也受到时代变迁的影响。数千年来，随着朝代的更替，中华民族的爱国主义传统在根本上没有改变，但是在不同时代的表现形式上存在差异，爱国主义精神在其各个时代有着顺应时代潮流的相应表现方式，这使得爱国主义精神得以生生不息。我们需要结合时代的情境、顺应历史的潮流，挖掘出新的爱国主义精神的时代内涵，丰富爱国主义传统的思想内涵，促进中国特色社会主义事业的伟大进步，实现中国跨越式发展的宏愿。

第二，号召全社会发扬爱国主义传统的同时，也要加大力度侧重突出重点群体。"一个人不爱国，甚至欺骗祖国、背叛祖国，那在自己的国家、在世界上都是很丢脸的，也是没有立足之地的。对每一个中国人来说，爱国是本分，也是职责，是心之所系、情之所归。"① 中华民族的爱国主义传统有着几千年的悠久历史，其根植于博大精深的中华文化中，但爱国主义

---

① 《习近平谈治国理政》第 3 卷，外文出版社，2020，第 334 页。

精神并不是与生俱来的，是需要后天培养从而获得的，需要一代又一代人去继承和发扬。人民群众是历史的创造者。发扬中华民族爱国主义传统，需要广大人民群众的参与，充分发挥人民群众在社会历史发展中的作用，实现对人民大众爱国主义传统的全面普及。新时代，社会主义核心价值观是爱国主义传统的凝练表达，要在全社会范围内大力宣传社会主义核心价值观，营造以社会主义核心价值观为主要内容的爱国主义氛围，大力弘扬主流价值思想，在人民群众中发扬爱国主义的思想价值。青年时期是青年学生世界观、人生观、价值观的形成时期，要牢固树立爱国主义思想，把爱国主义精神融入学习生活的方方面面，培养成一个热爱祖国的新时代好青年，成为社会主义事业的接班人，肩负起中华民族伟大复兴的历史重任。"对新时代中国青年来说，热爱祖国是立身之本、成才之基。当代中国，爱国主义的本质就是坚持爱国和爱党、爱社会主义高度统一。"① 对于党员干部来说，爱国主义精神是其所具备的最基本的素质，只有怀着崇高的爱国主义精神，才能做好先进表率作用，带领人民群众脱贫致富，实现社会主义事业的繁荣昌盛。

新时代爱国主义传统的发扬既要立足于中华民族内部，又要面向世界，这是爱国主义精神的时代选择。大量历史表明，"闭关锁国""闭目塞听"是行不通的，在社会历史发展的征程中，只有对外开放，吸收世界各国的长处，融入世界舞台，才能展现出中华民族的魅力和谦逊好学的品格，最终取得丰硕的成果。不同文明的相互碰撞和交流互鉴能够产生新的思想文化，爱国主义思想作为一种民族精神，也会因此而产生新的内涵。新时代条件下，发扬爱国主义传统既要保留民族自身的特色，又要展现出民族的独特魅力，在充分尊重其他国家文化传统和历史特点的同时，理性地包容其他国家的民族精神，这是爱国主义传统在新时期的重要表现。当今时代，世界各国的联系日益紧密，逐步形成了人类命运共同体，因此，爱国主义传统的发扬要顺应形势的变化，要秉持开放包容的态度，积极主

① 《习近平谈治国理政》第 3 卷，外文出版社，2020，第 334 页。

动与他国交流互动，从交流中汲取智慧，努力提升爱国主义的生命力，为世界各国贡献中国思路，展示我大国风范。

## （二）继承发扬团结统一传统

中国幅员辽阔，人口众多，各民族文化差异较大，虽然经历了几千年的风雨变迁，但是却仍然是一个各民族团结统一、民族文化丰富多彩的多民族国家，这在世界历史上屈指可数，而这一切得益于团结统一这个自古以来根深蒂固的中华民族的优良传统。

团结统一的优良传统首先体现于各民族关系的和睦。中华民族拥有数千年的历史，在这几千年朝代更替演化的过程中，华夏文明孕育出不同的民族，各个民族存在各不相同的聚居地和各具特色的文化习俗，为此，各民族自身在发展本民族文化的同时，民族间也在不断融合之中进步与发展。各民族团结统一的思想观念，在古往今来的发展之中跨越了各个民族的地理位置、政治传统、经济方式、文化习俗等诸多领域，构架起了中华大地上不同地域、不同民族之间的连接桥梁，以一种独特的方式将他们联系成了一个相互关联、不可分割的整体。其次，团结统一体现于国家整体的不可分割。纵观中华民族的历史岁月，中华民族自秦汉以来由分变合，逐步建立起统一的多民族国家以后，分裂总是短暂的，而统一则是长久的，团结统一也是主流。即使某一历史阶段存在战乱割据，但终归很快能获得统一。这表明，团结统一的精神思想也已经牢牢地根植于中华民族伟大思想之中，融入了中华儿女的血液之中，也已经成为我们中华民族的自古以来的民族品性和民族心态的重要组成部分。无论历史浪潮如何推进，中华民族的历史版图始终稳定地呈现在一代代中华儿女面前。最后，团结统一还体现于民族文化的一脉相承。数千年的积淀，使得中华文化在历史的传承中不断积淀，在历史的洪流中"源远流长，博大精深"。不论是内忧外患，还是天灾人祸，都未曾使得它湮灭过。仅有文字记载的国史，前有《尚书》《春秋》《左传》，中有浩瀚的"二十五史"，后有近现代史，记载的都是同一个群体，在同一块土地上生息进步的文明史。① 作为团结统一的中华民族,各朝各代在文化上总是小异而大同,具有同宗同源的特点,这也彰显出了统一的多民族国家中各民族、各朝代间的相互影响。因此,更加印证了团结统一这一思想自古以来就是中华民族的一种优良传统,也是中国的立国之本,更是中华民族在群居过程中所锤炼出的群体精神中超强凝聚力的重要体现,是华夏儿女共同的诉求,也是中华民族千百年来的根本利益所在,符合当今时代历史的发展潮流,不论是昨天,还是今天,抑或是明天,这一伟大传统也与时俱进,继续激励着中华民族在新时期的历史浪潮中乘风破浪、奋勇向前,成为我们国家长治久安、人民满意幸福、子孙安居乐业的宝贵精神财富。

新中国的统一是建立在民主、团结、进步之上的,符合最广大中国人民的根本利益,是真正意义上的团结统一。毛泽东曾指出:"统一必以团结为基础,团结必以进步为基础;惟进步乃能团结,惟团结乃能统一,实为不易之定论。"② 今天的统一本质上是"各民族平等团结、互助和谐",没有尊卑之分、主从之别,是历史上第一个真正意义上的拥有平等的多民族大家庭。"五十六个星座,五十六枝花,五十六族兄弟姐妹是一家,五十六种语言,汇成一句话:爱我中华。"五十六个民族情同手足,相亲相爱,情同一家,是中国共产党带领下的具有中国特色社会主义风貌的、团结统一的新局面。

中华民族的团结统一始终是中华儿女矢志不渝的价值追求和精神导向,也是中华民族"你中有我,我中有你,谁也离不开谁"伟大共同体意识的最高体现。中华民族要始终秉承着团结统一的思想观念,为努力实现"中华民族一家亲,同心共筑中国梦"的伟大理想和伟大愿景增添浓墨重彩的一笔。习近平指出:"在几千年历史长河中,中国人民始终团结一心、同舟共济,建立了统一的多民族国家,发展了56个民族多元一体、交织交

---

① 田广清、张志光:《弘扬中华民族团结、统一、和平的优良传统》,《党政干部学刊》1999年第12期。

② 《毛泽东选集》第2卷,人民出版社,1991,第722页。

融的融洽民族关系，形成了守望相助的中华民族大家庭。"① 团结统一是中华民族自始至终传承千年的核心价值，也是中华民族坚定不移地固守千年的伟大而又光荣的传统。在新中国成立 70 多年的时间里，"手足相亲，守望相助"的各族同胞一起在"中华民族大家庭"里，始终秉持着"团结协作、拼搏奋进"的精神，拼尽全力地攻坚克难，最终取得了繁荣发展，中华民族逐步实现了由站起来到富起来再到强起来的伟大跨越，今天的伟大中国正挺起胸膛、昂首阔步地走向世界舞台的中央，在践行团结统一思想上为世界树立了榜样。

第一，牢固树立"四个意识"，维护党的团结统一。"中国共产党是中国特色社会主义事业的领导核心，处在总揽全局、协调各方的地位。在当今中国，没有大于中国共产党的政治力量或其他什么力量。党政军民学，东西南北中，党是领导一切的，是最高的政治领导力量。中国共产党是执政党，党的领导是做好党和国家各项工作的根本保证，是我国政治稳定、经济发展、民族团结、社会稳定的根本点，绝对不能有丝毫动摇。"② 中国共产党作为执政党，首先需要做到党的团结统一，这样才能提高执行力，提升党在人民心中的地位，树立起领导者的威信。在新时代条件下，牢固树立"四个意识"，是维护党的团结统一和社会稳定发展的关键所在，同时也是新的历史条件下社会主义事业繁荣的必然选择。牢固树立政治意识，需要我们明确政治立场，坚持正确的政治方向、坚定理想信念和严守政治纪律，恪尽职守，不负党的初心和使命。牢固树立大局意识，需要我们培养大局观，正确认识大局，自觉服从大局，坚决维护大局。牢固树立核心意识，需要明白谁是核心、认知怎样确立核心和始终维护核心。无论对于国家、民族还是政党来说，核心都是至关重要的。没有领导核心，整个组织机构就如同一盘散沙，在做大事上根本经不起历史的考验。邓小平同志指出："任何一个领导集体都要有一个核心，没有核心的领导是靠不

① 《习近平谈治国理政》第 3 卷，外文出版社，2020，第 141 页。
② 《习近平关于青少年和共青团工作论述摘编》，中央文献出版社，2017，第 102 页。

住的。"① 牢固树立看齐意识，需要在思想上同心同德和行动上同向同行。只有步调一致才能走得更稳、更长久，面对新时代的风云变幻，社会主义建设道路上繁重的任务，只有我们在思想上与党看齐，才能在社会主义事业的发展过程中做得实、干得好、站得稳、行得远。

第二，发扬团结统一的传统，要认同各民族的文化。文化认同是民族团结之根、民族和睦之魂。"多民族、多文化恰恰是我国的一大特色，也是我国发展的一个重要动力。我们伟大的祖国是五十六个民族共同开发的，中华民族的未来也要靠五十六个民族共同来开创。"② 中国五十六个民族有着各具特色的本民族文化，数千年的碰撞与交融中形成了丰富多彩的中华文化这一整体，只有本着开放包容的态度对各民族文化进行认同，各民族间才会有归属感，从而实现团结统一，这充分体现了民族团结在"团结统一"思想中的重要性。我国是一个多民族国家，民族间的文化差异是必然的，但这并不影响中华儿女一家亲的事实，"各民族要像石榴籽一样紧紧抱在一起"，始终拧成一股绳，保持团结和睦、和平统一，这样，中华民族大发展局面的实现也将指日可待。"加强中华民族大团结，长远和根本的是增强文化认同，建设各民族共有精神家园，积极培养中华民族共同体意识。文化认同是最深层次的认同，是民族团结之根、民族和睦之魂。文化认同问题解决了，对伟大祖国、对中华民族、对中国特色社会主义道路的认同才能巩固。"③

第三，发扬团结统一传统，既包括各民族间的团结统一，也包括民族内部的团结统一。"国家的统一，人民的团结，国内各民族的团结，这是我们的事业必定要胜利的基本保证。正确认识和处理民族关系，最根本的是要坚持民族平等，加强民族团结，推动民族互助，促进民族和谐。我们要坚持各民族共同团结奋斗、共同繁荣发展的主题，深入开展民族团结宣传教育，牢固树立汉族离不开少数民族、少数民族离不开汉族、各少数民

---

① 《邓小平文选》第3卷，人民出版社，1993，第310页。
② 《习近平关于社会主义政治建设论述摘编》，中央文献出版社，2017，第147页。
③ 《习近平关于社会主义政治建设论述摘编》，中央文献出版社，2017，第157页。

族之间也相互离不开的思想观念，打牢民族团结的思想基础。"① 民族团结不仅仅是指各民族间的友好关系，也是指民族内部的成员间的团结和睦。我们要顺应时代的潮流，解决民族间的矛盾，妥善处理好民族关系，增强各民族团结意识。除此之外，民族内部也要维护好各个成员的切身利益，培养其大局意识，以开阔的胸怀和包容的态度善待他人，增强民族内部的凝聚力和向心力。只有民族内部和各民族间都秉持着"团结统一"的思想，中华民族的繁荣昌盛才会在不久的将来得以实现。"以史为鉴、开创未来，必须加强中华儿女大团结。在百年奋斗历程中，中国共产党始终把统一战线摆在重要位置，不断巩固和发展最广泛的统一战线，团结一切可以团结的力量、调动一切可以调动的积极因素，最大限度凝聚起共同奋斗的力量。爱国统一战线是中国共产党团结海内外全体中华儿女实现中华民族伟大复兴的重要法宝。新的征程上，我们必须坚持大团结大联合，坚持一致性和多样性统一，加强思想政治引领，广泛凝聚共识，广聚天下英才，努力寻求最大公约数、画出最大同心圆，形成海内外全体中华儿女心往一处想、劲往一处使的生动局面，汇聚起实现民族复兴的磅礴力量！"②

### （三）继承发扬爱好和平传统

爱好和平是中华民族的伟大传统和民族基因。早在先秦时代，中国的伟大思想家就已经提出了"亲仁善邻，国之宝也"的和平思想，这也充分地表现出古代中国人民对"天下太平"的祈祷，同时，也希望各国人民和睦相处、平等友善、友好相待。这一传统也是中华民族历朝历代所践行的准则。首先，国家间、民族间要亲和友善、和平共处，这是自古以来中华民族崇高的社会理想的核心之一。在儒家所憧憬的"大同"社会中，"谋闭而不兴，盗窃乱贼而不作，故外户而不闭"被奉为理想社会；而墨家提出"兼爱，非攻"的思想，倡导"反对战争、爱好和平"，他们认为"天

---

① 《习近平关于社会主义政治建设论述摘编》，中央文献出版社，2017，第147页。
② 习近平：《在庆祝中国共产党成立100周年大会上的讲话》，《求是》2021年第14期。

下之人皆相爱，强不执弱，众不劫寡"，只要做到"视人国若其国"，这样便"国与国不相攻"，以实现"若此则天下治"的结果，这些例子均体现出中国古代人民爱好和平的美好愿景。其次，各民族遵从"天下一家"的目标和"讲信修睦"的原则。"各民族同为一家、一律平等"是中华民族的主张，交往中要讲究诚信、和睦相处。中国古代哲人、思想家也都有体现出爱好和平的观念。孔子认为国家间要以诚相待；荀子则极力主张"约结已定，虽睹利败，不欺其与"，即讲究诚信，不以大欺小；墨子也强调，"诈不欺愚"；等等。最后，中华民族主张用和平的方式"治国平天下"。齐桓公曾经"九合诸侯，一匡天下"；孔子则提出"远人不服，则修文德以来之"的观点；而孟子强烈地反对"争地以战，杀人盈野；争人以战，杀人盈城"而劳民伤财的不义之战，坚定地认为天下唯有"不杀人者能一之"；荀子也反对"以力胜之"，因为战争既"伤人之民"，又"伤吾之民"。除此之外，中国古人并非反对一切战争，只是批判一切不义之战。孔子认为，对于那些"刈百姓，危国家"的"贪者之用兵"，我们应当制止，以"禁残止暴"为宗旨的战争是必要的，"力能讨之则讨之可也。"中华民族虽然自始至终都热爱和平反对战争，但却又旗帜鲜明地反对任何称霸扩张的不义之战，并且立场坚定地支持正义之战。中华民族从未屈服过，中国人民誓死捍卫国家领土和主权完整，不搞霸权主义，不搞扩张。爱好和平是中华民族的理念，在任何时代也不会过时。

中华民族向来都"以和为贵"，主张"和合而生，协和万邦"的观点。中华民族曾经饱受战争的创伤，所以更知和平的可贵。对和平的热爱，是每一位中华儿女根深蒂固、埋藏心底的精神诉求。中华民族深知"和平是人民的永恒期望。没有和平，发展就无从谈起。国家无论大小、强弱、贫富，都应该做和平的维护者和促进者，不能这边搭台、那边拆台，而应该相互补台、好戏连台。"① 和平安定的环境有助于中国人民"国家富强、民族振兴、人民幸福"伟大梦想的实现，在和平安定的环境中才能突破枷

---

① 《习近平关于中国特色大国外交论述摘编》，中央文献出版社，2020，第116页。

锁，实现更快、更好的发展，只有发展壮大才能更好地、更有底气地维护和平。和平与发展已经成为当今时代的主题，不论在战争年代还是和平年代，对和平的祈愿都是人们心中最真挚、最淳朴的想法，"和平与发展"的伟大思想是习近平新时代中国特色社会主义思想的重要组成部分，也逐渐成为世界各国人民团结一致、共同构建人类命运共同体的重要思想基础。

第一，要始终坚持独立自主的和平外交政策，走和平发展道路。和平发展道路一直是中国发展的一个重要方向，中国人民时刻牢记战争所带来的极大创伤，始终把和平的愿望烙印在每个人心中。在和平发展过程中，中国人民从温饱逐步迈向小康，也在新的征程中探索、奋进，向下一个新时期跨步前行。对于中华民族来说，爱好和平是历朝历代都深入骨髓的思想态度，更是中华大地长治久安、繁荣稳定的制胜法宝，任何时期、任何团体、任何个人都不能逆潮流而去阻碍和平，否则，也终将被历史淘汰。面对当今世界的纷繁复杂，中华民族也必将认清现实，把握机会，将自身和平统一、繁荣稳定发扬光大，为世界和平做出更多的贡献，不枉世界大国所具有的责任与担当。中华民族是爱好和平的民族，有着爱好和平的基因，在历史上也始终固守中华大地，未曾进行过侵略式的扩张掠夺，中华儿女也始终继承了这一优良传统。即使在飞速发展的今天，中国正跃升至世界大国地位，并向社会主义强国迈进，但是中国始终保持着谦逊的态度，不扩张不称霸，在国际舞台上为维护世界和平贡献自己的一份力。"中国走的是和平发展道路，中国的发展不是自私自利、损人利己、我赢你输的发展，对他国、对世界决不是挑战和威胁。中国决不会称霸，决不搞扩张。中国越发展，对世界和平与发展就越有利。"① 新时代，我们也要同"和平与发展"的主题相适应，在保持自身和平稳定发展的同时，也要向世界呼吁和平，把中华民族"爱好和平"的传统传递给世界人民，构建人类命运共同体。

---

① 《习近平关于中国特色大国外交论述摘编》，中央文献出版社，2020，第111页。

　　第二，提高中国的国际地位，提升中国的国际话语权。中华民族作为世界民族之林的一员，要树立良好的国际形象，号召世界各国"反对霸权主义、强权政治"，宣扬"和平的外交政策"。随着经济全球化的不断推进，世界各国之间的联系日益紧密。只有拥有和平的国际环境，才能促进世界各国向前发展。当今世界，和平是整体，战争是局部，中国作为世界各国的中坚力量，有责任在保护自身和平统一、繁荣稳定的同时，对世界上需要维护和平的地方施以援手，这也是作为大国应该有的担当。例如，中国向世界派出的联合国维和部队，以及中国在联合国针对世界某些地区不利于和平事业发展的讨论所作出的反对，这些都是中国人民为世界和平、人类发展所做出的巨大贡献。

　　第三，弘扬中华民族热爱和平的优良传统，珍爱和平，反对战争。和平是人们安居乐业的前提。自古以来，和平的诉求一直被人们向往和推崇。和平安定的国家环境是社会不断向前发展的良药，它润泽万物，温暖如初，光彩照人。爱好和平是每一位中华儿女埋藏于心间的梦想。唯有和平安定，才能实现真正的"天下大同"，最终实现共产主义的伟大愿景。"走和平发展道路，对中国有利，对亚洲有利，对世界也有利，任何力量都不能动摇中国和平发展的信念。"[1] 和平，这一亘古不变的真理，深深地镌刻于中国传统之中。无论是在战火纷飞的残酷年代，还是安定和谐的光荣岁月，中华民族都未曾忘记对"和平"的祈祷。几千年的华夏文明在历史的变迁之中从未忘记和平所给予我们的温暖，所以我们中华民族也始终将其奉为整个民族的精神财富。全社会范围内的宣传，使得和平的观念深入人心。历史上残酷的战争，也能使得当代人民更加铭记战争带来的创伤，从而珍惜和平岁月的来之不易。新的历史时期，国际环境的改变和国内环境的改善，使得爱好和平的传统在社会生活中被赋予了新的时代内涵。随着社会的发展进步，我们要挖掘出具有符合时代意义的新元素，反对战争，为"和平发展"的深入推进做出应该有的贡献。

_____

① 习近平：《论坚持推动构建人类命运共同体》，中央文献出版社，2018，第214页。

第四，热爱和平，同时坚决维护国家主权、安全、发展利益。中华民族始终把和平当作社会发展的基石，在新的历史时期下，更是以全新的姿态显示出大国对于维护和平的立场，彰显出了中国的大国风貌。爱好和平也是一种中华民族与生俱来的能力，是中华民族的优良基因。这个基因在一代代的传承中进化得越来越好，在后天的努力中也被完善得很好。这种刻在骨子里的基因，是必将继续传承下去的。同舟共济、荣辱与共是中华儿女自始至终的优良品格。在和平发展的今天，更是需要这样一种品质来继续维持和平的现状，防止不利于和平事业继续发展的相关影响因素的滋生，保证持续稳定的状态。"中国不觊觎他国权益，不嫉妒他国发展，但决不放弃我们的正当权益。中国人民不信邪也不怕邪，不惹事也不怕事，任何外国不要指望我们会拿自己的核心利益做交易，不要指望我们会吞下损害我国主权、安全、发展利益的苦果。"①

### （四）继承发扬勤劳勇敢传统

在中华民族的传统美德中，勤劳勇敢是最普遍、最质朴、影响最广的一种优良品质，在中华文明史上具有极其深远的影响，它也成了激励一代代中华儿女拼搏奋进的思想精髓。纵观中华民族悠久的文明史，从远古至今，历朝历代人们的日常生活都离不开"勤劳勇敢"四字，数千年的沧桑岁月早已将"勤劳勇敢"这一伟大精神化作了一种质朴的民族精神，而勤劳勇敢精神之中也正包含了"艰苦奋斗、吃苦耐劳、不畏艰险、俭朴勤奋、勇于攀登，不屈不挠"等强大的精神力量，而且中华民族"生生不息、坚不可摧"的强大的生命力也正源于此。勤劳是指人民大众对于劳动的一种态度及其行为表现的综合体现。它深刻地反映出了人们在自身生存和发展的过程中面临威胁时而进行斗争的状态。热爱劳动、勤奋努力、不怕吃苦、不怕劳累是勤劳的具体表现。中华民族自古以来就十分重视勤劳的优良品质，并将其视为事业成功、家庭和睦、国家繁荣的基础。随着社

---

① 《习近平关于中国特色大国外交论述摘编》，中央文献出版社，2020，第 260 页。

会的发展与进步，勤劳的含义变得更为丰富。它不仅仅指劳动中需要付出的体力与汗水，而且也指人们对自身与他人劳动成果的尊重与珍惜，因此，勤劳与节俭相互融合为"勤俭节约"，另外，"修身、齐家、治国、平天下"也需要勤俭的品质，"民生在勤，勤则不匮""克勤于邦，克俭于家"，这些都表明了勤俭的品质所带来的好处。勇敢是人们在面对艰难险阻时所表现出来的一种坚强意志，也指一种不畏艰险、顽强拼搏的斗争精神。其作为一种优良品德，助力着生命的前行。它不仅仅是一种迎难而上的气魄，更是一种大无畏的精神。"不惧强敌""勇者无畏"等指的就是在面对强权时所表现出来的强硬态度和无所畏惧的勇猛精神。中华民族在面对外来势力入侵时，始终从容不迫、奋起反抗，这正体现出这种勇敢的民族精神。当然，勇敢精神不是要求我们去蛮干，而应该是一种有胆识、有谋略、有智慧、有眼光的勇气。中国古代哲人、思想家也推崇德才兼备、智勇双全，孔子的识人标准是"勇敢而又勇于不敢"，"临事而惧，好谋而成者"是能担大任者、能成大事者。勇敢之人也要有仁义之心，怀仁爱之义，做"大勇"之人。"勇于义而果于德"，"赴汤火，蹈白刃"，无论任何时代，都需要"舍生取义"、见义勇为之人，这是追求真理之举。勇敢之精神，也需要敢想敢干，稳抓机遇，这样才能成大事、宏伟业。"我们党诞生于国家内忧外患、民族危难之时，一出生就铭刻着斗争的烙印，一路走来就是在斗争中求得生存、获得发展、赢得胜利。越是接近民族复兴越不会一帆风顺，越充满风险挑战乃至惊涛骇浪。不忘初心、牢记使命，必须安不忘危、存不忘亡、乐不忘忧，时刻保持警醒，不断振奋精神，勇于进行具有许多新的历史特点的伟大斗争。"①

第一，坚持培育和践行社会主义核心价值观，大力发扬勤劳勇敢的优良传统。中华民族勤劳勇敢的传统早在中华民族诞生之日起就随中华大地应运而生，在远古时代，正是这勤劳勇敢的精神使得中华民族得以生存、

---

① 《习近平谈治国理政》第3卷，外文出版社，2020，第542页。

进化、发展，在勤劳之中获得智慧，勇敢之中汲取养分。"愚公移山""夸父逐日""精卫填海""神农尝百草"等神话故事反映了我们祖先不屈不挠、勇于拼搏的精神气魄。早在远古时期，中华民族的祖先就开始靠自身的勤奋努力谋求自身生存发展，战天斗地，勤俭节约，用自身的辛勤劳动换取相应的劳动成果，不断生息繁衍。面对恶劣的自然环境，中国古代劳动人民有着极强的承受能力，在艰难困苦中不断奋斗，用实际行动书写了一部敢想敢做、可歌可泣的奋斗史。在数千年的峥嵘岁月中，中国劳动人民用智慧和汗水创造出了一个又一个无与伦比的伟大奇迹，绵延不绝的万里长城，造福天府之国的都江堰水利工程，声势浩大的京杭大运河，等等，这些伟大工程无一不是中华民族勤劳与智慧的结晶，也是中华民族勇敢拼搏、艰苦奋斗、辛勤劳动的历史产物。社会主义核心价值观从国家层面、社会层面和个人层面分别对我们公民提出了要求，是中国精神的精华。在新时代，社会主义核心价值观是中华优良传统的凝练表达，践行社会主义核心价值观，可以净化社会风气，传播主流价值思想，形成一种良好的社会风尚。当今时代，面对思想意识多元多样多变的状况，我们要牢牢把握社会主义核心价值观，积极主动地与社会主义核心价值观相悖的事物做斗争，宣传社会主义核心价值观的现实价值，将其融入人民群众生活的方方面面，使得广大人民群众自主自觉地认同和践行社会主义核心价值观，从而发扬勤劳勇敢的奋斗精神。广大青年尤其要弘扬奋斗精神。"奋斗是青春最亮丽的底色。'自信人生二百年，会当水击三千里。'民族复兴的使命要靠奋斗来实现，人生理想的风帆要靠奋斗来扬起。没有广大人民特别是一代代青年前赴后继、艰苦卓绝的接续奋斗，就没有中国特色社会主义新时代的今天，更不会有实现中华民族伟大复兴的明天。千百年来，中华民族历经苦难，但没有任何一次苦难能够打垮我们，最后都推动了我们民族精神、意志、力量的一次次升华。今天，我们的生活条件好了，但奋斗精神一点都不能少，中国青年永久奋斗的好传统一点都不能丢。在实现中华民族伟大复兴的新征程上，必然会有艰巨繁重的任务，必然会有艰难险阻甚至惊涛骇浪，特别需要我们发扬艰苦奋斗精神。"①

第二，坚持进行新的历史条件下的伟大斗争，不断增强勤劳勇敢的奋斗精神。中国古代的杰出人物也都有着勤劳勇敢的高尚品质。"报德明功，勤数恳恳"是勤勤恳恳的工作态度，"业广惟勤"体现了伟业实现的必备品质即是"勤劳"。《尚书》中记载，周文王从未贪图享乐，对待国事废寝忘食，为政者应以其为榜样。唐代的杜佑完成了《通典》一书花费近 30 年时间；明朝的李时珍历时 30 载终成《本草纲目》；清代完成的学术史著作《宋元学案》，是从黄宗羲开始，经过黄百家、全祖望、王梓材等先后补充订正，最后才得以完成。古人勤奋好学的故事更是比比皆是，悬梁刺股、凿壁偷光、积雪囊萤、燃糠自照等，还有"天大寒，砚冰坚，手指不可屈伸"的宋濂，这些故事都是古人刻苦钻研的典范。中国古代劳动人民除了勤奋好学之外，其坚强勇敢的精神也在历史的长河中留下了烙印。在古代王朝更替之中，中国发生了多起农民起义和农民运动，以"陈胜吴广起义"和"太平天国运动"为主要代表的一系列农民运动，也显示出了中国古代劳动人民反抗压迫、追求自由的品性。面对列强的欺凌和侵略，中国人民从未退缩，而是与敌人战斗到底。从 1840 年起，中国的国门被逐渐打开，中国人民受尽了压迫和剥削，中华儿女始终勇敢坚强地寻求救亡图存之路，尽管遭遇了重重挫折，但中国人民没有倒下，在中国共产党的带领下，中华民族历尽千难万险取得了抗日战争的胜利，用勤劳勇敢的智慧赶走了日本侵略者，随后，在中国人民坚定地支持之下，实现了解放战争的胜利，最终取得了反帝反封建的胜利，建立了一个全新的中国。在新中国的建设之中，涌现出一批又一批像雷锋、王进喜、焦裕禄、邓稼先这样的代表，他们用自己勤劳的双手，勇敢地坚守在自己的岗位上，指引着我们继续向前。改革开放以后，新中国实现了迅速崛起，在很短的时间内实现了跨越式的发展，取得了巨大的进步。而如今的中国，也将更加挺胸抬头、昂首阔步地走向更美好的明天。中国的发展离不开勤劳勇敢之传统，

---

① 《习近平谈治国理政》第 3 卷，外文出版社，2020，第 335～336 页。

勤劳勇敢之精神。新时代，勤劳勇敢也必将以全新的姿态继续成为中华民族走向世界、走向未来的瑰宝。勤劳勇敢精神需要在实际社会生活中进行实践，才能逐步培养起来。新时代，面对社会主义建设过程中的艰难险阻，我们要积极主动地同其斗争，将勤劳勇敢的伟大奋斗精神融入到社会主义的伟大实践当中，从而带领人民有效地应对重大挑战、化解重大风险、克服重大阻力、解决重大矛盾。只有发扬勤劳勇敢的奋斗精神，提升实际斗争本领，才能有效防范化解政治经济、外部环境、党的建设等领域的诸多风险。

第三，坚持时不我待只争朝夕的奋斗姿态，提升勤劳勇敢奋斗精神的自觉性。新时期，勤劳勇敢的优良传统关乎中国特色社会主义建设的方方面面，要始终发扬勤劳勇敢之精神，除"外化于行"之外，也要"内化于心"，在中国共产党的带领下，不忘初心、牢记使命、凝心聚力、攻坚克难，以时不我待的魄力和只争朝夕的态度，不断向社会主义强国的目标迈进，在人类历史中创造中华民族的伟大时刻。勤劳勇敢的优良传统，也是一种伟大的奋斗精神，需要一种由内而外的自觉性，在自觉中融入实践，体现一种极强的"主人翁意识"，将被动转化为主动，自觉学习，勤于实践，不断提升自身素质，提高奋斗本领，以一种"永不止步"的斗争姿态攻坚克难，推动自身发展，进而推动社会的不断进步。习近平指出："温室里长不出参天大树，懈怠者干不成宏图伟业。广大党员、干部要在经风雨、见世面中长才干、壮筋骨，练就担当作为的硬脊梁、铁肩膀、真本事，敢字为先、干字当头，勇于担当、善于作为，在有效应对重大挑战、抵御重大风险、克服重大阻力、解决重大矛盾中冲锋在前、建功立业。"①

## （五）继承发扬自强不息传统

自强不息是中华民族的优良传统，早在先秦时期，思想家们就对其有

---

① 《习近平谈治国理政》第 3 卷，外文出版社，2020，第 542 ~ 543 页。

着深刻的认识。孔子的很多思想都涉及"自强不息"这一主题。例如，在《论语》中记载，他曾表示："发愤忘食，乐以忘忧，不知老之将至。"这句话就告诫我们，要发愤图强，保持自强不息的品性，才能过好自己的人生；另外，《论语》中也对志士仁人提出了要求——"士不可以不弘毅，任重而道远"。"仁以为己任，不亦重乎；死而后已，不亦远乎！"这些都是在强调自强不息精神对于个人发展的重要性；《周易大传》是战国时期的著作，其中包含了对自强不息传统精神的集中概括，这表明了自强不息精神自古以来的重要性。"天行健，君子以自强不息"出自《周易·乾·象传》，说明了君子应该有自强不息的美德，这样才能符合君子的气度。"自强不息、厚德载物"是中华民族宝贵的民族精神，后来被清华大学当作其校训用来激励一代又一代的学子。自强不息精神也是中华民族精神的基本内核，是中国精神凝练的表达，这也激发着中国人民奋发图强、励精图治、奋勇向前的前进步伐，深刻地影响着中国人的思想品格和心理素质，同时也是中华民族生存和发展的精神活力，对民族的发展起着巨大的推动作用。在国家发展进程中，自强不息的伟大精神鼓舞人民奋发有为、建功立业，在艰难困苦面前，始终保持稳定，不计较得失，在国家和民族危在旦夕、生死存亡的生死关头，给予了中国人民强大的志气与毅力，激发出中国人民救亡图存、宁死不屈的豪情壮志，最终实现保家卫国、建功立业的伟大壮举。自强不息的传统，在中华民族薪火相传，同时又是与时俱进、不断创新的伟大精神。

第一，青年学生应该加强自强不息精神的培育，争做民族精神的传承者、社会主义的接班人。青年学生是未来社会主义事业的建设者和开拓者，需要树立正确的价值观、人生观、世界观，做新时代的社会主义的接班人。对于青年学生，要遵循教育加引导的方式，在展现个性特点的同时，要对其施加影响，以达到青年学生自觉培养自强不息精神的目的。价值观的养成对于一个人认识世界具有决定性作用，要在教育引导的前提下开展多元的思想教育工作，鼓励青年学生多投身实践，开展自主创业，不断培育其独立自主的优良品质，传承发扬自强不息的优秀传统，弘扬自立自强的民族精神。当代大学生要从自强不息的民族精神中汲取精华，树立艰苦奋斗、吃苦耐劳的精神，把外界的不利环境和挫折看成自己走向自立自强的垫脚石，从而使自己各种能力得到全面的提高和发展，为中华民族的伟大复兴做出贡献。

第二，加大网络新兴媒体对社会正能量的宣传和正确的导向作用，不断发扬自强不息的优良传统。良好社会风气的形成，需要正确的舆论引导，只有充满正能量的社会才能培育出积极向上、奋发有为的个体，才能形成更好的社会氛围，从而实现良性循环。随着科技的进步和网络时代的到来，人们利用网络开展一系列的社会活动，由此，新兴媒体在舆论导向方面发挥着巨大的作用，我们要学会借助这些网络媒体宣传自强不息的优良传统所具有的时代意义，结合一系列优秀典范人物的英雄事迹进行正确的舆论引导，让社会上的人们从思想上、行动上得到自强不息精神的熏陶，引导他们用科学的、历史的眼光去看待现实生活中的各种困惑和问题，促进人们思想进步和健康发展，不断树立自强不息的优良品质，为个人奋斗之路增添光辉，为社会发展注入鲜活的生命力。

第三，加快推进自强不息的优良传统在中国特色社会主义实践中的现代转换，将自强不息精神融入到实践当中。"天行健，君子以自强不息"，作为一名君子，应该有自强不息的思想，坚韧不拔的意志，坚强不屈的气魄，永不止息的奋斗精神，努力加强自我道德修养，提升自身思想素质，并努力完成和发展自己的学业或事业，能做到如此的人才真正体现了坚强的意志和品格，不辜负人们对君子的责任和才能的期许。流传至今的寓言故事同样塑造了中国人民的精神基因，"愚公移山""羿射九日""精卫填海"的故事是中国人耳熟能详的，正是这样的故事广泛流传，以及无数个无名的个体切身践行着自强不息、艰苦奋斗的精神品格，这才构成了中国优秀传统文化和中国精神的主旋律。中华民族自强不息的优良传统是中国数千年发展进步的精神支柱，有着中华民族独有的历史特点。推进自强不息的优良传统在中国特色社会主义实践中的现代转换，就是指在新时代的历史背景下，结合时代背景和时代特色，把自强不息的民族精神融入到中国的社会主义事业的伟大实践中去，在开拓进取中实现对自强不息精神时代内涵、时代使命和时代价值的特色性转换，把思想与实践接轨，突破历史和时代的局限性，立足于现实生活，扎根于中华大地，进而发挥出生生不息的生命力。

## 二　继承发扬中华民族革命文化

中国共产党自从成立起就带领中华民族和中国人民走上了救亡图存之路，在漫长且艰苦的伟大奋斗历程中，形成了革命文化，革命文化以其独特的方式滋养了一代代中国共产党人在面对内忧外患时不屈不挠、顽强斗争的伟大革命精神，同时也成为鼓励中华儿女在艰苦卓绝的条件下，怀着革命的热情，不断攻坚克难、从胜利走向新的伟大胜利的精神动力和制胜法宝。革命文化和革命精神已经成为维系中国共产党蓬勃发展、人民安居乐业、民族长盛不衰、国家兴旺发达的不竭精神动力。中国精神的发展创新必须继承发扬中华民族革命文化，牢记革命历史，保护好革命文化遗产，传承革命理论，宣传革命先烈和革命英雄，弘扬革命精神。

### （一）牢记革命历史

在中国近代历史发展进程中，中国人民为了国家的发展开展了一系列的革命和改革运动，尝试过各种形式的救亡图存运动，有较为激进的农民运动、试图革新救国的戊戌变法，以及比较先进的资产阶级民主革命，但是这些伟大的尝试或者自救运动都没有改变中国的命运。直到中国共产党的诞生，中国的命运才被彻底改写。中国人民在中国共产党的带领下经历了一系列风风雨雨，从而实现了从"站起来"、"富起来"到"强起来"的伟大跨越和艰难蜕变。几十年的时间里，中华大地上发生了翻天覆地的变化，从腥风血雨、风雨飘摇的伟大革命岁月，到举步维艰、艰苦卓绝的伟大建设时期，再到克难奋进、飞速崛起的改革开放时期，以及今天的新时代，革命文化的代代发展都是维系中华儿女团结奋进、自强不息的价值桥梁和精神纽带，如同永不熄灭的火把持续释放着自立自强、艰苦奋斗的光与热。2013年7月，习近平赶赴革命圣地西柏坡开展调研考察工作，在西柏坡红色革命历史纪念基地，重温了毛泽东同志"夺取全国胜利，这只是万里长征走完了第一步"① 的伟大论断。2013年11月25日，习近平总书记参观了沂蒙精神展，当地相关工作人员向习近平介绍了沂蒙地区的革命历史。习近平在随后会见沂蒙地区模范代表时深刻表示，沂蒙山区的沂蒙精神作为伟大革命精神的重要组成部分，是中国共产党革命建设过程中的伟大精神财富，并强调要大力发扬沂蒙精神，发掘其中对新时代国家建设中有利的方面，为中国社会发展贡献一份力。2014年10月31日，习近平来到福建省上杭县古田镇，在相关人员的陪同下参观了古田会议会址，出席了正在古田召开的全军政治工作会议，并回顾老红军艰苦卓绝的战斗岁月。习近平指出："革命历史是最好的营养剂，多重温我们党领导人民进行革命的伟大历史，心中就会增添很多正能量。"② 因此，习近平多次追寻红色足迹、要求宣传红色事迹和红色故事，这些精神是中国近现代发展历史上的基础，要牢记历史，从历史之中寻找未来，将时代的大任完美地接过来，夺取最终的胜利。

### （二）保护好革命文化遗产

革命文化具有物质形态和精神形态两种表现形式，物质形态包括革命文物和文学艺术作品。在艰难的革命斗争时期，中国共产党带领中国人民在自身发展或者与敌人进行斗争时，创建了许多红色政权和革命根据地，在这些地方留下来大量的与革命斗争相关的历史文物和纪念品，它们代表着中国共产党的革命斗争历程，昭示着中国革命的伟大胸怀，把革命年代

---

① 《毛泽东选集》第4卷，人民出版社，1991，第1438页。
② 《党面临的"赶考"远未结束——习近平总书记再访西柏坡侧记》，《人民日报》2013年7月14日。

的沧桑岁月淋漓尽致地展现了出来。革命文艺工作者为了鼓舞人民群众的革命热情和革命斗志，创造了一批又一批文艺作品，有脍炙人口、通俗易懂的小说、戏剧、诗词，有朗朗上口、有腔有调的革命歌曲，有展现革命情怀的美丽舞蹈，还有表现革命者奋不顾身、奋勇杀敌的美术作品以及鼓舞人心、参与战斗的标语口号等，人民群众也对战争年代有感而发，创作出了大量的民间艺术作品，涉及中国共产党视死如归的革命故事、歌谣、顺口溜等。这些难以计数的革命文物和文学艺术作品在那个时代激励了中华儿女挥洒汗水、勇于奋进，直至今天依然焕发着生机与活力，是鼓舞中国人民开拓进取、不断向前的精神动力。2015 年 2 月 13 日，习近平来到陕西考察调研，在相关人员的陪同下参观了革命老区，习近平指出："革命老区是党和人民军队的根，我们永远不能忘记自己是从哪里走来的，永远都要从革命的历史中汲取智慧和力量。老区和老区人民为我们党领导的中国革命作出了重大牺牲和贡献，我们要永远珍惜、永远铭记。我们要实现第一个百年奋斗目标，全面建成小康社会，没有老区的全面小康，没有老区贫困人口脱贫致富，那是不完整的。各级党委和政府要增强使命感和责任感，把老区发展和老区人民生活改善时刻放在心上，加大投入支持力度，加快老区发展步伐，让老区人民都过上幸福美满的日子，确保老区人民同全国人民一道进入全面小康社会。"① 2015 年 6 月 16 日，习近平在贵州遵义考察调研，并参观了遵义会议会址和遵义会议陈列馆，与当地工作人员交流了革命胜利的相关情况。革命老区作为革命文化遗产的一部分，时刻告诫我们要铭记历史，不忘初心，激励着一代代中华儿女拼搏奋进、自强不息，不断夺取新时期的伟大胜利。

### （三）传承革命理论

中国共产党领导的革命斗争是以马克思主义作为指导的，不是盲目地、随机地制定方针政策的。革命发展史也是一部马克思主义中国化的伟

---

① 《向全国人民致以新春祝福 祝祖国繁荣昌盛人民幸福安康》，《光明日报》2015 年 2 月 17 日。

大历史，在革命发展历程中，中国共产党勇于探索、敢于创新、善于修正错误，解决了东方落后的农业国家如何在无产阶级领导下进行革命的问题。如走具有中国特色的农村包围城市、武装夺取政权的革命道路，在不同时期联合的对象不同，目的是形成最广大的统一战线，进行土地革命可以很大程度上解决广大农民的土地问题，制定克敌制胜、灵活有效的军事战略，时刻不忘保持中国共产党人在面临任何困难时的先进性、廉洁性要求，在极其艰苦的条件下开展卓有成效的宣传工作和鼓舞工作。这些具有指导意义的政治、经济、军事、文化等领域的相关举措，伴随着中国革命事业的蒸蒸日上的发展局面，也在逐步趋于完整和成熟，是中国近现代革命文化中的重要组成部分。

### （四）宣传革命先烈和人民英雄

在中国共产党领导的革命战争时期、艰难探索时期以及改革开放时期，涌现了一批又一批为革命事业抛头颅洒热血的义士，他们具有浓烈的爱国情怀、超高的领导才能、无限的人格魅力，在中国革命的道路上留下了不朽的壮丽史诗，党和人民永远不会忘记他们。习近平曾经对伟大领袖毛泽东进行了这样的评价："在为中国人民不懈奋斗的光辉一生中，毛泽东同志表现出一个伟大革命领袖高瞻远瞩的政治远见、坚定不移的革命信念、勇于开拓的非凡魄力、炉火纯青的斗争艺术、杰出高超的领导才能。他思想博大深邃、胸怀坦荡宽广，文韬武略兼备、领导艺术高超，心系人民群众、终生艰苦奋斗，为中华民族和中国人民建立了不朽功勋。"[1] 在纪念周恩来同志诞辰120周年座谈会上，习近平高度评价周恩来同志，指出："周恩来同志半个多世纪奋斗的人生历程是中国共产党不忘初心、牢记使命历史的一个生动缩影，是新中国孕育、诞生、成长和取得崇高国际威望历史的一个生动缩影，是中国人民在自己选择的革命和建设道路上艰辛探索、不断开拓、凯歌行进历史的一个生动缩影。周恩来同志是近代以来中

---

① 习近平：《论中国共产党历史》，中央文献出版社，2021，第55页。

华民族的一颗璀璨巨星，是中国共产党人的一面不朽旗帜。周恩来同志的崇高精神、高尚品德、伟大风范，感召和哺育着一代又一代中国共产党人。周恩来同志身上展现出来的中国共产党人的崇高精神，是历史的，也是时代的，将激励我们在新时代坚持和发展中国特色社会主义征程上奋勇前进。"① 在纪念刘少奇同志诞辰 120 周年座谈会上，习近平高度评价刘少奇同志，指出："刘少奇同志数十年如一日的不懈奋斗，在我们党的历史上、在中华民族走向伟大复兴的历史上占有重要地位。刘少奇同志的崇高品德和高尚情操，无论过去、现在、将来都是中国共产党人和中国人民学习的光辉榜样。"② 英雄人物是国家和社会的榜样，我们要一直倡导在全国、全社会范围内都要崇尚英雄的豪气、捍卫英雄的荣耀、学习英雄的大义、关注英雄的事迹，习近平还指出"一个有希望的民族不能没有英雄，一个有前途的国家不能没有先锋"③。2014 年，第十三届全国人民代表大会第二次会议在北京顺利召开，此次会议审议通过了对于英烈起到保护作用的法律——《中华人民共和国英雄烈士保护法》，这部法律对英雄烈士本人以及其相关物品都进行了相应的保护，另外也将英雄烈士的名誉和英雄烈士的相关建筑等都纳入了法律保护的范围，这项措施以立法的途径实现了对革命英雄人物的保护，是国家对英雄人物最大的尊重。另外，全国人大常委会也经过研究讨论，以立法的形式增设了中国人民抗日战争胜利纪念日、南京大屠杀死难者国家公祭日、中国烈士纪念日等一系列新的、具有重要意义的纪念日，提醒人们和平年代也不忘战争所带来的创伤。全国人民缅怀英雄、纪念英雄、认同英雄是对历史最好的回忆。党的十八大以来，习近平不断参加中国纪念烈士日的相关活动，出席国家公祭仪式，并以最隆重、最庄严的形式组织开展中国人民抗日战争暨世界反法西斯战

---

① 习近平：《在纪念周恩来同志诞辰 120 周年座谈会上的讲话》，《人民日报》2018 年 3 月 2 日。

② 习近平：《在纪念刘少奇同志诞辰 120 周年座谈会上的讲话》，《人民日报》2018 年 11 月 24 日。

③ 习近平：《在颁发中国人民抗日战争胜利 70 周年纪念章仪式上的讲话》，《人民日报》2015 年 9 月 3 日。

争胜利 70 周年的大型纪念活动，向世界宣告了中国人民缅怀英雄、铭记历史的坚定立场。正如习近平所说："走得再远都不能忘了来时的路"①，不忘过去，珍惜和平，开创未来。缅怀革命历史和英雄将有助于唤醒和加强党领导下的中国革命历史集体记忆，构建革命文化认同的正确历史观，进而有助于维护国家文化安全和意识形态安全。2016 年 2 月 2 日，习近平来到井冈山革命根据地，与当地工作人员了解了相关历史发展，并指出"和平年代同样需要英雄情怀"，要发扬英雄模范的奉献精神，汲取其精神的养分，充分发挥新时代的模范带头作用。习近平也要求我们多宣传红色精神和感人事迹，找寻模范榜样，营造一个充满正能量的社会氛围。另外，要"引导人民树立和坚持正确的历史观、民族观、国家观、文化观，增强做中国人的骨气和底气"。② 祖国的繁荣发展离不开英雄，任何时代"歌唱祖国、礼赞英雄从来都是文艺创作的永恒主题，也是最动人的篇章。"③

### （五）弘扬革命精神

革命文化除了有物质形态，还具有精神形态。革命文化所凝练的革命精神有很多，其中包括革命战争时期的红船精神、井冈山精神、苏区精神、长征精神、延安精神、沂蒙精神、西柏坡精神等，以及和平建设时期的雷锋精神、铁人精神、焦裕禄精神、"两弹一星"精神、红旗渠精神、小岗精神、特区精神、九八抗洪精神、抗击非典精神、抗震救灾精神、载人航天精神、北京奥运精神等。进入新时代，在新的历史时期，面对决胜小康的最后一站，中国人民团结一心共同打赢了脱贫攻坚战，形成了"上下同心、尽锐出战、精准务实、开拓创新、攻坚克难、不负人民"的脱贫

---

① 《习近平谈"初心"系列之三：走得再远都不能忘记来时的路》，中国共产党新闻网，ht-tp://dangjian. people. com. cn/GB/n1/2019/0703/c117092 - 31210370. html，最后访问日期：2022 年 2 月 18 日。
② 《习近平关于社会主义文化建设论述摘编》，中央文献出版社，2017，第 166 页。
③ 《习近平关于社会主义文化建设论述摘编》，中央文献出版社，2017，第 175 页。

攻坚精神。历史前行路上的每一步，都离不开伟大精神的滋养和引领；风雨无阻征途中的每一程，都割不掉中国精神的磨砺和传承。面对百年未有之大变局，面对社会发展的新动态，面对新时期下的新形势，面对"第二个一百年奋斗"的新目标，面对国内改革发展稳定的艰巨任务，面对中华民族伟大复兴中国梦的实现宏愿，面对推动"国家富强、民族振兴、人民幸福"的巨大挑战，都需要我们开足马力、大力弘扬伟大的革命精神，以越是艰险越向前的气魄、越是辛苦越努力的干劲乘风破浪、奋勇搏击，在全面建设社会主义现代化强国的新征程上拼搏奋进、劈波斩浪，为夺取新的伟大胜利而不懈努力。历史的往事已经成为过去，未来的征程等待着中华儿女的奋勇前行，自党的十八大以来，习近平同志曾经多次对红色遗址进行考察调研，也提醒着中国人民要努力从中国革命历史、优良传统和伟大精神中把握已知、汲取养分，感悟中国革命红色精神的深刻内涵，继承优良传统，传承优秀的红色基因。2017 年 10 月 31 日，习近平带领中共中央政治局常委一同参观了上海中共一大会址和浙江嘉兴南湖红船。2019 年 5 月 21 日，习近平来到中央红军长征集结出发地于都，高度称赞了长征精神。他强调："我们一定要牢记红色政权是从哪里来的、新中国是怎么建立起来的，倍加珍惜我们党开创的中国特色社会主义，坚定道路自信、理论自信、制度自信、文化自信。革命理想高于天。理想信念之火一经点燃，就永远不会熄灭。在中央苏区和长征途中，党和红军就是依靠坚定的理想信念和坚强的革命意志，一次次绝境重生，愈挫愈勇，最后取得了胜利，创造了难以置信的奇迹。我们不能忘记党的初心和使命，不能忘记革命理想和革命宗旨，要继续高举革命的旗帜，弘扬伟大的长征精神，朝着中华民族伟大复兴的目标奋勇前进。今天，在新长征路上，我们要战胜来自国内外的各种重大风险挑战，夺取中国特色社会主义新胜利，依然要靠全党全国人民坚定的理想信念和坚强的革命意志。"① 革命精神始终是支撑共产党

---

① 《贯彻新发展理念推动高质量发展 奋力开创中部地区崛起新局面》，《光明日报》2019 年 5 月 23 日。

人勇于搏击、艰苦奋斗的强大动力和政治优势，因此，中国共产党人要牢牢把握革命精神，在新时代下发挥出自身的政治优势，带领中华民族走向复兴。

## 三 发展社会主义先进文化

所谓社会主义先进文化，就是在马克思主义的指导下，弘扬中国优秀传统文化，发扬革命文化，汲取外来文化中的先进因素，兼顾中华民族的精神追求，并且始终代表着中国发展方向的、具有实际指导意义的文化。社会主义先进文化具有政治属性，它涉及相关政治立场、方向，其将"马克思列宁主义、毛泽东思想、中国特色社会主义理论体系"作为指导思想；"立足当代中国现实，结合当今时代条件，发展面向现代化、面向世界、面向未来的，民族的科学的大众的社会主义文化，推动社会主义精神文明和物质文明协调发展。"[①] 发展社会主义先进文化的目的是在人民大众中产生一种良好的氛围，在社会上营造一种正义的气氛，培育有理想、有道德、有文化、有纪律的"四有"公民，加快推进人民思想道德素质的提升，为社会的全面进步作铺垫。

### （一）坚持主流意识形态引领

主流意识形态对人民大众有很深的影响力，这种在全社会范围内形成的主流意识形态，也引导着人民群众的社会生活，人民群众对社会主流意识形态的认同体现为价值认同。认同主流意识形态对认识和解决中国社会的主要矛盾有着极高的价值。随着中国特色社会主义进入了新时代，我国的主要矛盾由"人民日益增长的物质文化需要同落后的社会生产之间的矛盾"转变为"人民日益增长的美好生活需要和不平衡不充分的发展之间的矛盾"，因此，人民除了物质需要满足之外，对精神文化的需要也在增加，

---

① 《习近平谈治国理政》第3卷，外文出版社，2020，第32页。

这就凸显了建设中国特色社会主义先进文化的重要性，特别是在民主、法治、公平、正义等诸多方面展现出多样化、个性化、多层次的需求。当下的主流意识形态正是以马克思主义作为指导思想，能够引领社会风尚的、符合社会主义发展规律的意识形态，对社会主义先进文化具有引领作用。中国特色社会主义进入了新时代，使得马克思主义在意识形态领域的地位不断得到巩固和发展，人民群众对主流意识形态的认同感也逐渐提升，不断加强社会主义意识形态的建设，坚持主流意识形态的引领作用，对于发展社会主义先进文化和社会主义制度的巩固都有着极为重要的意义。"我们在集中精力进行经济建设的同时，一刻也不能放松和削弱意识形态工作。在这方面，我们有过深刻教训。一个政权的瓦解往往是从思想领域开始的，政治动荡、政权更迭可能在一夜之间发生，但思想演化是个长期过程。思想防线被攻破了，其他防线就很难守住。我们必须把意识形态工作的领导权、管理权、话语权牢牢掌握在手中，任何时候都不能旁落，否则就要犯无可挽回的历史性错误。"① 发展社会主义先进文化，需要坚持主流意识形态的引领作用，科学地分析影响主流意识形态的因素，从国家层面统筹增强主流意识形态认同，通过新兴媒体进行宣传和监管，创新主流意识形态传播话语的表达方式，不断优化主流意识形态传播策略，牢牢掌握主流意识形态的领导权和话语权，切实增强主流意识形态领导权和话语权，增强我国主流意识形态认同，不断提升民族凝聚力、向心力，建设社会主义先进文化，实现国家的安定团结和长治久安。

### （二）培育和践行社会主义核心价值观

社会主义核心价值观是中国精神的凝练表达，它从国家层面、社会层面和个人层面对公民做了最基本的要求，是公民所遵守的基本道德准则。新时代，社会主义核心价值观的培育和践行，有利于营造良好的社会氛围，从而引领社会主义先进文化建设。社会主义核心价值观，是中华文化

① 《习近平关于总体国家安全观论述摘编》，中央文献出版社，2018，第100页。

深层次的内核所在，决定了文化的性质和方向，是国家、民族的理想和精神的充分体现，代表了中国先进文化的发展方向。社会主义核心价值观所具有的"民族性、时代性、先进性、包容性"决定了其在社会主义文化建设中的主导地位。社会主义核心价值观的提炼，是中国共产党在新时代对文化建设的深刻把握，同时也体现了对社会主义文化建设规律的准确认识，具有独特的思想价值引领作用，是提升文化自信和价值自信的一种高度自觉。另外，社会主义核心价值观作为文化建设的核心，要以其为标准引领先进文化建设，把社会主义核心价值观渗透到社会生活中去，使其在潜移默化中引导人们的工作生活。在新时期社会发展过程中，要努力推动理想信念教育常态化、制度化，大力弘扬和完善社会主义核心价值观的法律政策体系，建立健全志愿服务体系，完善文化建设长效机制，明确个人价值取向，延续中华历史发展的文脉，不断推动中华优秀传统文化的传承发展，构建社会主义和谐社会，形成具有中国特色的社会主义先进文化。

### （三）批判各类错误思潮

当下我国正处于社会转型期，在转型阶段，人们的思想意识容易产生混乱，此时社会上具有批判的理论基因和批判错误思潮的现实需要，导致国家的意识形态在一定程度上会受到错误思潮的冲击，从而影响社会主义先进文化的建设。面对思想意识领域的新形势，要做好思想教育工作和社会舆论的正面引导，营造良好的社会风气，批判错误思潮，打造良好的思想文化环境。在思想趋于动摇的关键阶段，要始终坚持对错误思潮的批判，宣扬正确的思想价值，巩固马克思主义对社会思潮的引领地位，以正确的思想教育群众，努力发展社会主义先进文化，为中国特色社会主义伟大事业提供思想支持，为新时代强国梦的实现贡献浓墨重彩的一笔。"要敢抓敢管，敢于亮剑，着眼于团结和争取大多数，有理有利有节开展舆论斗争，帮助干部群众划清是非界限、澄清模糊认识。对那些恶意攻击党的领导、攻击社会主义制度、歪曲党史国史、造谣生事的言论，一切报刊图书、讲台论坛、会议会场、电影电视、广播电台、舞台剧场等都不能为之提供空间，一切数字报刊、移动电视、手机媒体、手机短信、微信、博客、播客、微博客、论坛等新兴媒体都不能为之提供方便。"① 批判错误思潮不仅仅是为了消除错误的思想，也是为了让正确的思想在批判错误思潮的过程中不断发展，要努力做到在批判错误思潮中引领社会思潮。2013 年12 月 23 日中共中央办公厅印发了《关于培育和践行社会主义核心价值观的意见》，指明积极培育和践行社会主义核心价值观，对于巩固马克思主义在意识形态领域的指导地位、巩固全党全国人民团结奋斗的共同思想基础，对于促进人的全面发展、引领社会全面进步，对于集聚全面建成小康社会、实现中华民族伟大复兴中国梦的强大正能量，具有重要现实意义和深远历史意义，并且提出要用社会主义核心价值观引领社会思潮、凝聚社会共识。社会主义核心价值观是全社会所认可的价值共识，它所使用的就是马克思主义的思想方法，对社会主义核心价值观的培育就是对错误思潮的批判，从而引领社会思潮，其本质上就是加强马克思主义在意识形态上的主导地位，坚持用马克思主义引领社会的发展。错误思潮不利于社会的发展，有悖于正确的思想培育，需要时刻警惕其对主流价值观的消解作用。马克思主义作为中国特色社会主义建设的主导思想，需要不断与中国实际相结合迸发出新的中国化的产物，才能更好地适应中国实践的需求，与时俱进，形成具有中国特色的话语权，从而引领社会思潮。只有坚持科学地批判的传统，批判各类错误思潮，在批判中不断发展，才能实现思想文化的交流、交融、交锋，进而使得正确的思想取得主导地位，引领思想文化的社会潮流。

## 第二节　吸收外来：扩宽中国精神发展的视野

在历史的浪潮中，中国是世界四大文明古国中唯一一个文明从未中

---

① 《习近平关于总体国家安全观论述摘编》，中央文献出版社，2018，第 102 页。

断过的国家，因此，中华民族本土历朝历代的文化不断丰富和发展着中国文化，淬炼出独具特色的中华文化，孕育出别具一格的中国精神，然而，面对世界全球化的发展趋势，不仅是经济领域的全球化，同时也是文化领域的全球化，人类文明开始相互影响，求同存异，取长补短，这符合历史发展的规律。事实证明，任何领域的"闭关锁国"都是行不通的，中国必须以马克思主义为指导，批判地吸收和继承一切世界优秀文化成果来发展自身，扩宽中国精神的发展视野，以开放、包容的态度对待外来文化，积极开展文明文化交流互鉴，融通国外有益精神文化资源，这样才能发展更为先进的中国文化，为中国精神的创新性发展注入新鲜的血液，使新时代中国精神焕发出全新的面貌。

## 一　积极开展文明文化交流互鉴

当今世界正处在"大发展大变革大调整"的时代，处于百年未有之大变局，科技革命迅猛发展、全球性危机日益严峻，全世界人民逐渐成为休戚与共的命运共同体。整个人类社会进入以信息化、物联网、大数据、智能化为代表的第四次科技革命时代，整个世界的经济、政治和文化牵一发而动全身，因此这一时期的世界发展具有不稳定性和不确定性，但是"世界多极化、经济全球化、社会信息化、文化多样化深入发展，全球治理体系和国际秩序变革加速推进，各国相互联系和依存日益加深，国际力量对比更趋平衡，和平发展大势不可逆转。"① 在此背景下，习近平总书记在不同时期、不同场合向世界人民传递中国的文明发展观。

文明交流互鉴是世界各国在社会历史发展过程中对多样性文明的尊重和平等对待。文明的发展不能倚靠自身单一的思想和理念，要本着互鉴共存的态度，开展跨文明对话活动，促使各文明间实现互补、互尊、互信、互利，从而保证文明的持续、稳定和创新性发展，这是文明发展过程中的

---

① 《习近平谈治国理政》第 3 卷，外文出版社，2020，第 45 页。

必经之路。文明交流互鉴是文明创建过程中的一个重要环节，在构建人类命运共同体的过程中，文明交流互鉴把世界文明多样性融合到一起，形成统一的文明秩序观，使得各个国家的文化求同存异、取长补短，提升了文化认同感。当今时代，积极开展文明交流互鉴是中国发展社会主义先进文化的必然选择，是增进中国文化与世界各国文化相互理解的途径。在这个过程中，能够传播中华文化，大力提升中国文化的国际影响力，吸收优秀的外来文化，构建起具有国际文化格局的新时代中华文化，拓展文化发展的新视野，不断推动中国精神的时代发展。新时代，面对纷繁复杂的国际形势，不同文明之间会存在互动的可能，文明间的相互碰撞，既可能产生合作交流，又可能产生矛盾冲突，这些正是世界各国文化间正常的文明对话过程。党的十八大以来，习近平在不同场合对新时代文明交流互鉴进行了系统的阐述，逐步形成了具有深刻指导意义的文明交流互鉴观。文明交流互鉴观是党的最新理论成果，是马克思主义引导下的文明观，是新时代的文明发展思想，是中国特色社会主义思想的重要组成部分，也是构建人类命运共同体的强大力量。我们要主动地把握文明交流互鉴观的深刻内涵，积极开展文明文化交流互鉴，探寻文明交流互鉴的实践路径，构建社会主义和谐社会。文明交流互鉴不仅仅是历史和文化方面的交流互鉴，也是政治多极化的国际秩序理念和国际政治理念。中国作为世界大国，以其飞速发展的态势逐步由国际秩序的参与者转变为领导者，在文化相互融通的历史发展过程中显示出，文明只有在交流中才能得到稳定发展，文明的发展绝不能唯我独尊、妄自尊大，要相互依存，相互学习，没有绝对孤立的文明，只有在共存中才能发展壮大、不断变强。习近平新时代文明交流互鉴观是在价值共识基础上构建新秩序，深刻把握文明交流、互鉴、共存、进步的理想信念，努力开拓进取，在价值理念和道德责任观念上形成合力，加快倡导互鉴、共存、进步的文明合作观，把新时代的文明理念灌输到文明发展的方方面面，推动社会主义文明进步。新时代的发展征程中，中国不仅要提升经济政治地位，而且也要提升文化软实力，在国际舞台上增强社会主义文化的国际话语权，开展文明交流活动，传播中国思想，凝聚中国力量，传递中国声音，展示出中国在维护人类共同利益、推动世界各国共同发展上所做出的巨大贡献，维护中国的国际形象，提升国际文化治理能力的现代化，兼顾"引进来"和"走出去"的方针政策，积极开展国际文化合作，为构建国际文化传播格局和创造性地发展国际文化治理格局提供了方向。面对新时期的大国外交实践，我们要本着平等、开放、包容的新型文明观，把高层次的任务和目标作为发展实践的方向，树立积极主动交流互鉴的思想观念，把中华文明融入到文化治理实践中，以中国方案引领国际文明秩序，加快构建多层次、宽领域、多互动的文化文明交流互鉴新格局，为对外文化交流提供崭新的发展思路，在协调和处理好各方面因素的同时，积极开展文明交流互鉴，不断促进文化的发展、文明的进步，为人类文明贡献中国的一份力，为世界的和平与进步开创崭新的发展思路。

不论历史上或者当今文明之间有多少冲突，这都是正常的，是文明多样性发展的根本动力，各国之间取长补短、求同存异才是良策，这样才能建立起各个文明之间的纽带，为世界的美丽贡献各国的力量。只有坚持"美人之美、美美与共"的思想方针；秉持"兼容并包、互学互鉴"的思想态度；把握好自身优势，才能取得长足进步。只有文化平等、共同交流，才能让人类文明在交流互鉴中熠熠生辉。

## 二　融通国外有益精神文化资源

马克思主义自从诞生之日起，就十分注重学习和借鉴其他优秀的思想精华，马克思主义之所以可以实现几百年屹立不倒，并成为伟大的人类瑰宝，其中一个重要原因就在于马克思主义理论直接批判地继承和吸收人类在19世纪所创造的优秀思想成果——德国古典哲学、英国古典政治经济学和法国空想社会主义的合理成分。马克思主义的伟大之处在于，它不像其他理论那样片面地否定其他理论成果，而是将人类历史上的优秀思想理论等优秀成果进行吸收、继承和发扬，形成了具有包容性的马克思主义理论。马克思主义吸收借鉴了人类历史上的优秀成果。马克思受益于德国古典哲学，受黑格尔思想的影响，在前人的基础上发扬了辩证法的真正精神，剥离了黑格尔辩证法中存在非唯物主义的理论因素。英国的古典政治经济学，引导马克思开始思考社会经济现象，促使他对人们之间的贫富差距有了更多的关注，另外，逐渐开始思考资本家与雇佣工人之间的地位差距。于是，马克思开始深入研究英国古典政治经济学理论，围绕着政治经济学相关内容展开了思考，最后，寻找到了"劳动交换"这一突破点，认为劳动是具体劳动和抽象劳动的辩证统一，对劳动的内涵做了深刻的阐释，批判了一直被资本家所掩盖的经济理论，最终揭示了剩余价值理论——这是马克思的两大发现之一。法国的空想社会主义，让马克思开始思考社会主义的可行性和合理性，为社会主义运动和创立社会主义国家著书立说，创造出了科学的社会主义基础理论，这就是后来的马克思主义理论发展的最初原型。

毛泽东也多次强调要辩证地学习西方："西洋的东西也是要变的。西洋的东西也不是什么都好，我们要拿它好的。我们应该在中国自己的基础上，批判地吸收西洋有用的成分。"① 毛泽东对于如何正确地学习西方也有过论述，他认为，中国要想发展必须大力吸收外来文化，汲取外来文化中的营养，发展壮大我们自身，但是否定"全盘西化"，要做到"取其精华，弃其糟粕"，这样才能发展出我们国家自己的文化。学习西方先进思想必须立足于本国实际和实践，不然就会水土不服。西方的文化和思想要批判性地接纳，而且各个领域都要学，但是绝不能照抄照搬。邓小平在和平建设时期对于学习西方也有过相关论述，"任何一个民族、一个国家，都需要学习别的民族、别的国家的长处，学习人家的先进科学技术。我们不仅因为今天科学技术落后，需要努力向外国学习，即使我们的科学技术赶上了世界先进水平，也还要学习人家的长处。"② 学习西方的先进思想，不是

---

① 《毛泽东文集》第 7 卷，人民出版社，1999，第 83 页。
② 《邓小平文选》第 2 卷，人民出版社，1994，第 91 页。

随意进行的，需要用马克思主义理论的科学方法对其进行甄别、筛选。历史告诉我们，关起门来搞建设是行不通的，这样做只会让国家越来越落后，当然，学习他国的经验要与"崇洋媚外"区别开来，反对全盘接收，也反对故步自封，"夜郎自大"的古代典故正是告诉我们要报以开放的胸怀，这样才能实现伟大进步。

改革开放以后，中外联系日益紧密，如何处理国外优秀文化和先进技术成为一个关键，江泽民毅然坚持上一代领导人的观点："不管是哪种社会制度下创造的文明成果，只要是进步的优秀的东西，都应积极学习和运用。对糟粕的东西则应剔除，不能学。我们在学习和借鉴资本主义国家一切好的东西时，当然不能妄自菲薄，不能对社会主义事业缺乏信心。"① "对西方的一切先进科学技术、科学管理经验和优秀文化成果，我们不仅不反对，而且要学习。"② 建设社会主义强国，必须要在独立自主的基础上积极吸收借鉴国外优秀文明成果，"建设有中国特色社会主义的经济、政治、文化，必须坚持独立自主，也必须在独立自主的基础上积极吸收国外一切有益的养料。"③ 胡锦涛同志告诉我们，新时代，要有开阔的胸怀面对外来事物，积极融入国际社会，学习借鉴有利于我国发展的实战经验和优秀成果。我们始终要把自己放在世界发展的全局中整体考量，放眼世界，坚持在各个领域的对外开放，促进中国社会的快速发展。中华文化要发展繁荣，就必须融通国外优秀文明资源，为己所用。当然，也要根据自己的国情，保持"以我为主、为我所用，辩证取舍、择善而从"的思想态度面对外来文化，这样才能发展我国，使得国家在各个领域都能立于不败之地。

习近平对待外国优秀文化资源的态度与前几代领导人是一脉相承的，也呈现出新的时代特点，习近平曾多次强调要辩证地学习国外优秀文化，更加强调要树立文化自信，吸收国外的先进文化的根本目的是为我所用，

---

① 《十三大以来重要文献选编》下，人民出版社，1993，第2068页。
② 《江泽民文选》第1卷，人民出版社，2006，第71～72页。
③ 《江泽民文选》第1卷，人民出版社，2006，第172页。

使之成为中华文化创新的资源，习近平指出："世界文明历史揭示了一个规律：任何一种文明都要与时偕行，不断吸纳时代精华。我们应该用创新增添文明发展动力、激活文明进步的源头活水，不断创造出跨越时空、富有永恒魅力的文明成果。"① 习近平还强调坚持和弘扬中国精神与学习国外优秀文化不是矛盾的，相反，世界优秀文化为中国精神的继承与发扬提供了营养，避免了思想僵化，"继承和发扬中华民族优秀传统文化，坚持和弘扬中国精神，并不排斥学习借鉴世界优秀文化成果。我们社会主义文艺要繁荣发展起来，必须认真学习借鉴世界各国人民创造的优秀文艺。"②

## 三　吸收借鉴一切优秀文明成果

"中国精神"一词的定语是"中国"，具有中国的独特性，但是其中也浓缩了世界文明的优秀成果，中国精神是以马克思主义为指导的，马克思主义对中国来说也属于"舶来品"，但现如今是党和国家的根本指导方针，因为这是中国共产党得以发展壮大、中国社会得以长治久安的理论法宝，任何时候都不能动摇。不仅如此，"马克思、恩格斯在建立自己理论体系的过程中就大量吸收借鉴了前人创造的成果。"③ 引导中国的马克思主义，也是马克思等人综合各国历史和发展规律而来的，是全世界人民的财富与结晶，这样的财富也供全世界人民享有。因此，弘扬中国精神需要吸收借鉴一切优秀文明成果，只有这样中国精神才不会成为思想的教条，才能为中国精神的发展输入活水与资源。

毛泽东曾指出，优秀的文学艺术遗产中含有大量有益的东西，它也是我们中国人民创作的原料，可以拿来借鉴，只要有益于中国的发展的元素都是值得拿来的，但是也要杜绝全盘借鉴，"借鉴"不等于"创造"。邓小平曾指出，社会主义相比资本主义有很大的优势，社会主义能够吸收资本

---

① 习近平：《深化文明交流互鉴 共建亚洲命运共同体》，《人民日报》2019年5月16日。
② 习近平：《在文艺工作座谈会上的讲话》，人民出版社，2015，第26页。
③ 《习近平谈治国理政》第2卷，外文出版社，2017，第341页。

主义中有利于社会发展的元素，进而取得最终的胜利。江泽民认为，将一切人类优秀成果熔铸于社会主义文化中，能够加快中国特色社会主义事业的建设步伐。胡锦涛同样有相关论述，"我们应该以一种兼收并蓄的博大胸怀，勇于和善于吸收人类社会一切优秀文化成果。"① 要始终保持清醒的头脑，坚持贯彻"古为今用、洋为中用"的方针，大力反对"食古不化和食洋不化"的陋习。习近平在多个重要场合多次强调，我们要正确对待世界文化。第一，世界优秀文化能帮助我们更好地发展自己，世界优秀文化中蕴含着人类的思想精华和智慧，发掘和利用现有的优秀文化，能够使我们清楚地"认识世界、认识社会、认识自己"，进而以最快的速度开创美好的未来。闭门造车、夜郎自大是不合时代潮流的，必须"借鉴吸收人类一切优秀文明成果，不断回答时代和实践给我们提出的新的重大课题，让当代中国马克思主义放射出更加灿烂的真理光芒。"② 我们始终要清楚"从什么地方开始"的逻辑起点，借鉴世界优秀文化是为了更好地发展本国文化，解决本国存在的问题，世界的智慧结晶能够帮助我们更好地回答历史提出的新问题。第二，我们吸收世界一切文明成果的根本目的是要为我所用，成为中华文化创新发展的重要资源，"吸收外来文化，贵在以我为主、为我所用，重在实现中国化、本土化，通过转化再造，使之在中国的土地上开花结果。"③ 中华传统文化要得到创造性转化和创新性发展，吸收世界优秀文化是必经之路，而实现外来文化本土化也是吸收外来文化的必然结果。第三，充分吸收优秀外来文化，并与本国文化相结合，有利于中华文化更好地走向世界，提高中国的文化话语权，让世界人民感受中国力量。只有坚持"不忘本来、吸收外来、面向未来"的思想态度，不断学习，不断超越，创造出属于自己的文化内涵，传播好当代中国人民的价值观念，才能融入到中国人民的精神世界当中，使得"中国特色、中国风格、中国气

---

① 《胡锦涛文选》第 1 卷，人民出版社，2016，第 419 页。
② 习近平：《论中国共产党历史》，中央文献出版社，2021，第 228 页。
③ 中共中央党校（国家行政学院）：《习近平新时代中国特色社会主义思想基本问题》，人民出版社、中共中央党校出版社，2020，第 257 页。

派"巍然屹立于世界之巅。要使中华文化走向世界，文化作品不仅要有民族特色，同样要有世界文化的共性，带给世界人民美的享受和智慧。第四，吸收优秀外来文化，是弘扬和发展中国精神的重要途径。中国精神包括民族精神和时代精神两部分，吸收外来文化促进中华优秀传统文化创造性转化与创新性发展，为弘扬和发展民族精神提供新的活力源泉；时代精神的核心是改革创新，外来文化同样是激励中国人民改革创新的动力。要"不忘本来、吸收外来、面向未来，更好构筑中国精神、中国价值、中国力量，为人民提供精神指引。"①

## 第三节　开辟未来：创造中国精神发展新成果

中国精神是中华民族数千年的思想积淀，是中国优秀传统文化的凝练表达。在时代变迁的过程中，中国精神不断完善和发展，才铸就了今天的伟大中国精神。在新时代的发展过程中，中国精神更需要在未来中国特色社会主义发展道路上不断推陈出新，创造出中国人民特有的思想价值体系。新时代，新阶段，新征程，面对纷繁复杂的未来世界，中国人民要把握机遇，开辟未来，创造出中国精神的新成果，把"不断推动马克思主义中国化，不断推动优秀传统文化创造性与创新性发展，不断推动社会主义文化繁荣昌盛"作为我们未来建设新时代中国精神的重点，只有把握住未来，中国精神才能焕发出巨大的能量。

### 一　不断推动马克思主义中国化

中国共产党人以马克思主义引领中国精神，发扬出了马克思主义的先进性和进步性。马克思主义中国化的实现，不仅仅是指社会发展中某一阶

① 《习近平谈治国理政》第3卷，外文出版社，2020，第18页。

段的实现，而是在革命、改革和建设过程中不断地实现马克思主义中国化，把马克思主义思想融入国家建设的方方面面，使中国精神在发展过程中，既具有科学理论的正确指导，又具有顽强的生机与活力。"从孔夫子到孙中山，我们应当给以总结，承继这一份珍贵的遗产。这对于指导当前的伟大的运动，是有重要的帮助的。"[①] 这是毛泽东关于"马克思主义的中国化"论题最为经典的表达，这彰显出了中国共产党在面对"继承和发扬中华优秀传统文化"时所表现出来的决心与使命——坚定马克思主义是正确的，也为马克思主义理论与中国优秀传统文化在新时期下的融合式发展与推动中国精神完善与发展的价值方向提供了指引，为建设新时代的伟大中国提供了价值引导。不论何时，大力弘扬和发展中国精神的前提都是坚持马克思主义指导思想的引领地位；其次是不断深入推动马克思主义中国化，结合中国实际情况运用马克思主义助力中国特色社会主义事业大发展。马克思主义中国化，从广义上来说，就是将马克思主义的基本原理和中国革命与建设的实际情况相结合，推陈出新，从而得出适合中国国情的社会主义革命和建设道路；而针对中国精神文化，就是将马克思主义理论根植于弘扬和发展中国精神的全过程当中，不断探索追求，让中国精神随着时代的发展步伐越来越成为中华儿女团结奋进的精神支柱。具体表现在以下几个方面。

一是始终坚持马克思主义指导思想不动摇。近代中国自被打开国门以后，中国人民就失去了可以抵抗外来侵略的法宝。封建主义腐朽而又软弱，在面对外敌时轻而易举就被击垮，中国人民迫不得已从西方学习政治、经济、军事、文化等领域的先进想法，终于，通过资产阶级民主革命建立了代表资产阶级的"中华民国"，事实证明，资产阶级救不了中国，中国人从"阿芙乐尔号巡洋舰"上的一声枪响中，获得了启发，开始借鉴俄国十月革命的成功经验，建立了中国共产党，最终用实际行动带领劳苦大众推翻了封建主义、帝国主义和官僚资本主义三座大山，把社会主义的

---

① 《毛泽东选集》第 2 卷，人民出版社，1991，第 534 页。

旗帜插在了中华大地上，这就是中国人引入的马克思主义所具有的强大作用。中国共产党的诞生，迎来了中国社会发展的新时期，这是伟大的历史时刻，也是中国历史上开天辟地的大事变。马克思主义和中国共产党的出现对中国人民来说是开天辟地的大事，其他的理论和思想武器在中国都是站不住脚的，只有马克思主义思想才能拯救积贫积弱的旧中国，这是由历史证明过的真理，因此自从中国共产党成立以来，中国精神的萌芽、生成与发展都是建立在马克思主义理论基础之上的，如果背离了马克思主义理论的发展方向，中国精神也将失去科学理论的指导，不断走向历史的逆流。正如习近平所强调的那样："在坚持马克思主义指导地位这一根本问题上，我们必须坚定不移，任何时候任何情况下都不能有丝毫动摇。"[1]

二是始终坚持把中国革命建设和改革过程的实践经验和历史经验提升为理论。中国共产党成立至今，在风风雨雨中已经走过了100年的光辉岁月，涌现了许许多多英勇奋战、坚强不屈、舍身为国、视死如归的英雄人物，如董存瑞、赵尚志、黄继光、邱少云等；艰苦奋斗、无私奉献的雷锋、焦裕禄等；敢于开拓、勇于进取的科学家们；以及各行各业坚守岗位不怕困难的人。因为有了他们的无私奉献，中国精神的生成与发展才有了丰厚的资源与素材。中国共产党重视对革命建设和改革时期优秀品格、优秀人物、优秀事迹的宣传，最终提炼为优秀的政治语言或者伟大中国精神的重要组成部分。如在革命时期，中国共产党在伟大革命实践中提炼出了"井冈山精神""长征精神""西柏坡精神"等伟大革命精神；在社会主义建设时期，中国共产党将中国人民的奋斗历程浓缩成"北大荒精神""红旗渠精神""大庆精神""雷锋精神""两弹一星精神"等；在改革开放时期，中国共产党领导下的中国人民锻造出了"抗洪精神""抗震救灾精神""特区精神""北京奥运精神"等；在新时期，中国社会正处于高速发展的状态，中国共产党带领中国人民前赴后继、继往开来，扎根基层，注重现实，提炼出了"脱贫攻坚精神""抗疫精神"等，正如习近平所说："把

---

① 习近平：《在庆祝中国共产党成立95周年大会上的讲话》，人民出版社，2016，第9页。

坚持马克思主义和发展马克思主义统一起来，结合新的实践不断作出新的理论创造，这是马克思主义永葆生机活力的奥妙所在。"①

三是始终坚持马克思主义与中华优秀传统文化相结合。发展和创新中国精神，需要将马克思主义根植于中国优秀传统文化之中，不断推进社会和文化建设，以马克思主义为根本理论指引，以中国优秀传统文化为源头活水和价值引领，让中国精神随着时代的发展焕发出新的生机与活力，使之成为民族集聚、动员与感召的强大精神动力。"为人民服务"是中国共产党自诞生之日起的根本宗旨和初心使命，指引着一代代中国共产党人克难攻坚、不懈前进，"为人民服务"的宗旨就像一根红线一样贯穿我们党近百年的奋斗历史，同时也昭示着中国共产党的不竭动力之源，激励一代代中国共产党人在漫长的革命和建设道路上前赴后继、英勇奋斗。毛泽东70多年前发表的《为人民服务》是大家耳熟能详的作品，同时也是毛泽东在张思德追悼会上的深痛演说。为什么"为人民服务"可以成为中国共产党的根本宗旨呢？是因为它既是对"民惟邦本""天下为公"这些古代思想的创造性转化和发展，同样也是马克思"人民群众是历史的创造者"的中国式表达。"传统文化的民生意识、家国情怀坚定了共产党人的信仰，使他们坚持用马克思主义来服务人民。"② 同样的，马克思主义也始终影响着党政策方针的制定与执行，中国优秀传统文化与马克思主义都是发展和创新中国精神的重要指针，使中国精神在不断发展的过程中成为凝心聚力的兴国之魂、强国之魂。

## 二　不断推动优秀传统文化创造性转化与创新性发展

中国共产党不仅重视中华优秀传统文化的继承，更重视中华优秀传统文化的创造性转化与创新性发展。如何利用传统文化的资源对群众进行教

---

①　《习近平关于社会主义文化建设论述摘编》，中央文献出版社，2017，第 79 页。

②　鲁力：《中国传统文化的思想政治教育价值研究》，中国社会科学出版社，2017，第 77 页。

育让其为革命建设改革事业奋斗，这是摆在中国共产党面前的一件大事。

一是深入挖掘中华优秀传统文化的精华。"文明特别是思想文化是一个国家、一个民族的灵魂。无论哪一个国家、哪一个民族，如果不珍惜自己的思想文化，丢掉了思想文化这个灵魂，这个国家、这个民族是立不起来的。"① 中国共产党人一贯重视对于中华优秀传统文化的挖掘和运用。例如，在中国人民抗日战争时期，中国共产党将"忠、孝、节、义"等伦理纲常重新阐释，某种程度上，这就是典型的将古代传统文化用当代的元素转化为政治宣传语的例子。"对国家尽其至忠，对民族行其大孝"，这是对于每一位中华儿女的最高要求，而这又是中国共产党人的基本道德规范，这是对中国古代道德思想的古为今用。在新时代下，中华儿女也应该把"忠孝"二字铭记于心，不论是对父母亲人还是国家民族，都应该忠诚、孝顺，不忘培育自己的每一个人和滋养自己的每一寸土地。在抗日战争时期，一些取材于中国古代文化的文艺作品被重新演绎，例如《屈原》《虎符》《桃花扇》《三打祝家庄》等，它们中展现出了中华民族不屈不挠、视死如归的坚强品格和英勇斗争、顽强抵抗的爱国主义情怀，这些作品的出现和演绎将中国人民的斗志再一次激发出来，为取得抗日战争的胜利奠定了坚实的思想基础。

二是深入推动中华优秀传统文化的时代化。只有立足于中国大地，才能体现中国的独特性，才能尽量避免被文化殖民，才能挺立"中国精神"。习近平指出："要加强对中华优秀传统文化的挖掘和阐发，使中华民族最基本的文化基因与当代文化相适应、与现代社会相协调，把跨越时空、超越国界、富有永恒魅力、具有当代价值的文化精神弘扬起来。"② 社会主义核心价值观是新时代中国精神的重要组成部分，以其凝练的概括将中国精神的时代表现和对人民大众的基本要求诠释了出来，它充分汲取了中国优秀传统文化的丰富内容，使之转换为国家、社会和个人层面的价值指引。

① 《习近平关于社会主义文化建设论述摘编》，中央文献出版社，2017，第5页。
② 《习近平关于社会主义文化建设论述摘编》，中央文献出版社，2017，第83页。

中国共产党可以永葆科学性和先进性的重要原因就是充分吸收中华优秀传统文化并对其充分挖掘和宣传，中华文化博大精深，把握传统文化中的思想价值和基本元素，才能掌握社会前进的方向。"要认真汲取中华优秀传统文化的思想精华和道德精髓，大力弘扬以爱国主义为核心的民族精神和以改革创新为核心的时代精神，深入挖掘和阐发中华优秀传统文化讲仁爱、重民本、守诚信、崇正义、尚和合、求大同的时代价值，使中华优秀传统文化成为涵养社会主义核心价值观的重要源泉。"①

三是深入推动中华优秀传统文化的大众化。加快推进中华优秀传统文化创造性转化与创新性发展，需要深入推动中华民族传统文化的大众化。文化是人民共同创造的，其拥有大众化的特点也应该是必要的。中国特色社会主义文化的发展，要始终把落脚点放在大众化上，不断加快推进社会主义文化大众化。"文化的传承与创新是密不可分的，没有对优秀传统文化的研究、传承，创新就失去了应有的土壤，没有对真善美的价值认同，就失去了创新的动力；个体没有健全良好的人格，就难以产生创新思维。推进中华优秀传统文化大众化，对建设中华民族共有精神家园，提升国家文化软实力，建设社会主义文化强国，建成小康社会，实现中华民族伟大复兴中国梦具有极其重要而深远的意义。"② 中国特色社会主义大众化，是历史的选择，是新时代社会主义文化发展的需要。正确理解文化的意识形态性、人民性、阶级性和滞后性等诸多文化属性，为中国特色社会主义文化大众化建设提供了参考，是文化大众化布局和实施的方向，围绕大众化的发展方向建设大众化的文化，能够有的放矢，找准关键目标，实现传统文化创造性和创新性发展，进而实现新时代中华文化的繁荣复兴。

第一，文化的意识形态性决定了中华优秀传统文化大众化的指导原则。中华优秀传统文化大众化的过程是意识形态不断巩固和加强的过程，而意识形态又决定了文化的发展道路和发展方向。中华优秀传统文化大众化过程

---

① 《习近平关于社会主义文化建设论述摘编》，中央文献出版社，2017，第 141 页。
② 师娅：《推进中华优秀传统文化大众化的现实困境和对策研究》，《学术探索》2015 年第 10 期。

中，意识形态的培育和发展，能够不断从中华优秀传统文化中汲取精髓，使其更加紧密地与中国的时代因素相结合，建立具有强大凝聚力和引领力的社会主义意识形态，使得中国人民在理想信念、价值理念和道德观念等方面紧密联系在一起，不断推动中华优秀传统文化的创造性转化与创新性发展。

第二，文化的人民性决定了中华优秀传统文化大众化的根本任务。人民是历史的创造者。在数千年的发展过程中，中华儿女创造出了灿烂辉煌的中华文化，在一代代传承和发展过程中不断丰富和发展，形成了如今独具特色的社会主义文化。毛泽东曾指出："民众就是革命文化的无限丰富的源泉。"① 坚持人民的主体地位，是我们党的宗旨，文化具有鲜明的人民性，在社会主义文化发展过程中，人民性作为大众化的重要方面，也将彰显出其重要的作用。在深入推进中华优秀传统文化大众化的过程中，必须坚持以人民为中心的思想，以不断建设覆盖广大人民的特色文化为根本任务，在全社会范围内大力宣传，推动社会主义精神文明和物质文明的共同发展，深入推进中国传统文化的创造性转化与创新性发展，使其在人民群众的脚下落地生根。

第三，文化的阶级性决定了中华优秀传统文化大众化的主要方向。社会主义初级阶段的事实表明，我国生产力存在局限性，人民存在阶级性差别，因此，文化的大众化也体现了一定程度的阶级性，在阶级社会中创造文化的人都是属于一定的阶级，这种经济上的贫富差距而导致的文化阶级性在某种程度上会影响中国传统文化的创造性发展，我们要加强文化大众化的推行，不断完善和发展中国特色社会主义文化。

## 三　不断推动社会主义文化繁荣昌盛

中国共产党人十分重视社会主义文化事业的发展。毛泽东提出了"双百方针"，即"百花齐放、百家争鸣"，这一兼容并包的方针政策促进科学

---

① 《毛泽东选集》第 2 卷，人民出版社，1991，第 708 页。

艺术事业的全方位发展，也为社会主义文化事业的繁荣创造了条件。邓小平强调要坚持毛泽东提出的"双百方针"，狠抓落实，把社会主义文化发展重视起来，只有这样，社会主义文化事业大发展局面才会到来。江泽民提出："在文化上，要继承和发扬中华民族的优秀文化传统，借鉴世界各国的优秀文明成果，建设民族的科学的大众的社会主义文化，努力提高全民族的思想道德素质和科学文化素质。"[①] 他还说："在当代中国，发展先进文化，就是发展面向现代化、面向世界、面向未来的，民族的科学的大众的社会主义文化，以不断丰富人们的精神世界，增强人们的精神力量。"[②] 胡锦涛提出："要坚持社会主义先进文化前进方向，兴起社会主义文化建设新高潮，激发全民族文化创造活力，提高国家文化软实力，使人民基本文化权益得到更好保障，使社会文化生活更加丰富多彩，使人民精神风貌更加昂扬向上。"[③] 习近平强调："我们要以更大的力度、更实的措施加快建设社会主义文化强国，培育和践行社会主义核心价值观，推动中华优秀传统文化创造性转化、创新性发展，让中华文明的影响力、凝聚力、感召力更加充分地展示出来。"[④] 从发展中国特色社会主义文化到社会主义先进文化再到建设社会主义文化强国，中国共产党对于发展中国特色社会主义文化是一脉相承的，在不同的历史时期有着不同的具体目标。弘扬中国精神，需要大力推动社会主义文化的繁荣昌盛。

社会主义文化繁荣昌盛为中国精神的生成与发展提供动力与资源。一方面，社会主义文化为中国精神的生成与发展提供强大的动力。新中国成立以来，中国人民在中国共产党的带领下实现了从"站起来"到"富起来"的伟大飞跃，同时也正朝着"强起来"大步前进，然而，国家的发展壮大需要全方位的实力提升，包括文化软实力，因此，国家大力发展社会

①　《江泽民文选》第 3 卷，人民出版社，2006，第 10 页。
②　《江泽民文选》第 3 卷，人民出版社，2006，第 559 页。
③　《胡锦涛文选》第 2 卷，人民出版社，2016，第 639 页。
④　习近平：《在第十三届全国人民代表大会第一次会议上的讲话》，人民出版社，2018，第 9 页。

主义文化是国家富强道路上的必然选择，社会主义文化建设能为各民族繁荣发展提供强有力的精神支撑，为加快建设社会主义事业推进而迸发出新鲜的活力，促进了人民大众思想的不断转变和解放，激发出不懈的奋斗精神和创造动力。在全面建设社会主义现代化国家的奋斗历程中，社会主义文化以其特有的精神气息迸发出强大的精神力量，对中华民族的凝聚力的提高和中华儿女的激励作用越来越凸显，深深熔铸于中华民族的生命力、创造力和凝聚力之中，为中国精神的继续发展提供伟大的动力，社会主义文化事业的发展并不是一朝一夕而形成的，然而，一旦形成就会成为一种无形的力量深深地渗透和融入到中华儿女的观念和思想中，成为稳定的群体意识和民族意识，成为激励中华儿女拧成一股绳的中国精神，最终发展为行动指南，将全体人民的积极性调动起来，贯穿到社会主义现代化建设的全过程中。

一是深化文化体制改革。新中国成立七十多年的时间里，党十分重视文化体制改革，在全面深化改革的历史背景下，面对国际风云变幻的形势、国内新的发展状况以及我国主要矛盾发生变化等多方面问题，深化文化体制改革是必要的。"在新时代的发展场域中，中国人在物质充裕基础上的精神文化需求日益多元化、差异化、高质量化。在由传统文化管理体系向现代文化治理体系转型升级的过程中，文化体制改革成为破除文化发展障碍、走出瓶颈、释放文化创新活力、充分满足人们高层次精神需求的重要途径。在全面深化改革的深水区、攻坚期，文化体制改革必须深入根本制度固基、国家价值观建构、文化权益保障、社会舆论引导、文化生产体制优化等维度，系统地进行制度建设和体制机制创新。"① 文化建设的重要性、必要性、紧迫性需要得到更多的重视，在引领社会思潮、提升全面道德素养方面还需加大建设力度。深化文化体制改革要从建设社会主义文化强国、牢牢掌握意识形态工作领导权、社会主义核心价值观、加强思想道德建设、推动文化事业和文化产业发展等方面把握路径，实现新时代的

---

① 苏泽宇：《新时代文化体制改革的内涵与特点》，《华南师范大学学报》（社会科学版）2020 年第 3 期。

历史突破。第一，要强化社会主义文化强国建设的目标引领。中国特色社会主义进入了新时代，也意味着中国迈入了强国时代，在文化建设领域需要跟上时代的步伐，意识形态需要紧随其后，提升文化软实力，要重视中华优秀文化对伟大中国梦实现方面的地位和价值，打造思想和物质都过硬的社会主义强国。第二，要牢牢掌握意识形态工作领导权。意识形态的建立对文化的发展道路和发展方向起到了至关重要的作用，我们要始终坚持以马克思主义作为指导，掌握马克思主义中国化、时代化、大众化的方向，坚定理想信念，不断发展具有马克思主义性质的意识形态，坚持正确的舆论引导，深化马克思主义理论研究，牢牢掌握意识形态工作领导权，不断推动社会主义文化繁荣发展。第三，培育和践行社会主义核心价值观。社会主义核心价值观是文化建设的重要内容，是中国精神的集中体现，是中国人民的价值诉求。社会主义核心价值观的培育和践行必须立足中华优秀传统文化、红色文化、社会主义先进文化，做到"内化于心，外化于行"，自觉地做到以习近平新时代中国特色社会主义思想作为指导，加快建设社会主义文化事业。第四，加强思想道德建设。思想道德建设为发展中国特色社会主义事业提供了思想动力，新时代加强思想道德素质，要在提高人民的思想觉悟、道德水平和文明素养的基础上，确保全社会文明素养的提升，将个人思想道德素质与社会思想道德素质协调起来全面提升，另外，要广泛开展理想信念教育，引导公民树立正确的世界观、人生观和价值观，推进诚信建设和志愿服务制度化，强化社会责任意识、规则意识、奉献意识，提升公民思想道德素质，促进社会主义文化繁荣昌盛。

二是大力发展文化事业和文化产业。社会主义文化为中国精神的生成与发展提供资源，社会主义文化繁荣发展提供了源源不断的优秀文化作品，为中国精神的发展提供资源。习近平指出："我们要大力推动文化事业发展，通过文化交流，沟通心灵，开阔眼界，增进共识，让人们在持续的以文化人中提升素养，让文化为人类进步助力。"① 中国特色社会主义事

① 《习近平关于社会主义文化建设论述摘编》，中央文献出版社，2017，第187页。

业发展，必须发扬"四个伟大"精神，即伟大创造精神、伟大奋斗精神、伟大团结精神、伟大梦想精神；同样的，中国特色社会主义事业的开创离不开中国精神的推动，而中国特色社会主义文化是中国特色社会主义事业的重要组成部分，而且发挥着越来越重要的作用。新的历史时期要求我们统揽"四个伟大"，即进行伟大斗争、建设伟大工程、推进伟大事业、实现伟大梦想，这是新时代的历史使命，社会主义文化也得到了大力发展，中国特色社会主义文化是在吸收人类一切优秀成果的基础上形成和发展起来的，随着社会的发展，社会主义文化也会不断被丰富和发展，这就为中国精神的发展注入了新的活力，为中国的发展提供了更多的价值支持，从而焕发出新的活力。

三是繁荣社会主义文艺创作。社会主义文艺事业是党和人民高度重视的事业，也深受人民群众的关注。新时代条件下，我国主要矛盾发生变化，人民群众不再受物质文化的束缚，而是更为注重精神生活的饱满与富足，这就需要有相应的精神文化与之相匹配，社会主义文艺创作正是充当了人民生活中精神世界的来源之地，因此，社会主义文艺创造在繁荣社会主义文化上发挥着不可替代的作用。习近平同志曾强调文艺工作的重要性，多次围绕社会主义文艺繁荣这一重大课题开展科学论述、理论指导，逐步形成了较为完善的社会主义文艺繁荣发展理论体系。习近平社会主义文艺观是在充分吸收马克思主义和中国共产党人的文艺理论，批判借鉴西方文化理论以及继承创新中国优秀传统文化的基础上总结而来的，是顺应时代的特征、结合中国本土的国情并参照社会发展趋势而逐步形成的。社会主义文艺创作需要切实从人民的主体地位、人民的现实需要和人民的价值评判等方面着手，开创出"人民的文艺"，更好地服务于人民大众，进而巩固和发展为人民和为社会主义服务的根本方向，明确社会主义文艺的发展道路，把中国精神融入到社会主义文艺发展中，发挥社会主义文艺引领时代风尚的价值导向。加强社会主义文艺创作，要以习近平新时代中国特色社会主义思想为指导，始终坚持人民的主导地位，坚持问题导向、政治导向、目标导向、创新导向，创作出涵盖人民生活、命运、情感，表达人民心愿、心情和心声的伟大文艺作品，推动文艺创作繁荣发展，社会主义文化繁荣昌盛。

第一，坚持问题导向，做到敢正视勤检视。广大文艺工作者应该秉持正确的创作理念和价值导向，创作出富有人民情怀、表达人民心声、获得人民赞誉的文艺作品，要始终把人民放在中心，面对偏离人民的问题，应该妥善引导，要敢于正视勤于检视，群策群力努力寻找正确而妥善的答案，实现社会主义文艺创作的繁荣发展。"文艺创作的目的是引导人们找到思想的源泉、力量的源泉、快乐的源泉。清泉永远比淤泥更值得拥有，光明永远比黑暗更值得歌颂。广大文艺工作者要提高阅读生活的能力，善于在幽微处发现美善、在阴影中看取光明，不做徘徊边缘的观望者、讥诮社会的抱怨者、无病呻吟的悲观者，不能沉溺于鲁迅所批评的'不免咀嚼着身边的小小的悲欢，而且就看这小悲欢为全世界'。要用有筋骨、有道德、有温度的作品，鼓舞人们在黑暗面前不气馁、在困难面前不低头，用理性之光、正义之光、善良之光照亮生活。对人民深恶痛绝的消极腐败现象和丑恶现象，应该坚持用光明驱散黑暗、用真善美战胜假恶丑，让人们看到美好、看到希望、看到梦想就在前方。"①

第二，坚持政治导向，做到高站位凝共识。"文艺是铸造灵魂的工程，承担着以文化人、以文育人的职责，应该用独到的思想启迪、润物无声的艺术熏陶启迪人的心灵，传递向善向上的价值观。"② 文艺具有鲜明的政治属性，能够引导人民凝心聚力，团结一致，社会主义文艺本质上是人民的文艺，必须为人民服务，为社会主义服务。"广大文艺工作者要做真善美的追求者和传播者，把崇高的价值、美好的情感融入自己的作品，引导人们向高尚的道德聚拢，不让廉价的笑声、无底线的娱乐、无节操的垃圾淹没我们的生活。"③ 文艺工作者要始终坚定正确的政治立场，旗帜鲜明地把好方向、管好导向，听党话、跟党走，创作出符合社会主义发展方向、有

① 《习近平关于社会主义文化建设论述摘编》，中央文献出版社，2017，第180页。
② 《习近平关于社会主义文化建设论述摘编》，中央文献出版社，2017，第182页。
③ 《习近平关于社会主义文化建设论述摘编》，中央文献出版社，2017，第182页。

利于人民兴旺发达的文艺作品。

第三，坚持目标导向，推动大繁荣大发展。"人民是历史的创造者，是时代的雕塑者。一切优秀文艺工作者的艺术生命都源于人民，一切优秀文艺创作都为了人民。广大文艺工作者要坚持以强烈的现实主义精神和浪漫主义情怀，观照人民的生活、命运、情感，表达人民的心愿、心情、心声，立志创作出在人民中传之久远的精品力作。"① 要始终坚持以人民为导向，创作出表达社会生活、反映人民心理状态、备受人民喜爱的伟大作品，使得人民在享受物质生活富足的同时感受到精神世界的关爱，实现新时代社会主义文艺事业的大繁荣大发展。

第四，坚持创新导向，着力出实招谋实效。以人民为导向的文艺创作，是对"二为"方向和"双百"方针的践行，新的历史时期下，我们必须狠抓落实，着力创新，在政治引领和业务引领的有机融合整体提升方面、在有力引导和"百花齐放"共促繁荣方面培养创新意识、加强创新能力，争取通过社会主义文艺创作推动社会主义文化的繁荣发展。正如习近平指出的那样："创新是文艺的生命。要把创新精神贯穿文艺创作全过程，大胆探索，锐意进取，在提高原创力上下功夫，在拓展题材、内容、形式、手法上下功夫，推动观念和手段相结合、内容和形式相融合、各种艺术要素和技术要素相辉映，让作品更加精彩纷呈、引人入胜。要把提高作品的精神高度、文化内涵、艺术价值作为追求，让目光再广大一些、再深远一些，向着人类最先进的方面注目，向着人类精神世界的最深处探寻，同时直面当下中国人民的生存现实，创造出丰富多样的中国故事、中国形象、中国旋律，为世界贡献特殊的声响和色彩、展现特殊的诗情和意境。"②

---

① 《习近平关于社会主义文化建设论述摘编》，中央文献出版社，2017，第 176 页。
② 《习近平关于社会主义文化建设论述摘编》，中央文献出版社，2017，第 181 页。

# 参考文献

## 一 中文著作类

《马克思恩格斯选集》，人民出版社，2012。

《马克思恩格斯文集》，人民出版社，2009。

《列宁专题文集》，人民出版社，2009。

《毛泽东选集》，人民出版社，1991。

《邓小平文选》第3卷，人民出版社，1993。

《江泽民文选》1~3卷，人民出版社，2006。

《胡锦涛文选》1~3卷，人民出版社，2016。

《习近平谈治国理政》，外文出版社，2014。

《习近平谈治国理政》第2卷，外文出版社，2017。

《习近平谈治国理政》第3卷，外文出版社，2020。

《习近平关于社会主义文化建设论述摘编》，中央文献出版社，2017。

《习近平关于社会主义政治建设论述摘编》，中央文献出版社，2017。

《习近平关于党风廉政建设和反腐败斗争论述摘编》，中央文献出版社，2017。

《习近平关于社会主义经济建设论述摘编》，中央文献出版社，2017。

《习近平关于社会主义生态文明建设论述摘编》，中央文献出版社，2017。

张岱年、程宜山：《中国文化论争》，中国人民大学出版社，2005。

《张岱年全集》（1~8卷），河北人民出版社，1996。

《冯友兰文集》（1~12卷），长春出版社，2017。

《徐复观全集》（1~15卷），九州出版社，2014。

钱穆：《中华文化十二讲》，贵州人民出版社，2019。

唐君毅：《唐君毅著作选》，中国社会科学出版社，2005。

余英时：《余英时作品系列》，生活·读书·新知三联书店，2005。

辜鸿铭：《中国人的精神》，李晨曦译，上海三联书店，2010。

梁漱溟：《梁漱溟作品集》，上海人民出版社，2011。

《孙中山全集》，中华书局，2011。

郭沫若：《中国古代社会研究》，商务印书馆，2011。

林惠祥：《文化人类学》，商务印书馆，2011。

牟钟鉴：《中国文化的当下精神》，中华书局，2016。

楼宇烈：《中国文化的根本精神》，中华书局，2016。

张岂之：《中华人文精神》，人民出版社，2011。

袁行霈：《中华文明史》，北京大学出版社，2006。

冯天瑜：《中华文化史》，上海人民出版社，2005。

陈登元：《中国文化史》，商务印书馆，2014。

林存光：《文明以止：中华民族的人文精神与文明特性研究》，学习出版社，2016。

冯刚：《探索思想政治教育发展的内生动力》，人民出版社，2017。

程广云：《当代中国精神》，安徽人民出版社，2015。

吴潜涛等：《中国精神教育读本》，人民出版社，2014。

郭齐勇：《儒学与现代化的新探讨》，商务印书馆，2015。

陈来：《中华文明的核心价值》，生活·读书·新知三联书店，2015。

杨朝明：《儒学精神与中国梦》，安徽文艺出版社，2015。

李明君：《天人合一与中国文化精神》，山东人民出版社，2016。

陆卫明、李红：《中国文化精神与现代社会》，中国社会科学出版社，2015。

鲁力：《中国传统文化的思想政治教育研究》，中国社会科学出版社，2017。

杨洲等：《中国文化与中国精神》，光明日报出版社，2017。

迟成勇:《中华民族精神的文化关照和历史嬗变》,南京大学出版社,2013。

童世骏:《当代中国的精神挑战》,上海人民出版社,2017。

徐兴无:《龙凤呈祥:中国文化的特征、结构与精神》,江苏人民出版社,2017。

司马云杰:《中国精神通史》,华夏出版社,2016。

佘双好:《中国梦之中国精神》,武汉大学出版社,2015。

梅珍生:《中国精神的哲学阐释》,湖北人民出版社,2015。

董振华:《中国梦与中国精神》,人民出版社,2015。

王海滨:《人的精神结构及其现代批判》,新华出版社,2015。

赵存生、宇文利等:《中国精神:弘扬和培育中华民族精神的理论与实践》,上海人民出版社,2014。

何锡蓉等:《当代中国的精神旗帜:社会主义核心价值观研究》,上海人民出版社,2014。

裴德海:《中国梦视域下的中国精神》,安徽教育出版社,2014。

冯颜利:《实现中国梦的精神支柱:中国特色社会主义文化建设》,红旗出版社,2014。

孙来斌:《民族精神 时代精神 共同理想:中国特色社会主义共同理想》,武汉大学出版社,2014。

刘力波:《马克思主义中国化与中华民族精神现代化论纲》,中国社会科学出版社,2013。

宫厚英:《中国共产党与当代中华民族精神》,山东人民出版社,2010。

宋志明、吴潜涛:《中华民族精神论纲》,中国人民大学出版社,2006。

赵璇:《构建当代中华民族共有精神家园》,世界图书出版公司,2014。

冯秀军:《教化·规约·生成:古代中华民族精神化育研究》,中国社会科学出版社,2009。

俞祖华:《民族主义与中华民族精神的现代转型》,社会科学文献出版社,2012。

孙文营:《社会主义和谐社会建构中的中华民族精神研究》,光明日报出版社，2012。

　　唐明燕：《先秦儒学视域下的中华民族精神研究》，人民出版社，2010。

　　李太平：《学校德育的使命：重建中华民族共有精神家园》，湖北教育出版社，2013。

　　张友谊、商志晓：《中华民族精神导论》，山东人民出版社，2006。

　　李宗桂：《中华民族精神概论》，广东人民出版社，2007。

　　胡海波：《中华民族精神家园的生命精神研究》，人民出版社，2015。

　　胡孝红：《中华民族精神论纲》，中国社会科学出版社，2006。

　　卞敏：《中华民族精神研究》，光明日报出版社，2008。

　　徐东升：《中华民族精神研究》，山东人民出版社，2014。

　　周建标：《中华民族精神演化》，厦门大学出版社，2011。

　　何毅亭：《理论创新与时代精神》，人民出版社，2007。

　　孙正聿：《人的精神家园》，江苏人民出版社，2014。

　　郑航：《国家认同与爱国主义教育》，中山大学出版社，2016。

　　蔡中华、潘静：《新时期爱国主义教育研究》，中国社会科学出版社，2016。

　　陈明吾：《全球化背景下我国大学生爱国主义教育研究》，长江出版社，2014。

　　赵瑞琦：《网络爱国主义：源流、利弊与策论》，中国传媒大学出版社，2012。

　　朱桂莲：《爱国主义教育研究》，中国社会科学出版社，2008。

　　王军：《当代中国文化心态建设研究》，社会科学文献出版社，2017。

　　沈壮海：《思想政治教育有效性研究》，武汉大学出版社，2016。

　　刘建军：《马克思主义基本原理与当代中国思想政治教育专题研究》，中国人民大学出版社，2015。

　　骆郁廷：《精神动力论》，武汉大学出版社，2003。

　　秦宣：《分化与整合：社会转型期的思想政治教育研究》，中国人民大学出版社，2017。

罗仲尤：《思想政治教育属性研究》，知识产权出版社，2017。

吴琼：《思想政治教育话语发展研究》，中国社会科学出版社，2017。

钟启东：《思想政治教育理念创新逻辑论》，人民出版社，2016。

文建龙：《新时代反贫困思想研究》，社会科学文献出版社，2020。

詹小美：《民族精神论》，中山大学出版社，2007。

欧阳康：《思想碰撞与方法借鉴：民族精神的比较研究》，人民出版社，2009。

张曙光：《民族信念与文化特征：民族精神的理论研究》，人民出版社，2009。

温静：《民族精神教育研究：2002～2012 年》，北京师范大学出版社，2013。

童世骏、何锡蓉等：《当代中国的精神力量》，上海人民出版社，2012。

包刚升：《民主崩溃的政治学》，商务印书馆，2014。

杨德霞：《马克思视域中的意识形态性质研究》，学习出版社，2017。

黄传新：《社会主义意识形态的吸引力和凝聚力研究》，学习出版社，2012。

唐贤秋：《廉之恒道：中国传统廉政文化的现代转换研究》，中国社会科学出版社，2014。

刘慧、李艳：《当代中国意识形态安全现状与路径选择》，中国社会科学出版社，2015。

孙正聿：《哲学导论》，中国人民大学出版社，2000。

徐艳玲：《全球化与中国特色社会主义自信》，学习出版社，2017。

魏泳安：《中国精神的时代内涵及其培育研究》，中国社会科学出版社，2018。

## 二　中文期刊类

黄蓉生、赵成林：《新时代构筑中国精神的价值论析》，《长白学刊》

2018 年第 1 期。

杨敏、张祥永：《自媒体在中国精神传播中的担当》，《新闻战线》2017 年第 10 期。

温静：《论中国精神对中国梦的价值意蕴》，《马克思主义理论学科研究》2017 年第 2 期。

王秀华：《毛泽东哲学思想与当代中国精神构建研究》，《理论视野》2017 年第 1 期。

朱勋春、林玲：《刍论弘扬中国精神与促进青年内化社会主义核心价值观》，《理论导刊》2017 年第 6 期。

师谦、唐钰瑾：《历史题材作品在弘扬中国精神中的独特优势》，《人民论坛》2017 年第 5 期。

贺照田：《当前中国精神伦理困境：一个思想的考察》，《开放时代》2016 年第 6 期。

张汝伦：《哲学对话与中国精神的重建》，《中国高校社会科学》2016 年第 2 期。

孙成武、赵然：《文化自觉视域下中国精神的培育探析》，《北京交通大学学报》（社会科学版）2016 年第 3 期。

樊浩：《伦理道德的中国精神哲学范式与中国话语》，《学海》2016 年第 2 期。

马欣欣、周向军：《论习近平关于中国精神的三个基本问题》，《甘肃社会科学》2016 年第 1 期。

潘雯：《中国精神：推进中国特色的社会主义文艺发展的关键词》，《中国社会科学院研究生院学报》2016 年第 4 期。

王燕子：《论民俗文化影像中的"中国精神"——以"叶问叙事"与"咏春精神"为例》，《文艺争鸣》2016 年第 10 期。

刘朝阳、傅安洲：《论中国精神的生成逻辑及其价值彰显》，《中华文化论坛》2016 年第 7 期。

欧阳雪梅：《弘扬中国精神 传播中国价值 凝聚中国力量》，《当代中国史研究》2016 年第 1 期。

冯岩、田海斌：《中国精神：实现中国梦的坚实支撑》，《人民论坛》2016 年第 25 期。

靳翠梅：《主流媒体在弘扬中国精神中的担当》，《新闻战线》2016 年第 4 期。

李忠军：《中国梦·社会主义核心价值观·中国精神三位一体的铸魂逻辑》，《社会科学战线》2015 年第 6 期。

胡海波：《中国精神的实践本性与文化传统》，《哲学研究》2015 年第 12 期。

朱效梅：《弘扬中国精神以构筑当代大学生实现中国梦的文化力量》，《思想教育研究》2015 年第 10 期。

朱成山：《民族精神、抗战精神与中国精神之关系研究》，《南京社会科学》2015 年第 10 期。

谢地坤：《当代哲学发展的世界图景与中国精神的诠释》，《江汉论坛》2015 年第 12 期。

何小英、李晓衡、苏美玲：《论高校思想政治理论课与大学生"中国精神"培育》，《思想理论教育导刊》2015 年第 5 期。

杨可心、崔秋锁：《追梦的中国人需要怎样的中国精神》，《毛泽东邓小平理论研究》2015 年第 4 期。

王会民：《中国精神崛起的多维分析》，《思想政治教育研究》2015 年第 4 期。

王京香：《中国精神中的道德理念之探究》，《湖北民族学院学报》（哲学社会科学版）2015 年第 1 期。

张江：《中国精神是社会主义文艺的灵魂——学习习近平总书记在文艺工作座谈会上的重要讲话》，《求是》2015 年第 1 期。

李忠军：《论社会主义核心价值观、中国精神与社会主义意识形态》，《社会科学战线》2014 年第 3 期。

邹广文：《中国精神：民族性与时代性》，《中国特色社会主义研究》

2014 年第 2 期。

贺照田：《当代中国精神伦理问题》，《读书》2014 年第 7 期。

王泽应：《论中国精神对民族复兴的伟大意义》，《齐鲁学刊》2014 年第 3 期。

宋妍：《加强大学生中国精神教育探究》，《思想理论教育导刊》2014 年第 7 期。

李定庆、刘磊：《浅析在高校中弘扬中国精神促进实现中国梦》，《思想教育研究》2014 年第 10 期。

宋俭、杨安妮：《论毛泽东精神与当代中国精神》，《党的文献》2014 年第 4 期。

张三元、李齐：《资本主义文化矛盾与中国精神的弘扬》，《马克思主义研究》2014 年第 12 期。

陈虹：《论中国精神在培育良好社会心态中的作用》，《思想理论教育导刊》2014 年第 1 期。

彭扬、李忠军：《以中国精神引领大学生思想政治教育深化发展》，《思想理论教育》2014 年第 11 期。

王立胜、聂家华：《毛泽东精神与新时期中国精神的建构》，《现代哲学》2014 年第 5 期。

王泽应：《中国精神：形塑中国模式，助推中国崛起》，《华中科技大学学报》（社会科学版）2014 年第 5 期。

杨峻岭：《新民主主义革命时期中国精神的历史发展及其主要特征》，《思想理论教育》2014 年第 6 期。

袁久红、甘文华：《社会主义核心价值观与"中国精神"的新生》，《东南大学学报》（哲学社会科学版）2013 年第 5 期。

刘景泉、张健：《毛泽东与中国精神》，《南开学报》（哲学社会科学版）2013 年第 6 期。

柴尚金：《中国梦与中国精神》，《红旗文稿》2013 年第 10 期。

蔡毅强、朱志明、朱贝妮：《以弘扬中国精神激励大学生实现中国梦》，《思想理论教育导刊》2013 年第 10 期。

徐蓉、宋城长：《论建构中国精神的三重维度》，《思想理论教育》2013 年第 23 期。

朱志明、刘磊、蔡毅强：《中国精神：实现中国梦的核心价值》，《红旗文稿》2013 年第 22 期。

徐惟诚：《中国梦：中国精神的百年凝聚》，《道德与文明》2013 年第 4 期。

袁祖社：《"中国精神"的文化——实践自觉》，《北京大学学报》（哲学社会科学版）2012 年第 5 期。

李明泉、向荣、肖云：《中国精神：历史内涵与主体性建构》，《中华文化论坛》2012 年第 3 期。

李忠军：《试论社会主义核心价值体系与当代中国精神》，《社会科学战线》2012 年第 10 期。

张晋藩：《中华民族精神与传统法律》，《比较法研究》2018 年第 1 期。

郑大华：《中国近代"民族复兴"话语下"中华民族精神"的讨论》，《浙江学刊》2017 年第 1 期。

王泽应：《论船山精神及其对中华民族精神的光大与弘扬》，《中州学刊》2017 年第 7 期。

宇文利：《文化自信与民族精神互促共生》，《前线》2017 年第 3 期。

张圯姣、吴涯：《借力新媒体，传承中华民族精神与时代精神》，《人民论坛》2017 年第 23 期。

朱汉民：《古典学知识与民族精神的双重建构——当代中国国学学科建设的思考》，《中山大学学报》（社会科学版）2017 年第 5 期。

郑海祥、阚道远：《托起文化自信的三大支柱：社会主义核心价值观、民族精神和时代精神》，《思想理论教育导刊》2017 年第 1 期。

温静：《论爱国主义在中华民族精神中的核心地位》，《马克思主义研究》2016 年第 2 期。

高艳杰：《试论当代中国民族精神与时代精神的关系》，《思想理论教育导刊》2016 年第 11 期。

朱彦振：《世界历史眼光中民族精神的当代建构》，《云南民族大学学报》（哲学社会科学版）2016 年第 6 期。

吕偭然、陈霞：《高校学生民族精神教育掣肘及模式探索》，《黑龙江高教研究》2016 年第 11 期。

黄亚果：《中国梦教育背景下加强大学生民族精神培养的思考》，《思想理论教育导刊》2015 年第 2 期。

夏从亚、梁秀文、孔巧晨：《试论把科学精神融入中华民族精神》，《自然辩证法研究》2015 年第 3 期。

马欣欣、周向军：《改革开放以来中国共产党民族精神观发展的阶段性特征》，《山东社会科学》2015 年第 12 期。

史炳军、展赫男：《社会思潮冲击下当代大学生民族精神的培育》，《南通大学学报》（社会科学版）2015 年第 3 期。

俞祖华：《民族精神提振与中华民族复兴》，《河北学刊》2015 年第 4 期。

潘宇鹏、倪志安：《论马克思主义哲学"塑造民族精神"的社会功能——基于以"实践思维方式"为建构原则的"马哲"新理论体系》，《教学与研究》2015 年第 4 期。

史炳军、孙勇才：《文化创新与当代大学生民族精神的培育》，《江苏高教》2015 年第 6 期。

李大健、黄芬：《大学生民族精神和时代精神文化润育的构想》，《社会科学战线》2015 年第 8 期。

周平：《中华民族：中华现代国家的基石》，《政治学研究》2015 年第 4 期。

徐崇温：《中国特色社会主义道路是人类文明史上的伟大创举》，《马克思主义研究》2012 年第 4 期。

肖贵清、王然：《逻辑与历史统一视域下中国特色社会主义理论体系的整体性》，《中共党史研究》2017 年第 6 期。

程竹汝：《中国特色社会主义制度文明的结构特色与功能优势》，《思想理论教育》2017 年第 5 期。

田鹏颖：《论马克思主义与中国传统文化相交融》，《理论学刊》2015 年第 11 期。

雷家军、阎治才：《关于和谐文化与革命文化关系的几点思考》，《马克思主义与现实》2008 年第 3 期。

张瑜：《中国精神的内涵、本质及其培育研究》，《文化软实力研究》2017 年第 1 期。

左高山、唐俊：《当代英美学界"勇敢"美德研究进展及问题》，《道德与文明》2015 年第 4 期。

方立天：《民族精神的界定与中华民族精神的内涵》，《哲学研究》1991 年第 5 期。

陈依元：《"八荣"精神：中华民族精神的核心内涵》，《福建论坛》（人文社会科学版）2006 年第 7 期。

苏振芳：《爱国　宽容　自强　崇德——中华民族精神特有的内涵》，《思想理论教育》1996 年第 1 期。

李海英、方小兵、葛燕红：《论母语与母语规划》，《云南师范大学学报》（哲学社会科学版）2013 年第 6 期。

李静、王彬斐：《民族认同的维度与路径研究》，《西南民族大学学报》（人文社科版）2018 年第 3 期。

詹小美、王仕民：《文化认同视域下的政治认同》，《中国社会科学》2013 年第 9 期。

高翠莲：《试论中华民族多元一体格局发展的阶段划分》，《中南民族大学学报》（人文社会科学版）2004 年第 4 期。

陈志良：《论中国传统思维方式的基本特点》，《社会科学战线》1992 年第 1 期。

张奇峰：《当代中国爱国主义的时代内涵及其论证》，《思想教育研究》

2017 年第 12 期。

陈望衡：《中国美学的国家意识》，《文学评论》2016 年第 3 期。

陈新夏：《文化先进性与文化自信和文化建设》，《天津社会科学》2018 年第 1 期。

温静：《中国梦视域下当代中国精神的形塑与建构》，《教学与研究》2018 年第 1 期。

梅珍生：《论中国精神及其特质》，《中原文化研究》2015 年第 1 期。

王岩：《论时代精神的多重内涵》，《毛泽东邓小平理论研究》2009 年第 3 期。

包心鉴：《时代精神与当今文明》，《江汉论坛》2007 年第 8 期。

尹志刚：《人口状况与国力发展》，《中国国情国力》2015 年第 5 期。

骆郁廷：《文化软实力：基于中国实践的话语创新》，《中国社会科学》2013 年第 1 期。

刘建军：《新发展理念：时代精神的核心内容》，《学校党建与思想教育》2017 年第 11 期。

# 后 记

　　本书自从启动写作到完稿，历经四载，随着个人生活的变化，写作断断续续，深感著书之不易。正如毛泽东曾经指出的"坚持就是胜利"。几年的坚持，最终完成全书写作，了却了一桩心事。

　　本书原计划在 2018 年完成，但是工作变化致使写作停滞很久。2018年本人从上海转到武汉工作。新单位的工作异常繁忙，每天回到住处已经筋疲力尽，想要完成书稿成为一种奢望。

　　孤身一人在武汉工作，每天对着枯燥的文字材料，过着两点一线犹如苦行僧般的生活，于是难免产生对诗和远方的向往，偶尔写一点小诗。2019 年 4 月在党校培训学习期间写了两首小诗，后来被选为学员心声发表在公众号上。这两首小诗引起了参会学员的广泛共鸣，纷纷加我微信，分享各自的故事。培训学习尽管只有短短 12 天，但是大家结下了深厚的友谊。有的朋友说看我写的诗感觉特别得劲，鼓励我多写一些。

　　乘着党和国家大力发展马克思主义学院的浩荡东风，我再次回到高校成为教师，于是也就有了时间完成这部书稿。本书由两位作者合作完成。鲁力拟定整部书提纲，并撰写第一章、第二章、第三章、第五章，徐荧松撰写第四章、第六章。本书的撰写参考了大量文献资料，向这些专家学者表示感谢。感谢冯刚先生惠赐佳序，为本书增加了学术含量，也给两位作者巨大的鼓励。冯刚先生不仅关心我的学习进步，也关心我的生活幸福和工作成长，在各方面给我巨大的支持和鼓励。感谢湖南大学和马克思主义学院各位领导和同仁的关心和提携，正是在各级领导和同仁的关心支持下我才有机会再次成为高校教师，才有机会完成本书的写作出版。感谢我的父母和家人，家庭永远是我们的港湾。感谢方明伟、王芳、李岁月、王军等好友，在我最困难的时候给予我经济上的帮助和精神上的支持。感谢《学校党建与思想教育》《桂海论丛》等刊物的支持，本书的部分章节才得以提前面世。感谢社会科学文献出版社曹义恒、岳梦夏编辑对于本书出版的热情帮助。由于水平有限，本书难免存在一些缺点和不足，欢迎大家批评指正。

鲁　力

2021 年 10 月

图书在版编目（CIP）数据

中国精神的理论阐释 / 鲁力，徐荧松著. -- 北京：
社会科学文献出版社，2022.6（2023.9 重印）
ISBN 978 - 7 - 5201 - 9962 - 9

Ⅰ.①中… Ⅱ.①鲁… ②徐… Ⅲ.①中华民族 - 民
族精神 - 研究 Ⅳ.①C955.2

中国版本图书馆 CIP 数据核字（2022）第 054092 号

**中国精神的理论阐释**

著　　者／鲁　力　徐荧松

出 版 人／冀祥德
组稿编辑／曹义恒
责任编辑／岳梦夏
责任印制／王京美

出　　版／社会科学文献出版社 · 政法传媒分社（010）59367126
　　　　　地址：北京市北三环中路甲 29 号院华龙大厦　邮编：100029
　　　　　网址：www.ssap.com.cn
发　　行／社会科学文献出版社（010）59367028
印　　装／唐山玺诚印务有限公司

规　　格／开　本：787mm × 1092mm　1/16
　　　　　印　张：15.75　字　数：218 千字
版　　次／2022 年 6 月第 1 版　2023 年 9 月第 2 次印刷
书　　号／ISBN 978 - 7 - 5201 - 9962 - 9
定　　价／98.00 元

读者服务电话：4008918866